信息系统管理工程师
章节习题与考点特训
（适配第 2 版考纲）

主 编 薛大龙 王建平

副主编 李志生 刘 伟 上官绪阳 邹月平

中国水利水电出版社
www.waterpub.com.cn
·北京·

内 容 提 要

信息系统管理工程师考试是全国计算机技术与软件专业技术资格（水平）考试（简称"软考"）的中级资格考试，考试通过可获得中级工程师职称。

本书针对新颁第 2 版信息系统管理工程师考试大纲编写，作为软考教材的章节习题集，本书具有 4 个特点：内容结构与新教材一致；知识点分布与新考纲一致；重点与高频考点一致；难度与历年真题一致。考生在学习了知识点之后，再做与该章节知识点相对应的练习题，可以极大地提升学习效率。

本书可作为考生备考"信息系统管理工程师"的学习教材，也可供相关考试培训班使用。

图书在版编目（CIP）数据

信息系统管理工程师章节习题与考点特训：适配第 2 版考纲 / 薛大龙，王建平主编. -- 北京：中国水利水电出版社，2025. 4. -- ISBN 978-7-5226-3380-0

Ⅰ. C931.6

中国国家版本馆 CIP 数据核字第 2025BU2130 号

| 责任编辑：周春元 | 加工编辑：杨继东 刘 宇 | 封面设计：李 佳 |

书　名	信息系统管理工程师章节习题与考点特训（适配第 2 版考纲） XINXI XITONG GUANLI GONGCHENGSHI ZHANGJIE XITI YU KAODIAN TEXUN (SHIPEI DI 2 BAN KAOGANG)
作　者	主　编　薛大龙　王建平 副主编　李志生　刘　伟　上官绪阳　邹月平
出版发行	中国水利水电出版社 （北京市海淀区玉渊潭南路 1 号 D 座　100038） 网址：www.waterpub.com.cn E-mail：mchannel@263.net（答疑） 　　　　sales@mwr.gov.cn 电话：（010）68545888（营销中心）、82562819（组稿）
经　售	北京科水图书销售有限公司 电话：（010）68545874、63202643 全国各地新华书店和相关出版物销售网点
排　版	北京万水电子信息有限公司
印　刷	三河市鑫金马印装有限公司
规　格	184mm×240mm　16 开本　14.25 印张　345 千字
版　次	2025 年 4 月第 1 版　2025 年 4 月第 1 次印刷
印　数	0001—3000 册
定　价	58.00 元

凡购买我社图书，如有缺页、倒页、脱页的，本社营销中心负责调换

版权所有·侵权必究

全国计算机技术与软件专业技术资格（水平）考试辅导用书编委会

主　任	薛大龙			
副主任	邹月平	姜美荣	胡晓萍	
委　员	刘开向	胡　强	朱　宇	杨亚菲
	施　游	孙烈阳	张　珂	何鹏涛
	王建平	艾教春	王跃利	李志生
	吴芳茜	黄树嘉	刘　伟	兰帅辉
	马利永	王开景	韩　玉	周钰淮
	罗春华	刘松森	陈　健	黄俊玲
	孙俊忠	王　红	赵德端	涂承烨
	余成鸿	贾瑜辉	金　麟	程　刚
	唐　徽	刘　阳	马晓男	孙　灏
	陈振阳	赵志军	顾　玲	上官绪阳
	刘　震	郑　波		

前 言

为什么选择本书

软考的历年全国平均通过率一般在 10%左右。考试所涉及的知识范围较广，而考生一般又多忙于工作，在有限的时间内，考生仅靠教程很难掌握考试的重点和难点。

本书编者多年来潜心研究软考知识体系，对历年的软考试题进行了深入分析、归纳与总结，并把这些规律性的知识点融入软考培训的教学当中，取得了非常显著的效果。但限于各方面条件，能够参加面授的考生还是相对少数，为了能让更多考生分享到我们的一些经验与成果，特组织编写了本书。本书具有以下四个特点：

- **内容结构与新教材一致**：本书按照分类组织成习题集，使考生能更有针对性地复习和应考，考生通过做本书的习题，可掌握教材各章的知识点，考试重点和难点，熟悉考试方法、试题形式、试题的深度与广度、考试内容的分布，以及解答问题的方法和技巧。
- **知识点分布与新考纲一致**：本书作者通过细致分析考试大纲，结合命题规律，使得本书中的题目分布与最新的信息系统管理工程师考试大纲的要求一致，符合考纲要求的正态分布。在学习了知识点之后，再做与该章节知识点相对应的练习题，可以极大地提升学习效率。
- **重点与高频考点一致**：本书把作者团队中多名杰出讲师的软考教学经验、多年试题研究及命题规律总结经验融汇在一起，练习题目与高频考点呈强正相关的关系，同时兼顾非高频考点。
- **难度与历年真题一致**：本书在以上三个特点的基础上，还专门分析了考试难度，使得练习题的难度与历年真题的难度一致，从而使考生不过多地正偏离，也不负偏离，完全符合考试的要求。

本书作者不一般

本书由薛大龙、王建平担任主编，由李志生、刘伟、上官绪阳、邹月平担任副主编。具体编写分工如下：第1~3章由薛大龙编写，第4~8章由刘伟编写，第9~12章由王建平编写，第13~16章由李志生编写，第17~20章由上官绪阳编写，第21章由邹月平、刘伟、王建平、李志生、上官绪阳共同编写。全书由薛大龙确定架构和定稿，王建平负责统稿。

薛大龙，北京理工大学博士研究生，多所大学客座教授，工业和信息化部中国智库专家，财政部政府采购评审专家，北京市评标专家，软考课程面授及网校名师，善于把握考试要点、总结规律及理论结合实际，所讲授的课程通俗易懂、深入浅出，被学员称为"软考金句王"。

王建平，全国计算机技术与软件专业技术资格（水平）考试辅导用书编委会委员，高级工程师，系统架构设计师、系统分析师、系统规划与管理师、信息系统项目管理师等。财政部信息化评审专家，十年以上信息化管理从业经验。作为软考课程面授名师，多年服务于软考教育领域，理论功底深厚，项目实践经验丰富。多家国企及上市企业授课讲师，授课风趣幽默、深入浅出、语言精练、逻辑清晰、善于在试题中把握要点，总结规律，帮助考生提纲挈领，快速掌握知识要点，深得学员好评，被学员称为"软考智多星"。

李志生，软考面授讲师，工商管理硕士，政府采购评审专家，高级工程师，拥有系统分析师、系统架构设计师、信息系统项目管理师、系统规划与管理师、信息安全工程师、软件评测师、软件设计师、数据库系统工程师、网络工程师、信息系统管理工程师、电子商务设计师、多媒体应用设计师等十余张证书，基础理论知识扎实，有近十年企业内训经验，政务信息化咨询经验十分丰富。因其讲授课程广、持证数量多，被学员称为"软考多面手"。

刘伟，高级工程师，全国计算机技术与软件专业技术资格（水平）考试辅导用书编委会委员，财政部政府采购评审专家，山东省政府采购评审专家。软考资深讲师，信息系统项目管理师，系统规划与管理师，信息系统监理师，信息系统管理工程师。主持或参与大型信息化建设项目十余年，具有丰富的实践和管理经验。多年致力于软考培训事业，曾多次受邀给大型国企等企业做内训，拥有丰富的直播及面授培训经验，授课语言精练、逻辑清晰、条理清楚、通俗易懂、突出重点，善于总结规律，研究命题方向，帮助考生快速理解知识要点，善于利用"顺口溜"将难点简单化，利用"实操案例"讲解将疑点清晰化，风趣幽默的风格，更使学习快乐化，被学员称为"软考睿思侠"。

上官绪阳，全国计算机技术与软件专业技术资格（水平）考试辅导用书编委会委员，中国软件行业协会 SPMP 授权讲师，信息系统管理工程师，信息系统和信息服务系列课程讲师。拥有丰富的直播及面授培训经验，致力于软考培训事业多年，项目管理、系统集成与系统管理经验丰富，具有丰富的企业和高校教学经验。精于知识要点及考点的提炼和研究，其授课方法独特，轻松有趣，善于运用生活案例传授知识要点。尤其擅长带教学员速通考试，颇有战绩和心得，学员考试通过率高，倍受学员推崇和好评，被学员称为"软考速通侠"。

邹月平，全国计算机技术与软件专业技术资格（水平）考试辅导用书编委会副主任；高级工程师、系统分析师、系统架构设计师、信息系统项目管理师、软件设计师、财政部政府采购评审专家；广东省综合评标评审专家；北大博雅客座教授；具有丰富的面授经验，已为企业进行过近百场内部培训。邹教授善于以精练而深入的语言、清晰而严谨的逻辑，在试题中精准捕捉关键要点，总结内在规律，助力考生快速掌握核心知识，提纲挈领，被学员称为"软考铁娘子"。

致谢

感谢中国水利水电出版社周春元编辑在本书的策划、写作大纲的确定、编辑出版等方面付出的辛勤劳动和智慧，以及给予我们的很多支持与帮助。

由于编者水平有限，且本书涉及的内容很广，书中难免存在疏漏和不妥之处，诚恳地期望各位专家和读者不吝指正，对此，我们将十分感激。

本书适合谁

本书可作为考生备考信息系统管理工程师考试的学习教材，也可供相关考试培训班使用。考生可通过学习本书，掌握考试的重点，熟悉试题形式及解答问题的方法和技巧等。

关注大龙老师抖音号，了解最新软考资讯。

编 者
2024 年 12 月于北京

目 录

前言

第1章 信息化发展 ············ 1
1.1 信息与信息化 ············ 1
答案及解析 ············ 2
1.2 现代化基础设施 ············ 4
答案及解析 ············ 5
1.3 产业现代化 ············ 7
答案及解析 ············ 8
1.4 数字化转型 ············ 10
答案及解析 ············ 10

第2章 信息技术发展 ············ 12
2.1 信息技术及其发展 ············ 12
答案及解析 ············ 14
2.2 新一代信息技术及应用 ············ 18
答案及解析 ············ 19

第3章 信息系统架构 ············ 22
3.1 架构基础 ············ 22
答案及解析 ············ 22
3.2 系统架构 ············ 22
答案及解析 ············ 23
3.3 应用架构 ············ 24
答案及解析 ············ 25
3.4 数据架构 ············ 25
答案及解析 ············ 25
3.5 技术架构 ············ 26
答案及解析 ············ 26
3.6 网络架构 ············ 26
答案及解析 ············ 27
3.7 安全架构 ············ 28

答案及解析 ············ 29
3.8 云原生架构 ············ 29
答案及解析 ············ 30

第4章 信息系统治理 ············ 31
4.1 IT治理基础 ············ 31
答案及解析 ············ 32
4.2 IT治理体系 ············ 33
答案及解析 ············ 33
4.3 IT治理任务 ············ 34
答案及解析 ············ 34
4.4 IT治理方法与标准 ············ 35
答案及解析 ············ 36
4.5 IT治理的EDM ············ 36
答案及解析 ············ 37
4.6 IT治理关键域 ············ 37
答案及解析 ············ 37

第5章 信息技术服务管理 ············ 38
5.1 IT服务基础特征 ············ 38
答案及解析 ············ 39
5.2 IT服务生命周期 ············ 39
答案及解析 ············ 41
5.3 IT服务质量管理 ············ 42
答案及解析 ············ 43

第6章 软件开发过程管理 ············ 45
6.1 基本概念 ············ 45
答案及解析 ············ 45
6.2 软件需求 ············ 46
答案及解析 ············ 48

6.3 软件设计	……………………………	50
答案及解析	……………………………………	51
6.4 软件实现	……………………………	53
答案及解析	……………………………………	54
6.5 部署交付	……………………………	56
答案及解析	……………………………………	57
6.6 全过程管理关注	……………………	58
答案及解析	……………………………………	59
6.7 软件过程能力成熟度	………………	59
答案及解析	……………………………………	59
6.8 软件工厂	……………………………	60
答案及解析	……………………………………	60
第7章 系统集成实施管理	…………	**61**
7.1 需求分析与转化	……………………	61
答案及解析	……………………………………	62
7.2 设计开发	……………………………	62
答案及解析	……………………………………	63
7.3 实施交付	……………………………	63
答案及解析	……………………………………	64
7.4 验证与确认	…………………………	65
答案及解析	……………………………………	66
7.5 技术与资源管理	……………………	67
答案及解析	……………………………………	67
第8章 信息系统运维管理	…………	**68**
8.1 运维能力模型	………………………	68
答案及解析	……………………………………	69
8.2 运维能力管理	………………………	69
答案及解析	……………………………………	70
8.3 运维人员管理	………………………	71
答案及解析	……………………………………	71
8.4 运维过程	……………………………	72
答案及解析	……………………………………	74
8.5 运维资源	……………………………	75
答案及解析	……………………………………	76
8.6 运维技术	……………………………	76
答案及解析	……………………………………	77
8.7 智能运维	……………………………	77
答案及解析	……………………………………	78
第9章 云服务及其运营管理	………	**79**
9.1 云服务基础	…………………………	79
答案及解析	……………………………………	80
9.2 云服务规划	…………………………	81
答案及解析	……………………………………	83
9.3 云服务交付	…………………………	85
答案及解析	……………………………………	86
9.4 云运维	………………………………	87
答案及解析	……………………………………	88
9.5 云资源操作	…………………………	89
答案及解析	……………………………………	91
9.6 云信息安全	…………………………	92
答案及解析	……………………………………	94
第10章 项目管理	……………………	**96**
10.1 启动过程组	…………………………	96
答案及解析	……………………………………	98
10.2 规划过程组	…………………………	99
答案及解析	…………………………………	102
10.3 执行过程组	………………………	103
答案及解析	…………………………………	105
10.4 监控过程组	………………………	106
答案及解析	…………………………………	108
10.5 收尾过程组	………………………	109
答案及解析	…………………………………	110
第11章 应用系统管理	……………	**112**
11.1 基础管理	…………………………	112
答案及解析	…………………………………	113
11.2 运行维护	…………………………	113
答案及解析	…………………………………	114
11.3 应用系统安全	……………………	115

答案及解析 …………………………………… 116	14.6 通信设备运维管理 ………………… 138

第12章 网络系统管理 117

- 12.1 网络管理基础 …………………………… 117
- 答案及解析 …………………………………… 118
- 12.2 网络日常管理 …………………………… 118
- 答案及解析 …………………………………… 119
- 12.3 网络资源管理 …………………………… 120
- 答案及解析 …………………………………… 121
- 12.4 网络应用管理 …………………………… 122
- 答案及解析 …………………………………… 123
- 12.5 网络安全 ………………………………… 125
- 答案及解析 …………………………………… 126

第13章 数据中心管理 127

- 13.1 基础管理 ………………………………… 127
- 答案及解析 …………………………………… 128
- 13.2 机房基础设施管理 ……………………… 129
- 答案及解析 …………………………………… 130
- 13.3 物理资源管理 …………………………… 131
- 答案及解析 …………………………………… 131
- 13.4 虚拟资源管理 …………………………… 132
- 答案及解析 …………………………………… 132
- 13.5 平台资源管理 …………………………… 132
- 答案及解析 …………………………………… 133

第14章 桌面与外设管理 134

- 14.1 概述 ……………………………………… 134
- 答案及解析 …………………………………… 134
- 14.2 台式计算终端运维管理 ………………… 135
- 答案及解析 …………………………………… 135
- 14.3 移动计算终端运维管理 ………………… 135
- 答案及解析 …………………………………… 136
- 14.4 输入/输出设备运维管理 ……………… 136
- 答案及解析 …………………………………… 137
- 14.5 存储设备运维管理 ……………………… 137
- 答案及解析 …………………………………… 138

- 14.6 通信设备运维管理 ……………………… 138
- 答案及解析 …………………………………… 139
- 14.7 桌面与外设安全 ………………………… 139
- 答案及解析 …………………………………… 139

第15章 数据管理 140

- 15.1 数据管理基础 …………………………… 140
- 答案及解析 …………………………………… 141
- 15.2 数据战略与治理 ………………………… 142
- 答案及解析 …………………………………… 143
- 15.3 数据管理组织与职能 …………………… 144
- 答案及解析 …………………………………… 144
- 15.4 数据采集与预处理 ……………………… 145
- 答案及解析 …………………………………… 145
- 15.5 存储与容灾 ……………………………… 145
- 答案及解析 …………………………………… 146
- 15.6 数据标准与建模 ………………………… 147
- 答案及解析 …………………………………… 148
- 15.7 数据仓库和数据资产 …………………… 148
- 答案及解析 …………………………………… 149
- 15.8 数据分析及应用 ………………………… 149
- 答案及解析 …………………………………… 150
- 15.9 数据安全 ………………………………… 151
- 答案及解析 …………………………………… 152

第16章 安全管理 153

- 16.1 安全管理体系 …………………………… 153
- 答案及解析 …………………………………… 153
- 16.2 风险管理 ………………………………… 154
- 答案及解析 …………………………………… 156
- 16.3 安全策略管理 …………………………… 158
- 答案及解析 …………………………………… 158
- 16.4 应急响应管理 …………………………… 159
- 答案及解析 …………………………………… 159
- 16.5 安全等级保护 …………………………… 160
- 答案及解析 …………………………………… 160

16.6 信息安全控制措施 …… 161	第19章 IT管理标准化 …… 181
答案及解析 …… 161	19.1 标准化知识 …… 181
第17章 人员管理 …… 162	答案及解析 …… 183
17.1 概述 …… 162	19.2 主要标准 …… 185
答案及解析 …… 162	答案及解析 …… 186
17.2 工作分析与岗位设计 …… 163	第20章 职业素养与法律法规 …… 189
答案及解析 …… 164	20.1 职业素养 …… 189
17.3 人力资源战略与计划 …… 166	答案及解析 …… 190
答案及解析 …… 167	20.2 法律法规 …… 191
17.4 人员培训 …… 169	答案及解析 …… 192
答案及解析 …… 169	第21章 案例分析 …… 195
第18章 知识管理 …… 171	21.1 信息系统架构 …… 195
18.1 知识管理基础 …… 171	21.2 信息系统治理 …… 196
答案及解析 …… 172	21.3 信息技术服务管理 …… 197
18.2 获取与收集 …… 174	21.4 软件开发过程管理 …… 199
答案及解析 …… 174	21.5 系统集成实施管理 …… 201
18.3 层次与模型 …… 175	21.6 信息系统运维管理 …… 202
答案及解析 …… 175	21.7 云服务及其运营管理 …… 203
18.4 交流与共享 …… 177	21.8 项目管理 …… 205
答案及解析 …… 177	21.9 应用系统管理 …… 207
18.5 转移与运用 …… 178	21.10 网络应用管理 …… 208
答案及解析 …… 178	21.11 数据中心管理 …… 210
18.6 协同与创新 …… 179	21.12 桌面与外设管理 …… 212
答案及解析 …… 179	21.13 数据管理 …… 214
18.7 个人知识管理 …… 179	21.14 信息安全管理 …… 216
答案及解析 …… 180	

第 1 章 信息化发展

1.1 信息与信息化

- 1948 年，香农在《通讯的数学理论》中指出，信息是用来消除随机不定性的东西，创造宇宙万物的最基本单位是____(1)____。
  - (1) A. 数据　　　　　B. 信息　　　　　C. 夸克　　　　　D. 中微子
- 下列____(2)____不是信息的特征。
  - (2) A. 客观性　　　　B. 精确性　　　　C. 相对性　　　　D. 无限性
- 下列____(3)____不是信息的质量属性。
  - (3) A. 精确性　　　　B. 可靠性　　　　C. 及时性　　　　D. 相对性
- ____(4)____指信息的来源、采集方法、传输过程是可以信任的、符合预期的。
  - (4) A. 传递性　　　　B. 可靠性　　　　C. 可验证性　　　D. 及时性
- 公式 $H = -\sum_{i=1}^{n} p(x_i) \log_2 p(x_i)$ 的名字叫____(5)____。
  - (5) A. 香农公式　　　B. 欧拉定理　　　C. 傅里叶变换　　D. 罗必达法则
- 下图为信息传输模型，图中②是____(6)____。

  信源 → ② → 信道 → 解码 → 信宿（噪声→信道）

  - (6) A. 编码　　　　　B. 转码　　　　　C. 跳码　　　　　D. 译码
- 1979 年，____(7)____将计算机信息系统的发展道路划分为六个阶段，即初始阶段、传播阶段、控制阶段、集成阶段、____(8)____和成熟阶段。
  - (7) A. 诺兰　　　　　B. 图灵　　　　　C. 薛定谔　　　　D. 薛大龙

(8) A. 数据管理阶段 　　　　　　　　 B. 信息管理阶段
　　　C. 数据阶段 　　　　　　　　　　 D. 信息阶段

● 可行性研究报告在信息系统生命周期的___(9)___阶段形成。
　　(9) A. 系统规划　　 B. 系统分析　　 C. 系统设计　　 D. 系统实施

● 在信息系统生命周期中，___(10)___阶段要回答的问题是"怎么做"。
　　(10) A. 系统规划　　 B. 系统分析　　 C. 系统设计　　 D. 系统实施

● 国家信息化体系包含六个要素，其中___(11)___是国家信息化成功之本，对其他各要素的发展速度和质量有着决定性的影响，是信息化建设的关键。
　　(11) A. 信息技术和产业 　　　　　　 B. 信息资源
　　　　 C. 信息化人才 　　　　　　　　 D. 信息化政策法规和标准规范

● 关于信息化基本内涵的描述，不正确的是___(12)___。
　　(12) A. 信息化的手段是基于现代信息技术的先进社会生产工具
　　　　 B. 信息化的空域是政治、经济、文化、军事和社会一切的领域
　　　　 C. 信息化实现的途径是创建信息时代的社会生产力，推动社会生产关系及社会上层建筑的改革
　　　　 D. 信息化的主体是信息技术领域的从业者，包括开发和测试人员

● 国家信息化体系包含六个要素，其中___(13)___是信息化体系六要素中的龙头，是国家信息化建设的主阵地，集中体现了国家信息化建设的需求和效益。
　　(13) A. 信息技术应用 　　　　　　　 B. 信息资源
　　　　 C. 信息化人才 　　　　　　　　 D. 信息技术和产业

● 在经济大系统内实现统一的信息大流动，使金融、贸易、投资、计划、通关、营销等组成一个信息大系统，使生产、流通、分配、消费等经济的四个环节通过信息进一步连成一个整体的是___(14)___。
　　(14) A. 产品信息化 　　　　　　　　 B. 国民经济信息化
　　　　 C. 产业信息化 　　　　　　　　 D. 社会生活信息化

● 根据《"十四五"国家信息化规划》，今后一段时间，我国信息化发展的重点主要体现在___(15)___、密码区块链技术、信息互联互通、智能网联、网络安全等方面。
　　(15) A. 数据治理　　 B. 数字转型　　 C. 数据协同　　 D. 数据保密

答案及解析

(1) 答案：B　解析　1948年，香农在《通讯的数学理论》中指出，信息是用来消除随机不定性的东西，创造宇宙万物的最基本单位是信息。

(2) 答案：B　解析　信息的特征主要包括客观性、普遍性、无限性、动态性、相对性、依附性、变换性、传递性、层次性、系统性和转化性。精确性是信息的质量属性，而不是特征。

（3）**答案：D**　**解析**　信息的质量属性主要包括精确性、完整性、可靠性、及时性、经济性、可验证性和安全性。相对性不是信息的质量属性，是信息的特征。

（4）**答案：B**　**解析**　可靠性指信息的来源、采集方法、传输过程是可以信任的、符合预期的。

（5）**答案：A**　**解析**　香农将热力学中的熵引入信息论，并用公式 $H = -\sum_{i=1}^{n} p(x_i) \log_2 p(x_i)$ 表示，式中，x_i 代表 n 个状态中的第 i 个状态；$p(x_i)$ 代表出现第 i 个状态的概率；H 代表用以消除系统不确定性所需的信息量，即以比特为单位的负熵。

（6）**答案：A**　**解析**　信息传输通常包括信源、编码、信道、解码、信宿等。信息传输模型如下图所示。

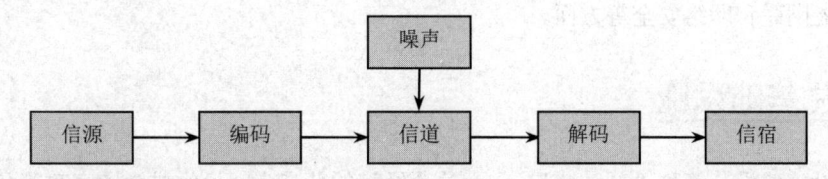

```
              噪声
               │
               ▼
信源 → 编码 → 信道 → 解码 → 信宿
```

（7）（8）**答案：A、A**　**解析**　1979 年，诺兰通过对 200 多个组织和部门发展信息系统的经验进行总结，提出了诺兰模型，他将计算机信息系统的发展道路划分为六个阶段，即初始阶段、传播阶段、控制阶段、集成阶段、数据管理阶段和成熟阶段。

（9）**答案：A**　**解析**　系统规划阶段的任务是对组织的环境、目标及现行系统的状况进行初步调查，根据组织目标和发展战略，确定信息系统的发展战略，对建设新系统的需求做出分析和预测，同时考虑建设新系统所受的各种约束，研究建设新系统的必要性和可能性。根据需要与可能，给出报建系统的备选方案。对这些方案进行可行性研究，写出可行性研究报告。可行性研究报告审议通过后，将新系统建设方案及实施计划编写成系统设计任务书。

（10）**答案：C**　**解析**　简单地说，系统分析阶段的任务是回答系统"做什么"的问题，而系统设计阶段要回答的问题是"怎么做"。系统设计阶段的任务是根据系统说明书中规定的功能要求，考虑实际条件，具体设计实现逻辑模型的技术方案，也就是设计新系统的物理模型。系统设计阶段又称为物理设计阶段，可分为总体设计（概要设计）和详细设计两个子阶段。系统设计阶段的技术文档是系统设计说明书。

（11）**答案：C**　**解析**　国家信息化体系包含信息技术应用、信息资源、信息网络、信息技术和产业、信息化人才、信息化政策法规和标准规范六个要素。其中，信息技术应用是龙头、信息资源是核心、信息网络是基础设施、信息技术和产业是基础、信息化人才是关键、信息化政策法规和标准规范是保障。

（12）**答案：D**　**解析**　信息化的基本内涵如下：

1）主体：是全体社会成员，包括政府、企业、事业、团体、个人。
2）时域：是一个长期的过程。
3）空域：是政治、经济、文化、军事和社会一切的领域。

4）手段：基于现代信息技术的先进社会生产工具。

5）途径：创建信息时代的社会生产力，推动社会生产关系及社会上层建筑的改革。

6）目标：使国家的综合实力、社会的文明素质和人民的生活质量全面提升。

（13）**答案：A** 解析 信息技术应用是国家信息化体系六要素中的龙头，是国家信息化建设的主阵地，集中体现了国家信息化建设的需求和效益。

（14）**答案：B** 国民经济信息化指在经济大系统内实现统一的信息大流动，使金融、贸易、投资、计划、通关、营销等组成一个信息大系统，使生产、流通、分配、消费等经济的四个环节通过信息进一步连成一个整体。国民经济信息化是世界各国急需实现的目标。

（15）**答案：A** 解析 我国信息化的发展重点主要聚焦在数据治理、密码区块链技术、信息互联互通、智能网联和网络安全等方面。

1.2 现代化基础设施

- 新型基础设施建设（简称"新基建"）作为拉动经济的新亮点，已经成为国家政策和地方政策的重要发力点，下列___（1）___不属于新基建的内容。
  （1）A．工业互联网　　　　　　　　B．城际高速铁路
  　　C．大数据中心　　　　　　　　D．城市轨道交通

- 下列___（2）___不属于新型基础设施建设。
  （2）A．信息基础设施　　　　　　　B．融合基础设施
  　　C．工业基础设计　　　　　　　D．创新基础设施

- 人工智能、区块链、云计算等新技术属于新型基础设施建设中的___（3）___。
  （3）A．信息基础设施　　　　　　　B．融合基础设施
  　　C．产业基础设计　　　　　　　D．创新基础设施

- ___（4）___指支撑科学研究、技术开发、产品研制的具有公益属性的基础设施。
  （4）A．信息基础设施　　　　　　　B．融合基础设施
  　　C．产业基础设计　　　　　　　D．创新基础设施

- 在新型基础设施中，融合基础设施重在___（5）___。
  （5）A．技术新　　　　　　　　　　B．应用新
  　　C．平台新　　　　　　　　　　D．服务新

- 工业互联网以网络为基础、___（6）___为中枢、数据为要素、安全为保障，既是工业数字化、网络化、智能化转型的基础设施，也是互联网、大数据、人工智能与实体经济深度融合的应用模式。
  （6）A．技术　　　　B．平台　　　　C．生产　　　　D．设备

- 工业互联网的网络体系分为三部分，其中不包括___（7）___。
  （7）A．网络互联　　B．数据互通　　C．数据汇聚　　D．标识解析

- 在工业互联网的网络体中，时间敏感网络（TSN）、确定性网络、5G等技术是关于___（8）___的典型技术。

  （8）A．网络互联　　B．数据互通　　C．数据汇聚　　D．标识解析

- 下列___（9）___不属于工业互联网的平台体系。

  （9）A．IaaS　　B．PaaS　　C．网络层　　D．边缘层

- 下列___（10）___不属于工业互联网平台体系的作用。

  （10）A．数据汇聚　　B．数据治理　　C．知识复用　　D．应用创新

- 在工业互联网平台体系的四个层级中，___（11）___可以对海量数据挖掘分析，实现数据驱动的科学决策和智能应用。

  （11）A．数据汇聚　　B．建模分析　　C．知识复用　　D．应用创新

- 工业互联网安全具有三大特点，其中不包括___（12）___。

  （12）A．涉及范围广　　　　　　　　B．造成影响大

  　　　C．组织防护基础弱　　　　　　D．影响速度快

- 工业互联网融合应用分为六大类，其中互联网金融属于___（13）___的典型应用模式。

  （13）A．平台化设计　　　　　　　　B．服务化延伸

  　　　C．网络化协同　　　　　　　　D．数字化管理

- 物联网是城市智慧化建设中非常重要的元素，它侧重于底层信息的采集与传输，下列不属于物联网特征的是___（14）___。

  （14）A．通信与识别　　　　　　　　B．智能化

  　　　C．传递可靠　　　　　　　　　D．互联性

- 对系统收集到的各类信息进行快速、准确、有效地处理，并进行智能控制管理，体现了智慧城市___（15）___的特征。

  （15）A．系统感知　　　　　　　　　B．高效快速

  　　　C．高度智能　　　　　　　　　D．智能识别

答案及解析

（1）**答案：D** 解析　新型基础设施建设，主要包括5G基站建设、特高压、城际高速铁路和城际轨道交通、新能源汽车充电桩、大数据中心、人工智能、工业互联网七大领域。

（2）**答案：C** 解析　新型基础设施主要包括信息基础设施、融合基础设施、创新基础设施。

（3）**答案：A** 解析　信息基础设施包括：①以5G、物联网、工业互联网、卫星互联网为代表的通信网络基础设施；②以人工智能、云计算、区块链等为代表的新技术基础设施；③以数据中心、智能计算中心为代表的算力基础设施等。信息基础设施凸显"技术新"。

（4）**答案：D 解析** 创新基础设施主要指支撑科学研究、技术开发、产品研制的具有公益属性的基础设施。创新基础设施包括重大科技基础设施、科教基础设施、产业技术创新基础设施等。创新基础设施强调"平台新"。

（5）**答案：B 解析** 融合基础设施指的是深度应用互联网、大数据、人工智能等技术，支撑传统基础设施转型升级，进而形成的融合基础设施，包括智能交通基础设施和智慧能源基础设施。融合基础设施重在"应用新"。

（6）**答案：B 解析** 工业互联网不是互联网在工业的简单应用，而是具有更为丰富的内涵和外延。工业互联网以网络为基础、平台为中枢、数据为要素、安全为保障，既是工业数字化、网络化、智能化转型的基础设施，也是互联网、大数据、人工智能与实体经济深度融合的应用模式，同时也是一种新业态、新产业，将重塑企业形态、供应链和产业链。

（7）**答案：C 解析** 互联网网络体系包括网络互联、数据互通和标识解析三部分。

（8）**答案：A 解析** 互联网网络体系包括网络互联、数据互通和标识解析三部分。网络互联实现要素之间的数据传输，包括企业外网和企业内网。典型技术包括传统的工业总线、工业以太网、创新的时间敏感网络（Time-Sensitive Networking，TSN）、确定性网络、5G等技术。

（9）**答案：C 解析** 工业互联网平台体系包括边缘层、IaaS、PaaS 和 SaaS 四个层级，相当于工业互联网的"操作系统"。

（10）**答案：B 解析** 工业互联网平台体系有四个作用，分别为数据汇聚、建模分析、知识复用、应用创新。

（11）**答案：B 解析** 工业互联网平台体系的四个层级中，建模分析，提供大数据、人工智能分析的算法模型和物理、化学等各类仿真工具，结合数字孪生、工业智能等技术，对海量数据挖掘分析，实现数据驱动的科学决策和智能应用。

（12）**答案：D 解析** 工业互联网安全具有三大特点：涉及范围广、造成影响大、组织防护基础弱。

（13）**答案：B 解析** 服务化延伸是制造与服务融合发展的新型产业形态，指的是企业从原有制造业务向价值链两端高附加值环节延伸，从以加工组装为主向"制造+服务"转型，从单纯出售产品向出售"产品+服务"转变，具体包括设备健康管理、产品远程运维、设备融资租赁、分享制造、互联网金融等。

（14）**答案：C 解析** 物联网的主要特征包括通信与识别、智能化、互联性。

（15）**答案：C 解析** 系统感知、传递可靠、高度智能等是智慧城市的重要特征。高度智能是更具深度及更具智能的信息管控能力，是智慧城市的又一基础特征，对系统收集到的各类信息进行快速、准确、有效地处理，并进行智能控制管理。物联网的信息收集的功能和极强的信息处理功能，可对物体进行有效的智能管理。

1.3 产业现代化

- ___（1）___是农业现代化的重要技术手段。
  - （1）A．互联网+农业　　　　　　　　　B．农业机械化
  　　　C．农业信息化　　　　　　　　　　D．农业产业化
- 数字赋能农业农村现代化建设，重点围绕___（2）___三个方面。
  - （2）A．基础设施建设、发展智慧农业、建设数字乡村
  　　　B．基础设施建设、发展智慧农业、管理服务智能化
  　　　C．基础建设现代化、产业发展智慧化、乡村建设数字化
  　　　D．产业发展智慧化、服务管理智能化、乡村建设数字化
- 下列关于智能制造的说法，错误的是___（3）___。
  - （3）A．智能制造是新一代信息通信技术与先进制造技术的深度融合
  　　　B．智能制造贯穿于设计、生产、管理、服务等制造活动的各个环节
  　　　C．智能制造的核心任务是制造更多的机器人来代替一线普通工人
  　　　D．智能制造具有自感知、自学习、自决策、自适应等功能的新型生产方式
- 《智能制造能力成熟度模型》（GB/T 39116—2020）将成熟度等级分为五个等级，其中企业应采用自动化技术、信息技术手段对核心装备和业务活动等进行改造和规范，实现单一业务活动的数据共享属于___（4）___。
  - （4）A．规划级　　　B．规范级　　　C．集成级　　　D．优化级
- 《智能制造能力成熟度模型》（GB/T 39116—2020）明确了智能制造能力建设服务覆盖的能力要素、能力域和能力子域，其中能力要素指的是___（5）___。
  - （5）A．人员、技术、资源、制造　　　　B．人员、技术、网络、生产
  　　　C．技术、资源、装备、服务　　　　D．技术、制造、资源、装备
- 《智能制造能力成熟度模型》（GB/T 39116—2020）将成熟度等级分为五个等级，处于第三级的是___（6）___。
  - （6）A．规划级　　　B．集成级　　　C．规范级　　　D．优化级
- 先进制造业与现代服务业的融合主要体现在三个方面，人们对拍照、发电邮、听音乐等服务的需求，推动了手机由单一功能向功能更丰富的多媒体方向升级，这是___（7）___的体现。
  - （7）A．结合型融合　　　　　　　　　　B．绑定型融合
  　　　C．延伸型融合　　　　　　　　　　D．整合型融合
- 先进制造业与现代服务业的融合主要体现在三个方面，___（8）___是指在制造业产品生产过程中，中间投入品中服务投入所占的比例越来越大。
  - （8）A．结合型融合　　　　　　　　　　B．绑定型融合
  　　　C．延伸型融合　　　　　　　　　　D．整合型融合

- _____（9）_____是以个人为用户，以日常生活为应用场景的应用形式，以满足消费者在互联网中的消费需求而生的互联网类型。

  （9）A．消费互联网　　B．工业互联网　　C．移动互联网　　D．产业互联网

- 下列关于消费互联网的说法，错误的是___（10）___。

  （10）A．消费互联网从商品消费逐渐向服务型消费转变

  　　　B．消费互联网以消费者为服务中心

  　　　C．消费互联网的本质是个人虚拟化和增强个人生活消费体验

  　　　D．消费互联网进一步强化了"身份社会"的发展进程

答案及解析

（1）**答案：C**　**解析**　农业信息化是农业现代化的重要技术手段。农业信息化是指利用现代信息技术和信息系统为农业产供销及相关的管理和服务提供有效的信息支持，以提高农业的综合生产力和经营管理效率的过程；就是在农业领域全面地发展和应用现代信息技术，使之渗透到农业生产、市场、消费以及农村社会、经济、技术等各个具体环节，加速传统农业改造，大幅度地提高农业生产效率和农业生产力水平，促进农业持续、稳定、高效发展的过程。

（2）**答案：A**　**解析**　数字赋能农业农村现代化建设，重点围绕基础设施建设、发展智慧农业和建设数字乡村等方面。

1）基础设施建设。一手抓新建、一手抓改造，提出推动农村千兆光网、5G、移动物联网与城市同步规划建设，提升农村宽带网络水平，推动农业生产加工和农村基础设施数字化、智能化升级。

2）发展智慧农业。建立和推广应用农业农村大数据体系，推动物联网、大数据、人工智能、区块链等新一代信息技术与农业生产经营深度融合，建设一批数字田园、数字灌区和智慧农牧渔场，不断提高农业发展数字化水平，让农业资源利用更加合理、农业经营管理更加高效。

3）建设数字乡村。构建线上线下相结合的乡村数字惠民便民服务体系，推进"互联网+"政务服务向农村基层延伸，深化乡村智慧社区建设，促进农村教育、医疗、文化与数字化结合，提升乡村治理和服务的智能化、精准化水平。

（3）**答案：C**　**解析**　智能制造（Intelligent Manufacturing，IM）是基于新一代信息通信技术与先进制造技术深度融合，贯穿于设计、生产、管理、服务等制造活动的各个环节，具有自感知、自学习、自决策、自执行、自适应等功能的新型生产方式。

在特定的某些行业正在制造机器人来代替人工作，但在相当长的一段时间内这不是智能制造的核心任务。

（4）**答案：B**　**解析**　《智能制造能力成熟度模型》（GB/T 39116—2020）规定了企业智能制造能力在不同阶段应达到的水平。成熟度等级分为五个等级，自低向高分别是一级（规划级）、二

级（规范级）、三级（集成级）、四级（优化级）和五级（引领级）。较高的成熟度等级涵盖了较低的成熟度等级的要求。

1）一级（规划级）：企业应开始对实施智能制造的基础和条件进行规划，能够对核心业务活动（设计、生产、物流、销售、服务）进行流程化管理。

2）二级（规范级）：企业应采用自动化技术、信息技术手段对核心装备和业务活动等进行改造和规范，实现单一业务活动的数据共享。

3）三级（集成级）：企业应对装备、系统等开展集成，实现跨业务活动间的数据共享。

4）四级（优化级）：企业应对人员、资源、制造等进行数据挖掘，形成知识、模型等，实现对核心业务活动的精准预测和优化。

5）五级（引领级）：企业应基于模型持续驱动业务活动的优化和创新，实现产业链协同并衍生新的制造模式和商业模式。

（5）**答案：A 解析** 《智能制造能力成熟度模型》（GB/T 39116—2020）明确了智能制造能力建设服务覆盖的能力要素、能力域和能力子域，其中能力要素提出了智能制造能力成熟度等级提升的关键方面，包括人员、技术、资源和制造。

（6）**答案：B 解析** 《智能制造能力成熟度模型》（GB/T 39116—2020）规定了企业智能制造能力在不同阶段应达到的水平。成熟度等级分为五个等级，自低向高分别是一级（规划级）、二级（规范级）、三级（集成级）、四级（优化级）和五级（引领级）。较高的成熟度等级涵盖了较低的成熟度等级的要求。

（7）**答案：B 解析** 先进制造业与现代服务业的融合主要体现在结合型融合、绑定型融合和延伸型融合三个方面。绑定型融合是指越来越多的制造业实体产品必须与相应的服务产品绑定在一起使用，才能使消费者获得完整的功能体验。消费者对制造业产品的需求不仅仅是有形产品，而是从产品的购买、使用、维修、报废、回收全生命周期的服务保证，产品的内涵已经从单一的实体扩展到为用户提供全面解决方案。很多制造业的产品就是为了提供某种服务而生产，如通信产品与家电等；部分制造业企业还将技术服务等与产品一同出售，如电脑与操作系统软件等。在绑定型融合过程中，服务正在引导制造业部门的技术变革和产品创新，服务的需求与供给指引着制造业的技术进步和产品开发方向，如对拍照、发电邮、听音乐等服务的需求，推动了手机由单一功能向功能更丰富的多媒体方向升级。

（8）**答案：A 解析** 结合型融合是指在制造业产品生产过程中，中间投入品中服务投入所占的比例越来越大，如在产品的市场调研、产品研发、员工培训、管理咨询和销售服务的投入日益增加。

（9）**答案：A 解析** 消费互联网是以个人为用户，以日常生活为应用场景的应用形式，以满足消费者在互联网中的消费需求而生的互联网类型。消费互联网的本质是个人虚拟化，以消费者为服务中心。

（10）答案：D　解析　消费互联网进一步强化了"无身份社会"的发展进程。

1.4　数字化转型

- ____(1)____ 是与土地、劳动力、资本和技术并列的主要生产要素，也将会是未来社会数字化、智能化发展的重要基础。

  （1）A．数据　　　　　B．资本　　　　　C．劳动力　　　　　D．知识

- ____(2)____ 、物理空间和社会空间，共同构成了人类社会的三元空间。

  （2）A．元宇宙空间　　B．平行宇宙　　　C．二次元空间　　　D．信息空间

- ____(3)____ 通过新型信息技术的数据洞察，从大数据中自动化挖掘实践经验和理论原理并自行开展模拟仿真，完成基于数据的自决策和自优化，将极大地繁荣应用科学技术。

  （3）A．第一科学范式　　　　　　　　　B．第二科学范式
  　　C．第三科学范式　　　　　　　　　D．第四科学范式

- 组织将数据作为核心要素，构建算法和模型为业务相关方提供数据智能体验是属于转型成熟度模型中的____(4)____。

  （4）A．一级　　　　　B．二级　　　　　C．三级　　　　　D．四级

- 数字化转型能力成熟度国家标准《信息技术服务　数字化转型　成熟度模型与评估》（GB/T 43439）给出了各类组织数字化转型的成熟度模型和转型路径。各类组织数字化转型主要涉及组织、技术、数据、资源、数字化运营、数字化生产和____(5)____。

  （5）A．数字化服务　　B．数字化营销　　C．数字化转型　　　D．数字化制造

答案及解析

（1）答案：A　解析　数据是与土地、劳动力、资本和技术并列的主要生产要素，也将会是未来社会数字化、智能化发展的重要基础。

（2）答案：D　解析　信息空间、物理空间和社会空间，共同构成了人类社会的三元空间。

（3）答案：D　解析　近代人类发展过程中，已经完成了三次科技革命，目前正在经历第四次科技革命，每次科技革命都对应一个科学范式。第一科学范式为经验范式，第二科学范式为理论范式，第三科学范式为模拟范式，第四科学范式为数据密集型研究范式。第四科学范式通过新型信息技术的数据洞察，从大数据中自动化挖掘实践经验和理论原理并自行开展模拟仿真，完成基于数据的自决策和自优化，将极大地繁荣应用科学技术。

（4）答案：D　解析　数字化转型能力成熟度国家标准《信息技术服务　数字化转型　成熟度模型与评估》（GB/T 43439）中，规定了成熟度等级如下：

1）一级：组织初具转型意识。
2）二级：组织初步具备基于数据的运营和优化能力。
3）三级：组织具备数字化转型总体规划并有序实施。
4）四级：组织将数据作为核心要素，构建算法和模型为业务相关方提供数据智能体验。
5）五级：组织基于数据持续推动业务活动的优化和创新。

（5）**答案：A** 解析 数字化转型能力成熟度国家标准《信息技术服务 数字化转型 成熟度模型与评估》（GB/T 43439）给出了各类组织数字化转型的成熟度模型和转型路径。各类组织数字化转型主要涉及组织、技术、数据、资源、数字化运营、数字化生产、数字化服务。

第2章
信息技术发展

2.1 信息技术及其发展

- 计算机硬件主要包括___(1)___、运算器、存储器、输入设备和输出设备。

  (1) A. 显示器　　　　　　　　　　B. 中央处理器（CPU）

  　　C. 控制器　　　　　　　　　　D. 主机

- 下列不属于计算机输入设备的是___(2)___。

  (2) A. 键盘　　　　B. 触摸屏　　　　C. 摄像头　　　　D. 显示器

- 根据网络的作用范围，可将网络分为___(3)___。

  (3) A. 个人局域网、局域网、城域网、区域网

  　　B. 公用网、专用网

  　　C. 个人局域网、局域网、城域网、广域网

  　　D. 局域网、城域网、区域网、广域网

- 在计算机网络中，按照交换层次的不同，网络交换可以分为物理层交换、链路层交换、___(4)___、传输层交换、应用层交换。

  (4) A. 网络层交换　　B. 数据层交换　　C. 会话层交换　　D. 表示层交换

- 在网络互连时，中间设备要实现不同网络之间的协议转换功能。其中___(5)___实现物理层和数据链路层协议转换。

  (5) A. 路由器　　　　B. 网桥　　　　C. 交换机　　　　D. 中继器

- 在OSI参考模型中，负责数据的解密与加密、数据转换、格式化和文本压缩的层次为___(6)___。

  (6) A. 传输层　　　　B. 会话层　　　　C. 表示层　　　　D. 应用层

- TCP/IP协议族中所定义的TCP和UDP协议，实现了OSI七层模型中的___(7)___的主要功能。

  (7) A. 传输层　　　　B. 会话层　　　　C. 表示层　　　　D. 应用层

- 在 OSI 七层协议中，___(8)___ 负责对软件提供网络接口服务。
    (8) A. 传输层　　　　B. 会话层　　　　C. 表示层　　　　D. 应用层
- ___(9)___ 是用于从 WWW 服务器传输超文本到本地浏览器的传送协议。
    (9) A. FTP　　　　　B. HTTP　　　　　C. DHCP　　　　　D. Telnet
- ___(10)___ 是进行域名解析的服务器。
    (10) A. FTP　　　　　B. HTTP　　　　　C. DNS　　　　　D. Telnet
- 关于负责提供流量控制、错误校验和排序服务的两个协议 ___(11)___，前一个是面向连接的、后一个是一种不可靠、无连接的协议。
    (11) A. TCP、UDP　　　　　　　　　　B. CPI、TCPI
         C. ETC、EAC　　　　　　　　　　D. ICMP、IGMP
- 国际电信联盟（ITU）定义了 5G 的三大类应用场景，其中 ___(12)___ 主要面向工业控制、远程医疗、自动驾驶等垂直行业应用需求。
    (12) A. 增强移动宽带　　　　　　　　B. 超高可靠低时延通信
         C. 大连接物联网　　　　　　　　D. 海量机器类通信
- ___(13)___ 是基于 LAN（局域网）的，按照 TCP/IP 协议进行通信，以文件的 I/O 方式进行数据传输。
    (13) A. DAS　　　　　B. NAS　　　　　C. SAN　　　　　D. 以上均可
- ___(14)___ 用"树"结构表示实体集之间的关联，其中实体集（用矩形框表示）为节点，而树中各节点之间的连线表示它们之间的关联。
    (14) A. 概念模型　　　B. 关系模型　　　C. 网状模型　　　D. 层次模型
- 在常见的数据结构模型中，___(15)___ 能够更为直接地描述现实客观世界，可表示实体间的多种复杂联系。
    (15) A. 面向对象模型　　　　　　　　B. 关系模型
         C. 网状模型　　　　　　　　　　D. 层次模型
- 关系型数据库支持事务的 ACID 原则，其中不包括 ___(16)___。
    (16) A. 间断性　　　B. 原子性　　　C. 一致性　　　D. 隔离性
- 下列 ___(17)___ 不是非关系型数据库的优点。
    (17) A. 高并发　　　　　　　　　　　B. 易扩展、可伸缩
         C. 简单　　　　　　　　　　　　D. 通用性强
- ___(18)___ 是数据仓库系统的一个主要应用，支持复杂的分析操作，侧重决策支持，并且提供直观查询结果。
    (18) A. ETL　　　　　B. OLAP　　　　　C. OLTP　　　　　D. 数据集市
- 数据仓库系统的结构通常包括数据源、数据集市、___(19)___ 和前端工具四个层次。
    (19) A. 中间件服务器　　　　　　　　B. OLAP 服务器
         C. 分布式数据库　　　　　　　　D. 数据挖掘

- 下列关于数据仓库的描述，不正确的是___（20）___。

  （20）A．在数据仓库的结构中，数据源是数据仓库系统的基础

  　　　B．数据的存储与管理是整个数据仓库系统的核心

  　　　C．数据仓库前端分析工具中包括报表工具

  　　　D．数据仓库中间层 OLAP 服务器只能采用关系型 OLAP

- CIA 是系统安全设计的目标，其中___（21）___属于 CIA 三要素。

  ①完整性　②保密性　③可用性　④真实性　⑤安全性

  （21）A．①②③　　　B．①③④　　　C．②③⑤　　　D．②④⑤

- 针对信息系统，安全可以划分为四个层次，其中不包括___（22）___。

  （22）A．设备安全　　B．人员安全　　C．内容安全　　D．行为安全

- 与对称加密算法相比较，非对称加密算法的优点是___（23）___。

  （23）A．加密解密的速度比较快，适合于较长的数据

  　　　B．加密方和解密方使用同一个密钥

  　　　C．安全性更高，公钥是公开的，私钥是自己保存的，不需要将私钥给别人

  　　　D．密钥传输的过程不安全，且容易被破解，密钥管理也比较麻烦

- 数字签名的主要作用不包括___（24）___。

  （24）A．发送方不能抵赖　　　　　　　B．其他人不能伪造

  　　　C．确认接收方身份　　　　　　　D．验证签名真伪

- 若甲、乙采用非对称密钥体系进行保密通信，甲用乙的公钥加密数据文件，乙使用___（25）___来对数据文件进行解密。

  （25）A．甲的公钥　　B．甲的私钥　　C．乙的公钥　　D．乙的私钥

- 下列属于操作系统安全问题的是___（26）___。

  （26）A．口令攻击　　B．漏洞攻击　　C．特洛伊木马　　D．信息泄露

- 下列不属于网络安全技术的是___（27）___。

  （27）A．防火墙　　B．VPN　　C．网络蜜罐技术　　D．网络性能检测技术

- 关于网络安全防御技术的描述，不正确的是___（28）___。

  （28）A．入侵防护系统倾向于提供主动防护，注重对入侵行为的控制

  　　　B．虚拟专业网络是在公网中建立专用的、安全的数据通信通道

  　　　C．入侵检测系统注重的是网络安全状况的监督，绝大多数 IDS 系统都是被动的

  　　　D．蜜罐技术是一种被动防御技术，是一个包含漏洞的诱骗系统

答案及解析

（1）答案：C　解析　计算机硬件主要分为控制器、运算器、存储器、输入设备和输出设备。

（2）答案：D　解析　常见的输入设备有键盘、鼠标、麦克风、摄像头、扫描仪、扫码枪、

手写板、触摸屏等。计算机常用的输出设备有显示器、打印机、激光印字机和绘图仪等。

（3）**答案：C** 解析 从网络的作用范围可将网络划分为个人局域网（Personal Area Network，PAN）、局域网（Local Area Network，LAN）、城域网（Metropolitan Area Network，MAN）、广域网（Wide Area Network，WAN）。

（4）**答案：A** 解析 在计算机网络中，按照交换层次的不同，网络交换可以分为物理层交换、链路层交换、网络层交换、传输层交换、应用层交换。

（5）**答案：B** 解析 在网络互连时，各节点一般不能简单地直接相连，而是需要通过一个中间设备来实现。按照开放系统互连（Open System Interconnect，OSI）参考模型的分层原则，中间设备要实现不同网络之间的协议转换功能。根据它们工作的协议层的不同进行分类，网络互连设备有中继器（实现物理层协议转换，在电缆间转换二进制信号）、网桥（实现物理层和数据链路层协议转换）、路由器（实现网络层和以下各层协议转换）、网关（提供从最底层到传输层或以上各层的协议转换）和交换机等。

（6）**答案：C** 解析 表示层如同应用程序和网络之间的翻译官，将数据按照网络能理解的方案进行格式化，这种格式化也因所使用网络的类型不同而不同。表示层管理数据的解密与加密、数据转换、格式化和文本压缩。表示层常见的协议有 JPEG、ASCI、GIF、DES、MPEG。

（7）**答案：A** 解析 传输层主要负责确保数据可靠、顺序、无错地从 A 点传输到 B 点，如提供建立、维护和拆除传送连接的功能；选择网络层提供最合适的服务；在系统之间提供可靠的、透明的数据传送，提供端到端的错误恢复和流量控制。在 TCP/IP 协议中，传输层的具体协议有 TCP、UDP、SPX。

（8）**答案：D** 解析 应用层负责对软件提供接口以使程序能使用网络服务，如事务处理程序、文件传送协议和网络管理等。在 TCP/IP 协议中，常见的协议有 HTTP、Telnet、FTP、SMTP。

（9）**答案：B** 解析 超文本传输协议（Hypertext Transfer Protocol，HTTP）是用于从 WWW 服务器传输超文本到本地浏览器的传送协议，它可以使浏览器更加高效，使网络的传输量减少。

（10）**答案：C** 解析 域名系统（Domain Name System，DNS）在 Internet 上的域名与 IP 地址之间是一一对应的，域名虽然便于人们记忆，但机器之间只能相互识别 IP 地址，它们之间的转换工作称为域名解析，域名解析需要由专门的域名解析服务器来完成，DNS 就是进行域名解析的服务器。DNS 通过对用户友好的名称来查找计算机和服务。

（11）**答案：A** 解析 在 OSI 的传输层有两个重要的传输协议，分别是 TCP 和 UDP，它们负责提供流量控制、错误校验和排序服务。TCP 是面向连接的，一般用于传输数据量比较少且对可靠性要求高的场合；UDP 是一种不可靠、无连接的协议，一般用于传输数据量大，对可靠性要求不是很高，但要求速度快的场合。

（12）**答案：B** 解析 国际电信联盟（International Telecommunication Union，ITU）定义了

5G的三大类应用场景，即增强移动宽带（enhanced Mobile Broadband，eMBB）、超高可靠低时延通信（ultra Reliable Low Latency Communication，uRLLC）和海量机器类通信（massive Machine Type of Communication，mMTC）。增强移动宽带主要面向移动互联网流量爆炸式增长，为移动互联网用户提供更加极致的应用体验；超高可靠低时延通信主要面向工业控制、远程医疗、自动驾驶等对时延和可靠性有极高要求的垂直行业应用需求；海量机器类通信主要面向智慧城市、智能家居、环境监测等以传感和数据采集为目标的应用需求。

（13）答案：B 解析 网络附属存储（Network Attached Storage，NAS）也称为网络直联存储设备或网络磁盘阵列，是一种专业的网络文件存储及文件备份设备，它是基于LAN（局域网）的，按照TCP/IP协议进行通信，以文件的I/O方式进行数据传输。

（14）答案：D 解析 常见的数据结构模型有三种：层次模型、网状模型和关系模型，其中层次模型和网状模型又统称为格式化数据模型，关系模型则是非格式化数据模型。

1）层次模型是数据库系统最早使用的一种模型，它用"树"结构表示实体集之间的关联，其中实体集（用矩形框表示）为节点，而树中各节点之间的连线表示它们之间的关联。

2）网状数据库系统采用网状模型作为数据的组织方式。网状模型用网状结构表示实体类型及实体之间的联系。网状模型是一种可以灵活地描述事物及其之间关系的数据库模型。

3）关系模型是在关系结构的数据库中用二维表格的形式表示实体以及实体之间的联系的模型。关系模型中无论是实体还是实体间的联系均由单一的结构类型关系来表示。

（15）答案：C 解析 网状模型的主要优点包括：能够更为直接地描述现实客观世界，可表示实体间的多种复杂联系，具有良好的性能，存取效率较高。

（16）答案：A 解析 关系型数据库支持事务的ACID原则，即原子性（Atomicity）、一致性（Consistency）、隔离性（Isolation）、持久性（Durability），这四种原则保证在事务过程当中数据的正确性。

（17）答案：D 解析 常用数据库类型优缺点见下表。

数据库类型	特点类型	描述
关系型数据库	优点	● 容易理解：二维表结构是非常贴近逻辑世界的一个概念，关系模型相对于网状、层次等其他模型来说更容易理解。 ● 使用方便：通用的SQL语言使得操作关系型数据库非常方便。 ● 易于维护：丰富的完整性（实体完整性、参照完整性和用户定义的完整性）大大降低了数据冗余和数据不一致的概率
	缺点	● 数据读写必须经过SQL解析，大量数据、高并发下读写性能不足（对于传统关系型数据库来说，硬盘I/O是一个很大的瓶颈）。 ● 具有固定的表结构，因此扩展困难。 ● 多表的关联查询导致性能欠佳

续表

数据库类型	特点类型	描述
非关系型数据库	优点	● 高并发：大数据下读写能力较强（基于键值对的，可以想象成表中的主键和值的对应关系，且不需要经过 SOL 层的解析，所以性能非常高）。 ● 基本支持分布式：易于扩展，可伸缩（因为基于键值对，数据之间没有耦合性，所以非常容易水平扩展）。 ● 简单：弱结构化存储
	缺点	● 事务支持较弱。 ● 通用性差。 ● 无完整约束，复杂业务场景支持较差

（18）**答案：B　解析**　数据仓库系统的主要应用是联机分析处理（Online Analytical Processing，OLAP），支持复杂的分析操作，侧重决策支持，并且提供直观易懂的查询结果。

（19）**答案：B　解析**　数据仓库系统的结构通常包括数据源、数据集市、OLAP 服务器和前端工具四个层次。

（20）**答案：D　解析**　在数据仓库的结构中，数据源是数据仓库系统的基础，通常包括企业内部信息和外部信息。数据的存储与管理是整个数据仓库系统的核心。OLAP 服务器对分析需要的数据进行有效集成，按多维模型组织，以便进行多角度、多层次的分析，并发现趋势。OLAP 按数据存储格式可以分为基于关系数据库的 OLAP（Relational OLAP，ROLAP）、基于多维数据组织的 OLAP（Multidimensional OLAP，MOLAP）和基于混合数据组织的 OLAP（Hybrid OLAP，HOLAP）。数据仓库的前端工具主要包括各种报表工具、查询工具、数据分析工具、数据挖掘工具以及各种基于数据仓库的应用开发工具。

（21）**答案：A　解析**　CIA 是保密性（Confidentiality）、完整性（Integrity）和可用性（Availability）三个词的缩写。

（22）**答案：B　解析**　信息系统安全可以划分为四个层次：设备安全、数据安全、内容安全、行为安全。

（23）**答案：C　解析**　与对称加密算法相比较，非对称加密算法的优点是安全性更高。对称加密算法中，加密和解密使用的是同一个密钥，因此如果有人获取了这个密钥，就可以轻松地解密已经加密的数据，因此对称加密算法的安全性较低。而非对称加密算法中，加密和解密使用的是不同的密钥，一个是公钥，一个是私钥。公钥是公开的，任何人都可以使用公钥来加密数据，但是只有拥有私钥的人才能解密数据。因此，安全性更高，因为即使有人获取了公钥，也无法解密已经加密的数据。选项 A 和选项 D 都是对称加密算法的缺点，而选项 B 是错误的，因为非对称加密算法中加密方和解密方使用的是不同的密钥。

（24）**答案：C　解析**　完善的数字签名体系应满足：签名者事后不能抵赖自己的签名；其他人不能伪造签名；如果当事的双方关于签名的真伪发生争执，可以在公正的仲裁者面前通过验证签名来确认其真伪。

（25）**答案：D　解析**　在使用非对称加密体制进行加解密时，甲使用乙的公钥加密，则乙使用配套的私钥（即乙的私钥）解密。

（26）**答案：C　解析**　操作系统面临的安全威胁主要有：计算机病毒、逻辑炸弹、特洛伊木马、后门、隐蔽通道。

（27）**答案：D　解析**　网络安全技术主要包括：防火墙、入侵检测与防护、VPN、安全扫描、网络蜜罐技术、用户和实体行为分析技术等。

（28）**答案：D　解析**　蜜罐（Honeypot）技术是一种主动防御技术，是入侵检测技术的一个重要发展方向，也是一个"诱捕"攻击者的陷阱。蜜罐系统是一个包含漏洞的诱骗系统，它通过模拟一个或多个易受攻击的主机和服务，给攻击者提供一个容易攻击的目标。攻击者往往在蜜罐上浪费时间，延缓对真正目标的攻击。由于蜜罐技术的特性和原理，使得它可以对入侵的取证提供重要的信息和有用的线索，便于研究入侵者的攻击行为。

2.2　新一代信息技术及应用

- 在物联网的体系架构中，___（1）___是整个物联网的中枢，负责传递和处理感知层获取的信息。
  - （1）A．管理层　　　　B．传输层　　　　C．网络层　　　　D．数据层
- RFID 技术多应用于物联网的___（2）___。
  - （2）A．应用层　　　　B．感知层　　　　C．网络层　　　　D．传输层
- 关于物联网的描述，不正确的是___（3）___。
  - （3）A．物联网的传输层是物联网识别物体、采集信息的来源
    B．物联网利用射频自动识别（RFID）等技术，进行信息交换与通信
    C．物联网技术已应用到智慧物流、智能管家、智慧农业、医疗健康领域
    D．物联网关键技术主要涉及传感器技术、传感网和应用系统框架等
- 传感器技术是物联网感知层的主要技术，___（4）___不属于传感器技术应用。
  - （4）A．空气质量检测仪　　　　　　　B．无线红外电子栅栏
    C．心率监测手环　　　　　　　　D．无线网卡
- 开封慧赢公司是一家云服务供应商，向客户提供多租户、可制定的办公软件和客户关系管理软件。该公司所提供的此项云服务属于___（5）___服务类型。
  - （5）A．IaaS　　　　B．PaaS　　　　C．SaaS　　　　D．DaaS
- 把客户采用的开发环境部署到供应商的云计算基础设施上，客户不需要管理底层云设施。该服务为___（6）___。
  - （6）A．IaaS　　　　B．PaaS　　　　C．SaaS　　　　D．DaaS
- 下列关于大数据的特征的描述，不正确的是___（7）___。
  - （7）A．大数据的数据体量巨大，最高达到 EB 级
    B．数据类型繁多，一般分为结构化数据和非结构化数据

C. 价值密度低，指从海量的数据里面获得对自己有用的数据

D. 数据处理速度快，通常指实时获取需要的信息

- 分布式数据处理技术主要被应用于___（8）___。

  （8）A. 数据采集　　　B. 数据存储　　　C. 数据挖掘　　　D. 数据可视化

- 下列关于区块链的说法，不正确的是___（9）___。

  （9）A. 比特币的底层技术是区块链

  B. 区块链是一个分布式共享账本和数据库

  C. 目前区块链可分为公有链、私有链、联盟链、混合链

  D. 存储在区块链的交易信息是高度加密的

- 区块链的特征不包括___（10）___。

  （10）A. 去中心化　　　B. 不可篡改　　　C. 开放共识　　　D. 多方维护

- 区块链的关键技术不包括___（11）___。

  （11）A. 分布式账本　　　　　　B. 分布式数据处理

  　　　C. 加密算法　　　　　　　D. 共识机制

- 下列___（12）___不属于人工智能的典型应用。

  （12）A. 机器人　　　B. 舆情监测　　　C. 专家系统　　　D. 扫码支付

- 阿尔法围棋（AlphaGo）属于___（13）___的典型应用。

  （13）A. 人工智能　　　B. 科学计算　　　C. 过程控制　　　D. 数据处理

- ChatGPT 属于___（14）___的典型应用。

  （14）A. 人工智能　　　B. 虚拟现实　　　C. 人机交互　　　D. 大数据

- 下列___（15）___不属于虚拟现实技术的主要特征。

  （15）A. 沉浸性　　　B. 交互性　　　C. 集成性　　　D. 自主性

- 《"十四五"国家信息化规划》为未来信息技术的发展指明了方向，___（16）___将继续成为未来发展主流。

  （16）A. 大数据　　　B. 人工智能　　　C. 云计算　　　D. 物联网

- 信息技术发展的落脚点将更加聚焦在___（17）___。

  （17）A. 健全基本公共服务体系，让人民群众共享信息化发展成果

  B. 打造协同高效的数字政府服务体系，推动政务数据共享流通

  C. 有效地构建共建、共治、共享的数字社会治理体系

  D. 深入与产业结合，引领产业数字化转型发展

答案及解析

（1）**答案：C　解析**　物联网架构可分为三层：感知层、网络层和应用层。感知层由各种传感器构成，是物联网识别物体、采集信息的来源。网络层由各种网络组成，是整个物联网的中枢，

负责传递和处理感知层获取的信息。应用层是物联网和用户的接口，它与行业需求结合以实现物联网的智能应用。

（2）答案：B　解析　感知层由各种传感器构成，包括温度传感器、二维码标签、RFID 标签和读写器、摄像头、GPS 等感知终端。

（3）答案：A　解析　感知层由各种传感器构成，是物联网识别物体、采集信息的来源。

（4）答案：D　解析　无线网卡主要实现无线通信功能，使设备能够接入网络；传感器则用于感知和转换各种物理量，实现自动检测和控制。

（5）答案：C　解析　按照云计算服务提供的资源层次可以分为：

1）基础设施即服务（Infrastructure as a Service，IaaS），向用户提供计算机能力、存储空间等基础设施方面的服务。

2）平台即服务（Platform as a Service，PaaS），向用户提供虚拟的操作系统、数据库管理系统、Web 应用等平台化的服务。

3）软件即服务（Software as a Service，SaaS），向用户提供应用软件（如 CRM、办公软件等）、组件、工作流等虚拟化软件的服务，SaaS 一般采用 Web 技术和 SOA 架构。

4）数据即服务（DaaS），通过专门的大数据处理，提炼出有价值的信息传递给有需要的用户。

（6）答案：B　解析　平台即服务（PaaS）向用户提供虚拟的操作系统、数据库管理系统、Web 应用等平台化的服务。

（7）答案：A　解析　大数据的数据体量巨大，从 TB 级别跃升到 PB 级别（1PB=1024TB）、EB 级别（1EB=1024PB），甚至达到 ZB 级别（1ZB=1024EB）。

（8）答案：C　解析　分布式计算是随着分布式系统的发展而兴起的，其核心是将任务分解成许多小的部分，分配给多台计算机进行处理，通过并行工作的机制，达到节约整体计算时间、提高计算效率的目的。目前，主流的分布式计算系统有 Hadoop、Spark 和 Storm。其中，Hadoop 常用于离线的、复杂的大数据处理；Spark 常用于离线的、快速的大数据处理；Storm 常用于在线的、实时的大数据处理。大数据挖掘就是从大量、不完全、有噪声、模糊、随机的实际应用数据中，提取隐含在其中的、人们事先不知道的、但又是潜在有用的信息和知识的过程。

（9）答案：D　解析　从应用视角来看，简单地说，区块链就是一种去中心化的分布式账本数据库。去中心化，即与传统中心化的方式不同，这里没有中心，或者说人人都是中心；分布式账本数据库，意味着记载方式不只是将账本数据存储在每个节点，而且每个节点会同步共享复制整个账本的数据。存储在区块链上的交易信息是公开透明的，但是账户身份信息是高度加密的，只有在数据拥有者授权的情况下才能访问，从而保证了数据的安全和个人的隐私。

（10）答案：A　解析　区块链的特征有：多中心化、多方维护、时序数据、智能合约、不可篡改、开放共识、安全可信。

（11）答案：B　解析　区块链的关键技术包括分布式账本、加密算法、共识机制。

（12）答案：D　解析　人工智能是指研究和开发用于模拟、延伸和扩展人类智能的理论、方法、技术及应用系统的一门技术科学。扫码支付没有模拟人类。

（13）**答案**：A　**解析**　阿尔法围棋（AlphaGo）是第一个击败人类职业围棋选手、第一个战胜围棋世界冠军的人工智能机器人，由谷歌（Google）旗下DeepMind公司的戴密斯·哈萨比斯领衔的团队开发，它属于人工智能的应用，其主要工作原理是"深度学习"。

（14）**答案**：A　**解析**　ChatGPT是人工智能技术驱动的自然语言处理工具，它能够通过学习和理解人类的语言来进行对话。

（15）**答案**：C　**解析**　虚拟现实技术的主要特征包括沉浸性、交互性、多感知性、构想性和自主性。

（16）**答案**：A　**解析**　大数据技术将继续成为未来发展主流，以数据资源开发利用、共享流通、全生命周期治理和安全保障为重点，建立完善数据要素资源体系，激发数据要素价值，提升数据要素赋能作用，数据治理技术、数据应用和服务技术、数据安全技术将会进一步加强。

（17）**答案**：A　**解析**　信息技术发展的落脚点将更加聚焦"以信息技术健全基本公共服务体系，改善人民生活品质，让人民群众共享信息化发展成果"。数字教育、普惠数字医疗、数字社保、就业和人力资源服务、数字文旅和体育服务将会成为信息技术价值的重要体现。

第3章 信息系统架构

3.1 架构基础

- 架构的本质是在权衡方向、结构、关系以及原则各方面因素后进行的___(1)___。
  - (1) A. 管理　　　　　B. 决策　　　　　C. 控制　　　　　D. 设计
- 信息系统架构通常有___(2)___。
  - (2) A. 系统架构、数据架构、技术架构、应用架构、网络架构、安全架构
    - B. 系统架构、数据架构、技术架构、网络架构、安全架构、云原生架构
    - C. 系统架构、数据架构、技术架构、应用架构、网络架构、安全架构、云原生架构
    - D. 数据架构、技术架构、应用架构、网络架构、安全架构、云原生架构

答案及解析

(1) **答案：B** **解析** 架构的本质是决策，是在权衡方向、结构、关系以及原则各方面因素后进行的决策。信息系统项目可基于项目建设的指导思想、设计原则和建设目标等展开各类架构的设计。

(2) **答案：C** **解析** 信息系统架构通常有系统架构、数据架构、技术架构、应用架构、网络架构、安全架构、云原生架构，组织级的信息系统集成架构向上承载了组织的发展战略和业务架构，向下指导着信息系统具体方案的实现，发挥着承上启下的中坚作用。

3.2 系统架构

- 常用架构模型主要有单机应用模式、客户端/服务器模式、___(1)___、组织级数据交换总线模式。
  - (1) A. 分层架构模式　　　　　　　　　　B. 面向服务架构模式

C．微内核架构模式　　　　　　　D．微服务架构模式
- 根据架构的分类，信息系统架构又可分为＿＿(2)＿＿两大类。

　　(2) A．物理架构和逻辑架构　　　　B．抽象架构和服务架构
　　　　C．集中式架构和分布式架构　　D．网络架构和混合型架构
- 客户端/服务器模式（Client/Server）是信息系统中最常见的一种，其中人们常说的"胖客户端"模式指的是＿＿(3)＿＿。

　　(3) A．两层 C/S 结构　　　　　　　B．三层 C/S 与 B/S 结构
　　　　C．多层 C/S 结构　　　　　　　D．模型—视图—控制器模式
- 在集成架构演变中，以＿＿(4)＿＿为主线架构的核心理念是将"竖井式"信息系统各个组成部分转化为"平层化"建设方法。

　　(4) A．应用功能　　B．平台能力　　C．互联网　　D．设计
- TOGAF 反映了企业内部架构能力的结构和内容，＿＿(5)＿＿是 TOGAF 的核心。

　　(5) A．架构开发方法　　　　　　　B．架构内容框架
　　　　C．企业连续体和工具　　　　　D．架构能力框架
- 在架构开发方法（ADM）的各阶段中，定义组织机构、特定的架构框架、架构原则和工具属于＿＿(6)＿＿。

　　(6) A．预备阶段　　　　　　　　　B．需求管理阶段
　　　　C．架构愿景阶段　　　　　　　D．实施治理阶段
- 价值模型核心的特征可以简化为＿＿(7)＿＿三种基本形式。

　　(7) A．价值期望值、反作用力、收益率
　　　　B．满意度、功能、质量
　　　　C．价值期望值、反作用力、变革催化剂
　　　　D．满意度、功能、变革催化剂

答案及解析

（1）**答案：B** **解析** 常用架构模型主要有单机应用模式、客户端/服务器模式、面向服务架构（Service-Oriented Architecture，SOA）模式、组织级数据交换总线模式等。

（2）**答案：A** **解析** 信息系统架构通常可分为物理架构和逻辑架构两种，物理架构是指不考虑系统各部分的实际工作与功能架构，只抽象地考查其硬件系统的空间分布情况；逻辑架构是指信息系统各种功能子系统的综合体。

（3）**答案：A** **解析** 两层 C/S 结构，其实质就是 IPC 客户端/服务器结构的应用系统体现。两层 C/S 结构就是人们常说的"胖客户端"模式。在实际的系统设计中，该类结构主要是指前台客户端+后台数据库管理系统。

（4）答案：B　解析　根据企业业务发展的程度，以平台能力为主线的系统集成架构起源于云计算技术的发展和云服务的逐步成熟。其核心理念是将"竖井式"信息系统各个组成部分，转化为"平层化"建设方法，包括数据采集平层化、网络传输平层化、应用中间件平层化、应用开发平层化等，并通过标准化接口和新型信息技术，实现信息系统的弹性、敏捷等能力的建设。

（5）答案：A　解析　TOGAF9 版本包括六个组件，架构开发方法是 TOGAF 的核心，它描述了 TOGAF 架构开发方法（Architecture Development Method，ADM），ADM 是一种开发企业架构的分步方法。

（6）答案：A　解析　在 ADM 的预备阶段中，其主要活动为为实施成功的企业架构项目做好准备，包括定义组织机构、特定的架构框架、架构原则和工具。

（7）答案：C　解析　价值模型核心的特征可以简化为三种基本形式：价值期望值、反作用力和变革催化剂。

1) 价值期望值。价值期望值表示对某一特定功能的需求，包括内容（功能）、满意度（质量）和不同级别质量的实用性。

2) 反作用力。系统部署实际环境中，实现某种价值期望值的难度，通常期望越高难度越大，即反作用力。

3) 变革催化剂。变革催化剂表示环境中导致价值期望值发生变化的某种事件，或者是导致不同结果的限制因素。

反作用力和变革催化剂称为限制因素，价值期望值、反作用力和变革催化剂统称为价值驱动因素。如果系统旨在有效满足其利益相关者的价值模型要求，那么它就需要能够识别和分析价值模型。

3.3　应用架构

- 常用的应用架构设计原则有＿＿（1）＿＿。

  （1）A．业务适配性原则、应用聚合化原则、功能专业化原则、风险最小化原则和资产复用化原则

  　　B．业务适配性原则、应用企业化原则、IT 专业化原则和风险最小化原则

  　　C．业务适配性原则、应用聚合化原则、IT 专业化原则和资产复用化原则

  　　D．业务适配性原则、功能专业化原则、风险最小化原则和资产复用化原则

- 基于现有系统功能，通过整合部门级应用，解决应用系统多、功能分散、重叠、界限不清晰等问题，指的是应用架构设计的＿＿（2）＿＿。

  （2）A．业务适配性原则　　　　　　B．IT 专业化原则

  　　C．功能专业化原则　　　　　　D．应用聚合化原则

- 关于应用架构分层分组，以下说法错误的是＿＿（3）＿＿。

  （3）A．对应用架构进行分层的目的是要实现业务与技术分离

  　　B．应用分层可以体现以客户为中心的系统服务和交互模式

C．可以指导应用系统建设，实现系统内低内聚，系统间高耦合，增加重复建设

D．可以提高各层的灵活性

答案及解析

（1）**答案：A** **解析** 常用的应用架构规划与设计的基本原则有：业务适配性原则、应用聚合化原则、功能专业化原则、风险最小化原则和资产复用化原则。

（2）**答案：D** **解析** 应用聚合化原则，基于现有系统功能，通过整合部门级应用，解决应用系统多、功能分散、重叠、界限不清晰等问题，推动组织集中的"组织级"应用系统建设。

（3）**答案：C** **解析** 对应用架构进行分层的目的是要实现业务与技术分离，降低各层级之间的耦合性，提高各层的灵活性，有利于进行故障隔离，实现架构松耦合。

应用分层可以体现以客户为中心的系统服务和交互模式，提供面向客户服务的应用架构视图。

对应用分组的目的是要体现业务功能的分类和聚合，把具有紧密关联的应用或功能内聚为一个组，可以指导应用系统建设，实现系统内高内聚，系统间低耦合，减少重复建设。

3.4 数据架构

- 数据架构主要经历了单体应用架构时代、数据仓库时代和＿＿（1）＿＿。

  （1）A．互联网时代 B．大数据时代

  C．双体应用架构时代 D．微服务时代

- 常用的数据架构设计原则有＿＿（2）＿＿。

  （2）A．数据分层原则、数据处理效率原则、数据一致性原则、服务于业务原则

  B．数据分层原则、数据一致性原则、数据架构可扩展性原则

  C．数据分层原则、数据处理效率原则、数据一致性原则

  D．数据分层原则、数据处理效率原则、数据一致性原则、数据架构可扩展性原则、服务于业务原则

- 关于数据架构的设计原则，以下说法错误的是＿＿（3）＿＿。

  （3）A．应该遵循架构设计通用原则

  B．数据分层原则更多解决的是层次定位合理性的问题

  C．在数据架构中应该重复加工数据保持一致性

  D．数据处理效率指的是追求合理性

答案及解析

（1）**答案：B** **解析** 作为信息系统架构的组成，数据架构在不同时代其形态也是不一样的，

它是随着信息技术的不断发展而向前演进，主要经历了单体应用架构时代、数据仓库时代和大数据时代等。

（2）答案：D　解析　常用的数据架构设计原则有数据分层原则、数据处理效率原则、数据一致性原则、数据架构可扩展性原则、服务于业务原则。

（3）答案：C　解析　数据架构的设计原则包括数据的一致性原则，因此需要在数据架构中减少数据重复加工和冗余存储，这是保障数据一致性的关键所在。

3.5　技术架构

- 技术架构的设计原则不包括___（1）___。
    （1）A．成熟度控制原则　　　　　　B．技术一致性原则
    　　 C．工具覆盖原则　　　　　　　D．创新驱动原则
- 以下关于技术架构的说法，错误的是___（2）___。
    （2）A．技术架构是承载组织应用架构和数据架构的基础
    　　 B．技术架构需要统筹考虑和统一规划
    　　 C．使用新型信息技术的过程中，需要组织相关技术人员持续跟踪
    　　 D．在开展架构设计时，一旦开始即不可以更换信息技术种类

答案及解析

（1）答案：C　解析　技术架构的设计往往需要遵循以下原则：成熟度控制原则、技术一致性原则、局部可替换原则、人才技能覆盖原则、创新驱动原则。

（2）答案：D　解析　考虑到信息系统的发展与演进等，在迭代更新信息技术架构时，既需要考虑技术的使用、重用或再创新等情况，又需要对这些技术进行标记和特殊关注，明确这些技术在组织信息系统环境中的生命周期管理与控制等。即使是利用新技术开展技术架构设计的时候，也要考虑某种技术是否长期使用、如果这些技术退役对信息系统会造成什么影响、哪些技术可以用于替代该技术等。

3.6　网络架构

- 网络架构设计的基本原则包括___（1）___。
    （1）A．高可靠性、准确性、高性能、可管理性
    　　 B．高可靠性、高安全性、高性能、可管理性、平台化和架构化
    　　 C．高可靠性、准确性、高性能、可管理性、平台化和架构化
    　　 D．高可靠性、高安全性、高性能、可管理性

- 在局域网架构中，___（2）___通常由一台核心二层或三层交换设备充当网络的核心设备，通过若干台接入交换设备将用户设备连接到网络中。

  （2）A．单核心局域网　　　　　　　　B．双核心局域网
  　　　C．环形局域网　　　　　　　　　D．层次局域网

- 由核心层交换设备、汇聚层交换设备和接入层交换设备以及用户设备组成的是___（3）___架构。

  （3）A．单核心　　　　　　　　　　　B．双核心
  　　　C．环形　　　　　　　　　　　　D．层次局域网

- 以下关于广域网架构的说法，错误的是___（4）___。

  （4）A．新的部门局域网接入单核心广域网时，只要核心路由设备留有端口即可
  　　　B．双核心广域网具备环路控制功能，路由层面可实现无缝热切换，保证业务访问连续性
  　　　C．半冗余广域网的网络结构呈网状，各局域网访问核心局域网以及相互访问存在多条路径，可靠性高
  　　　D．对等子域广域网的主要特征是对等子域之间的互访以对等子域之间互连链路为主

- 以下关于5GS与DN互联的说法，错误的是___（5）___。

  （5）A．5GS在为移动终端用户提供服务时，通常需要DN网络
  　　　B．5GS和DN之间是一种路由关系
  　　　C．从UE通过5GS接入DN的方式来说，存在透明模式和非透明模式
  　　　D．在透明模式下，5GS可直接接入Intranet/ISP或通过其他IP网络接入Intranet/ISP

- 软件定义网络（SDN）是一种新型的网络创新架构，SDN的整体架构分为___（6）___。

  （6）A．数据平面、控制平面、应用平面
  　　　B．网络平面、数据平面、应用平面
  　　　C．数据平面、传输平面、表示平面
  　　　D．网络平面、表示平面、应用平面

答案及解析

（1）**答案：B　解析**　网络是信息技术架构中的基础，不仅是用户请求和获取IT信息资源服务的通道，同时也是信息系统架构中各类资源融合和调度的枢纽。网络作为整个基础架构的基础，设计基本原则强调高可靠性、高安全性、高性能、可管理性、平台化和架构化等。

（2）**答案：A　解析**　单核心局域网通常由一台核心二层或三层交换设备充当网络的核心设备，通过若干台接入交换设备将用户设备（如用户计算机、智能设备等）连接到网络中，此类局域网可通过连接核心网交换设备与广域网之间的互联路由设备（边界路由器或防火墙）接入广域网，实现业务跨局域网的访问。

（3）**答案：D** **解析** 层次局域网（或多层局域网）架构由核心交换机、汇聚交换机和接入交换设备以及用户设备等组成，如下图所示。

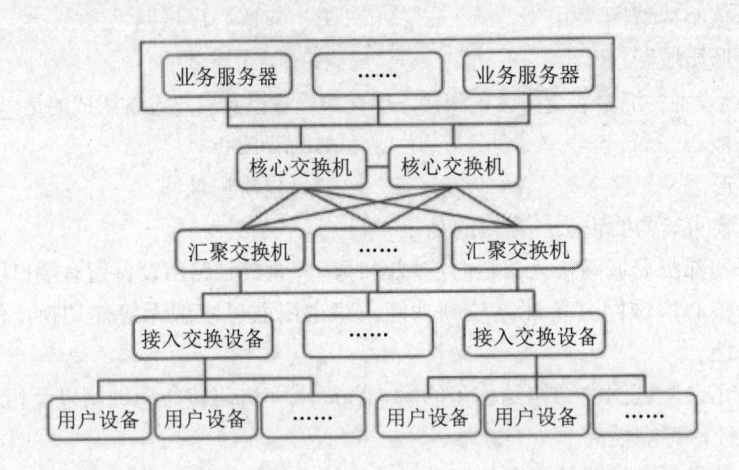

```
           业务服务器  ……  业务服务器
                  \  |  /
              核心交换机——核心交换机
                  / \ × / \
              汇聚交换机  ……  汇聚交换机
                 / \        / \
          接入交换设备  ……  接入交换设备
             / | \            / | \
        用户设备 用户设备 …… 用户设备 用户设备 ……
```

（4）**答案：B** **解析** 环形广域网具备环路控制功能。各局域网访问核心局域网或互相访问有多条路径可选择，可靠性更高，路由层面可实现无缝热切换，保证业务访问连续性。

（5）**答案：D** **解析** 在非透明模式下，5GS 可直接接入 Intranet/ISP 或通过其他 IP 网络（如 Internet）接入 Intranet/ISP。如 5GS 通过 Internet 方式接入 Intranet/ISP，通常需要在 UPF 和 Intranet/ISP 之间建立专用隧道来转发 UE 访问 Intranet/ISP 的业务。UE 被指派属于 Intranet/ISP 地址空间的 IP 地址。此地址用于 UE 业务在 UPF、Intranet/ISP 中转发。

（6）**答案：A** **解析** SDN 的整体架构由下到上（由南到北）分为数据平面、控制平面和应用平面。

3.7 安全架构

- 当前，信息与数字技术存在多重威胁，以下不属于物理安全威胁的是___(1)___。

  （1）A．自然灾害　　　　　　　　　　B．电源故障

  　　　C．窃听装置　　　　　　　　　　D．设备损毁

- 在安全架构中，___(2)___的目标是如何在不依赖外部防御系统的情况下，从源头打造自身的安全。

  （2）A．系统安全架构　　　　　　　　B．安全技术体系架构

  　　　C．审计架构　　　　　　　　　　D．访问控制架构

- WPDRRC 模型三大要素包括___(3)___。

  （3）A．人员、策略、技术　　　　　　B．人员、控制、管理

  　　　C．组织、安全、技术　　　　　　D．组织、技术、管理

- WPDRRC 模型六个环节不包括___（4）___。
  - （4）A．预警　　　　　B．保护　　　　　C．复查　　　　　D．反击
- OSI 开放系统互连安全体系包括以下___（5）___安全服务。
  - （5）A．访问控制、数据机密性、数据完整性和抗抵赖性
    - B．鉴别、访问控制、数据机密性和数据完整性
    - C．鉴别、访问控制、数据机密性、数据完整性和抗抵赖性
    - D．鉴别、数据机密性、数据完整性和抗抵赖性

答案及解析

（1）**答案：C** 解析　对于信息系统来说，威胁可以是针对物理环境、通信链路、网络系统、操作系统、应用系统以及管理系统等方面的。物理安全威胁是指系统所用设备的威胁，如自然灾害、电源故障、操作系统引导失败、数据库信息丢失、设备被盗/被毁造成数据丢失或信息泄露；通信链路安全威胁是指在传输线路上安装窃听装置或对通信链路进行干扰。窃听装置属于通信链路安全威胁。

（2）**答案：A** 解析　系统安全架构指构建信息系统安全质量属性的主要组成部分以及它们之间的关系。系统安全架构的目标是如何在不依赖外部防御系统的情况下，从源头打造自身的安全。

（3）**答案：A** 解析　WPDRRC 模型三大要素包括人员、策略和技术。其中人员是核心，策略是桥梁，技术是保证。

（4）**答案：C** 解析　WPDRRC 模型六个环节包括预警（Warning）、保护（Protect）、检测（Detect）、响应（React）、恢复（Restore）和反击（Counterattack），它们有较强的时序性和动态性。

（5）**答案：C** 解析　OSI 开放系统互连安全体系的五类安全服务包括鉴别、访问控制、数据机密性、数据完整性和抗抵赖性。

3.8　云原生架构

- 以下哪项不是云原生的代码？___（1）___
  - （1）A．业务代码　　　B．逻辑代码　　　C．三方软件　　　D．处理非功能性的代码
- 云原生架构原则有___（2）___。
  - （2）A．弹性原则、可观测原则、所有过程自动化原则、零信任原则、架构持续演进原则
    - B．服务化原则、弹性原则、所有过程自动化原则、零信任原则、架构持续演进原则
    - C．服务化原则、弹性原则、可观测原则、韧性原则、所有过程自动化原则、零信任原则、架构持续演进原则

D. 服务化原则、弹性原则、可观测原则、韧性原则、零信任原则、架构持续演进原则
- 关于云原生架构定义的说法，错误的是＿＿(3)＿＿。

(3) A. 云原生的代码包括业务代码、三方软件、处理非功能特性的代码

B. 具备轻量、敏捷、高度自动化的特点

C. 云原生架构的产生并没有让开发人员的编程模型发生变化

D. 云环境中，"如何获取存储"变成了若干服务，包括对象存储服务、块存储服务和文件存储服务

答案及解析

(1) **答案：B　解析**　云原生的代码通常包括三部分：业务代码、三方软件、处理非功能特性的代码。其中业务代码是指实现业务逻辑的代码；三方软件是业务代码中依赖的所有三方库，包括业务库和基础库；处理非功能特性的代码是指实现高可用、安全、可观测性等非功能性能力的代码。三部分中只有业务代码是核心，是给业务真正带来价值的，另外两个部分都只算附属物。

(2) **答案：C　解析**　云原生架构本身作为一种架构，也有若干架构原则作为应用架构的核心架构控制面，通过遵从这些架构原则可以让技术主管和架构师在做技术选择时不会出现大的偏差。关于云原生架构原则，立足不同的价值视角或技术方向等有所不同，常见的原则主要包括服务化原则、弹性原则、可观测原则、韧性原则、所有过程自动化原则、零信任原则、架构持续演进原则等。

(3) **答案：C　解析**　云原生架构产生的最大影响就是让开发人员的编程模型发生了巨大变化。今天大部分编程语言中，都有文件、网络、线程等元素，这些元素在充分利用单机资源的同时，也提升了分布式编程的复杂性。因此涌现出大量框架、产品来解决分布式环境中的网络调用问题、高可用问题、CPU争用问题、分布式存储问题等。

第4章 信息系统治理

4.1 IT 治理基础

- 关于 IT 治理的描述，不正确的是___(1)___。
  - (1) A．IT 治理由组织治理层或高级管理层负责
    - B．IT 治理强调数字目标与组织战略目标保持一致
    - C．IT 治理保护中高层管理者的权益，对风险进行有效管理，平衡成本提高收益，增强组织的核心竞争力
    - D．IT 治理是一种制度和机制
- ___(2)___不属于 IT 治理的三大目标。
  - (2) A．与业务目标一致　　　　　　　B．有效利用信息与数据资源
    - C．风险管理　　　　　　　　　　D．质量控制
- IT 治理本质上关心的是___(3)___。
  ①实现 IT 的业务价值　②规避风险　③数据资源利用最大化　④IT 战略部署
  - (3) A．①②　　　B．①③　　　C．②③　　　D．②④
- IT 治理的核心内容不包括___(4)___。
  - (4) A．战略匹配　　B．资源管理　　C．风险管理　　D．质量管理
- 有效的机制依赖于正式的程序，这体现了 IT 治理的___(5)___原则。
  - (5) A．简单　　　B．透明　　　C．适合　　　D．规范
- 在 IT 治理的管理层次中，关于执行管理层的主要职责描述不正确的是___(6)___。
  - (6) A．制定 IT 的目标　　　　　　　B．分析新技术的机遇和风险
    - C．管理质量和获得进度保证　　　D．建设关键过程与核心竞争力

- IT 治理的管理层次中，关于最高管理层的主要职责描述不正确的是___(7)___。

　　(7) A. 证实 IT 战略与数据资源是否一致

　　　　B. 证实通过明确的期望和衡量手段交付 IT 价值

　　　　C. 指导 IT 战略、平衡支持组织当前和未来发展的投资

　　　　D. 指导信息和数据资源的分配

- IT 治理的管理层次大致可分为三层：最高管理层、执行管理层、___(8)___。

　　(8) A. 业务管理层　　　　　　　　　B. 服务管理层

　　　　C. 业务与服务执行层　　　　　　D. 技术管理层

答案及解析

　　(1) **答案：C** 解析　IT 治理的内涵如下：

1) IT 治理由组织治理层或高级管理层负责。

2) IT 治理强调数字目标与组织战略目标保持一致。

3) IT 治理保护利益相关者的权益，对风险进行有效管理，平衡成本提高收益，增强组织的核心竞争力。

4) IT 治理是一种制度和机制。

5) IT 治理的组成部分包括管理层、组织结构、制度、流程、人员、技术等。

　　(2) **答案：D** 解析　IT 治理的主要目标包括与业务目标一致、有效利用信息与数据资源、风险管理。

　　(3) **答案：A** 解析　IT 治理本质上关心实现 IT 的业务价值和 IT 风险的规避。

　　(4) **答案：D** 解析　IT 治理的核心内容包括六个方面：组织职责、战略匹配、资源管理、价值交付、风险管理和绩效管理。

　　(5) **答案：B** 解析　建立 IT 治理机制的原则如下：

1) 简单：机制应该明确地定义特定个人和团体所承担的责任和目标。

2) 透明：有效的机制依赖于正式的程序。

3) 适合：机制鼓励那些处于最佳位置的个人去制定特定的决策。

　　(6) **答案：C** 解析　执行管理层的主要职责包括：制定 IT 的目标；分析新技术的机遇和风险；建设关键过程与核心竞争力；分配责任、定义规程、衡量业绩；管理风险和获得可靠保证等。

　　(7) **答案：A** 解析　最高管理层的主要职责包括：证实 IT 战略与业务战略是否一致；证实通过明确的期望和衡量手段交付 IT 价值；指导 IT 战略、平衡支持组织当前和未来发展的投资；指导信息和数据资源的分配。

　　(8) **答案：C** 解析　IT 治理的管理层次大致可分为三层：最高管理层、执行管理层、业务与服务执行层。

4.2 IT 治理体系

- IT 定位强调的是___(1)___。
  - (1) A. IT 应用的技术先进性 B. IT 应用的期望行为与业务目标一致
  - C. IT 应用的广泛普及性   D. IT 应用的成本最低化
- IT 治理体系框架以组织的___(2)___为导向,架起了组织战略与 IT 的桥梁,实现了 IT___(2)___的全面管理以及 IT 资源的合理利用。
  - (2) A. 管理目标、进度   B. 业务目标、治理
  - C. 执行目标、治理   D. 战略目标、风险
- IT 治理的内容不包括___(3)___。
  - (3) A. 进度   B. 投资   C. 风险   D. 绩效
- 有效的 IT 治理必须关注关键决策,IT 治理关键决策不包括___(4)___。
  - (4) A. IT 原则   B. IT 指导   C. IT 架构   D. IT 基础设施
- IT 决策过程中,需要关注各类关键问题,其中 IT 原则的关键问题不包括___(5)___。
  - (5) A. 组织的运行模型是什么   B. IT 在业务中的角色是什么
  - C. 组织的核心业务流程是什么 D. IT 期望行为是什么
- IT 治理本质上关心的内容包括___(6)___。
  - (6) A. 实现 IT 的业务价值   B. IT 进度的规避
  - C. IT 基本规范   D. IT 评价体系
- ___(7)___的主要功能是确保用户对组织的应用系统和基础设施都有良好的理解和应用。
  - (7) A. 战略匹配   B. 价值交付   C. 资源管理   D. 风险管理

答案及解析

(1) **答案:B** 解析 IT 定位强调 IT 应用的期望行为与业务目标一致。

(2) **答案:D** 解析 IT 治理体系框架以组织的战略目标为导向,架起了组织战略与 IT 的桥梁,实现了 IT 风险的全面管理以及 IT 资源的合理利用。

(3) **答案:A** 解析 IT 治理的内容包括投资、风险、绩效、标准和规范等。

(4) **答案:B** 解析 IT 治理关键决策包括 IT 原则、IT 架构、IT 基础设施、业务应用需求、IT 投资和优先顺序。

(5) **答案:C** 解析 IT 原则的关键问题包括:组织的运行模型是什么、IT 在业务中的角色是什么、IT 期望行为是什么、如何投资 IT。

(6) **答案:A** 解析 IT 治理本质上关心的内容包括:实现 IT 的业务价值、IT 风险的规避。

(7) **答案:C** 解析 资源管理的主要功能是确保用户对组织的应用系统和基础设施都有良

好的理解和应用，优化 IT 投资、IT 资源（人、应用系统、信息、基础设施）的分配，做好人员的培训、发展计划，以满足组织的业务需求。

4.3 IT 治理任务

- 组织开展 IT 治理活动的主要任务中，___(1)___ 指的是组织需要适应当前信息环境和未来发展趋势，保证利益相关者理解和接受 IT 的战略、目标和发展方向。

  (1) A．价值导向　　　B．全局统筹　　　C．机制保障　　　D．创新发展

- 在组织开展 IT 治理活动的主要任务中，组织还需要关注 IT 发展的规划、实施、检查和改进全过程，其中不包括___(2)___。

  (2) A．制定满足可持续发展的 IT 蓝图
  　　B．通过内外部的监督，确保 IT 与业务的一致性和适用性
  　　C．权衡实施成本与预期效益，并随组织内外部环境的变化及时调整
  　　D．建立适应内外部信息环境变化的持续改进和创新机制

- 组织可以根据相关法律法规、行业管理和上级监管机构发布的规范文件要求，制定本组织的信息技术治理制度并实施，下列关于重点聚焦内容叙述错误的是___(3)___。

  (3) A．监督由审计和管理评审，提出改进内容的实施
  　　B．指导建立规范过程管理和痕迹管理，并向利益相关者公开质量设定举措
  　　C．评审 IT 管理体系的适宜性、充分性和有效性
  　　D．审计 IT 完整性、整体性和可用性

- 组织开展 IT 治理活动的主要任务中，___(4)___ 指组织与利益相关者沟通 IT 治理的目标、策略和职责，营造积极向上、沟通包容的组织文化。

  (4) A．文化助推　　　B．创新发展　　　C．机制保障　　　D．价值导向

- 组织可以建立支持创新的人员、技术、制度、资金、风险、文化和市场需求的机制体系，其中不包括___(5)___。

  (5) A．确保技术发展、管理创新、模式革新的协调联动
  　　B．通过促进和创新有效抵御风险，并确保创新是组织文化的组成部分
  　　C．创造基于业务团队与 IT 团队的深度沟通
  　　D．提出改进内容的实施

答案及解析

(1) **答案：B 解析** 全局统筹指统筹规划 IT 治理的目标范围、技术环境、发展趋势和人员责权。组织需要适应当前信息环境和未来发展趋势，保证利益相关者理解和接受 IT 的战略、目标和发展方向。

(2) 答案：C 解析 全局统筹指统筹规划IT治理的目标范围、技术环境、发展趋势和人员责权。组织需要关注IT发展的规划、实施、检查和改进全过程，重点包括：①制订满足可持续发展的IT蓝图；②实施科学决策、集约管理的策略，实现横向的业务集成和纵向的业务管控；通过内外部的监督，确保IT与业务的一致性和适用性；③建立适应内外部信息环境变化的持续改进和创新机制。

(3) 答案：D 解析 机制保障指组织可以根据相关法律法规、行业管理和上级监管机构发布的规范文件要求，制定本组织的信息技术治理制度并实施，重点聚焦：①指导建立规范过程管理和痕迹管理，并向利益相关者公开质量设定举措；②评审IT管理体系的适宜性、充分性和有效性；③审计IT完整性、有效性和合规性；④监督由审计和管理评审，提出改进内容的实施。

(4) 答案：A 解析 组织开展IT治理活动的主要任务中，文化助推指组织与利益相关者沟通IT治理的目标、策略和职责，营造积极向上、沟通包容的组织文化。按照文化营造、实施和改进的生命周期，保障利益相关者的沟通和透明。

(5) 答案：D 解析 创新发展指利用IT创新开拓业务领域、提升管理水平、改进质量、绩效和降低成本，确保实现战略目标的灵活性和对环境变化的适应性。组织可以建立支持创新的人员、技术、制度、资金、风险、文化和市场需求的机制体系，包括：①创造基于业务团队与IT团队的深度沟通以及对内外部环境感知和学习的技术创新环境；②确保技术发展、管理创新、模式革新的协调联动；③对组织创新能力进行评估，并对关键创新要素进行分析和评价；④通过促进和创新有效抵御风险，并确保创新是组织文化的组成部分。

4.4 IT治理方法与标准

- IT治理围绕决策体系、责任归属、管理流程、____(1)____四个方面，规范和引导组织的IT治理。

  (1) A．内外评价　　　B．组织战略　　　C．组织环境　　　D．组织目标

- 组织开展治理系统设计通过流程化的方式进行，COBIT给出的建议设计流程为____(2)____。
  ①确定IT治理的目标　②了解组织环境和战略　③确定治理系统的初步范围　④优化治理系统的范围　⑤最终确定治理系统的设计

  (2) A．①②③④⑤　　B．①②④⑤　　C．②③④⑤　　D．①③④⑤

- 《信息技术服务 治理 第1部分：通用要求》(GB/T 34960.1)中，IT治理框架不包含____(3)____治理域。

  (3) A．指导和监控　　　　　　　　B．信息技术顶层设计
  　　C．管理体系　　　　　　　　　D．资源

- ISO/IEC FDIS 38500：2014提供了IT良好治理的原则、定义和模式，该标准规定治理机构应通过评估、指导和____(4)____三个主要任务来治理IT。

  (4) A．控制　　　　B．监督　　　　C．执行　　　　D．规划

- 在治理系统的组件中，___(5)___ 描述了一组为实现某种目标而安排有序的实践和活动，并生成了一组支持实现整体 IT 相关目标的输出内容。

　　(5) A．信息　　　　　B．原则　　　　　C．组织结构　　　　D．流程

答案及解析

　　(1) **答案：A** 解析　在 IT 治理目标和边界确定的情况下，IT 治理围绕决策体系、责任归属、管理流程、内外评价四个方面，通过相关框架体系的研究，规范和引导组织的 IT 治理完成"做什么""如何做""怎么样""如何评价"等问题。

　　(2) **答案：C** 解析　COBIT 设计指南描述了组织如何设计量身定制的组织 IT 治理解决方案。高效和有效的 IT 治理系统是创造价值的起点。

　　COBIT 给出的建议设计流程是：①了解组织环境和战略；②确定治理系统的初步范围；③优化治理系统的范围；④最终确定治理系统的设计。

　　(3) **答案：A** 解析　《信息技术服务 治理 第 1 部分：通用要求》(GB/T 34960.1) 规定了 IT 治理的模型和框架、实施 IT 治理的原则，在该标准中，IT 治理框架包括信息技术顶层设计、管理体系和资源三大治理域。

　　(4) **答案：B** 解析　ISO/IEC FDIS 38500：2014 提供了 IT 良好治理的原则、定义和模式，为组织的治理机构的成员提供了关于在其组织内有效、高效和可接受地使用信息技术（IT）的指导原则。该标准包括责任、战略、收购、性能、一致性、人的行为六个方面。该标准规定治理机构应通过评估、指导和监督三个主要任务来治理 IT。

　　(5) **答案：D** 解析　流程描述了一组为实现某种目标而安排有序的实践和活动，并生成了一组支持实现整体 IT 相关目标的输出内容。

4.5　IT 治理的 EDM

- 治理组织可以通过评估、___(1)___、监视三个方面来治理 IT。

　　(1) A．评价　　　　　B．组织　　　　　C．控制　　　　　D．指导

- EDM 的具体过程不包括___(2)___。

　　(2) A．监视方针的符合性，以及对应计划的实际绩效

　　　　B．评估现在和将来对 IT 的利用情况

　　　　C．评审 IT 管理体系的适宜性、充分性和有效性

　　　　D．对策略和方针的相关准备事项和实施进行指导

- 策略设定了 IT 项目和 IT 运作的投资方向，方针确定了应用 IT 的___(3)___。

　　(3) A．行为规则　　　B．现有情况　　　C．日程运作　　　D．策略指导

答案及解析

（1）答案：D　解析　治理组织可以通过评估（Evaluate）、指导（Direct）、监视（Monitor）三个方面来治理 IT，简称 EDM。

（2）答案：C　解析　EDM 的具体过程包括：
1）评估现在和将来对 IT 的利用情况。
2）对策略和方针的相关准备事项和实施进行指导，以保证 IT 的使用符合业务目标。
3）监视方针的符合性，以及对应计划的实际绩效。

（3）答案：A　解析　策略设定了 IT 项目和 IT 运作的投资方向，方针确定了应用 IT 的行为规则。

4.6　IT 治理关键域

- ___(1)___ 是组织高质量发展的总体谋略，是组织相关方就其发展达成一致认识的重要基础。
  (1) A．IT 治理机制　　B．组织战略　　C．管理体系　　D．组织结构
- ___(2)___ 是组织在一定的战略期内总体发展的总水平和总任务。
  (2) A．战略目标　　B．战略类型　　C．战略特性　　D．创新和改进
- 组织战略通常具备的特性不包括 ___(3)___ 。
  (3) A．全局性　　B．长远性　　C．创新性　　D．指导性
- 常见的组织总体战略类型中，___(4)___ 指组织由于其运行环境和内部条件的限制，在整个战略期内基本保持战略起点的运行绩效范围和水平的一种战略。
  (4) A．发展型战略　　B．稳定型战略　　C．紧缩型战略　　D．指导型战略

答案及解析

（1）答案：B　解析　组织战略是组织高质量发展的总体谋略，是组织相关方就其发展达成一致认识的重要基础。

（2）答案：A　解析　战略目标是组织在一定的战略期内总体发展的总水平和总任务。

（3）答案：C　解析　组织战略通常具备的特性包括全局性、长远性、纲领性、指导性、竞争性、风险性、相对稳定性。

（4）答案：B　解析　常见的组织总体战略类型中，稳定型战略是指组织由于其运行环境和内部条件的限制，在整个战略期内基本保持战略起点的运行绩效范围和水平的一种战略。

第5章 信息技术服务管理

5.1 IT服务基础特征

- 下列选项中，___(1)___不属于服务的特征。
  (1) A．无形性　　　　B．不可分离性　　C．可变性　　　　D．可存储性
- 以下___(2)___最能体现服务的无形性特点。
  (2) A．顾客在购买手机前可以查看手机的外观、功能演示
  　　B．顾客在购买理发服务前，无法像看到实物商品一样看到理发后的效果
  　　C．顾客在超市购买食品时，可以查看食品的包装、保质期等信息
  　　D．顾客购买家具时，可以看到家具的材质、颜色和尺寸
- 对IT服务进行深度开发和广泛利用，从整体上提高组织核心竞争力和管理水平，指的是IT服务的___(3)___。
  (3) A．本质特征　　　B．形态特征　　　C．效益特征　　　D．过程特征
- IT服务产品差异性比较大，具有资金需求小、成本低、标准化程度不足等特点，体现了IT服务业的___(4)___特征。
  (4) A．产业内部呈金字塔状分布　　　　B．服务过程的交互性
  　　C．高知识和高技术含量　　　　　　D．声誉机制
- 需方参与服务过程，实现隐性知识的传播需要通过专业人员与需方进行大量的互动过程才能完成，体现了IT服务业的___(5)___特征。
  (5) A．产业内部呈金字塔状分布　　　　B．服务过程的交互性
  　　C．高知识和高技术含量　　　　　　D．声誉机制
- 互联网服务是指通过互联网向用户提供公开性、___(6)___信息的服务活动。
  (6) A．可用性　　　　B．完整性　　　　C．及时性　　　　D．共享性

- 以下服务活动中，___(7)___最符合互联网服务的定义。

  （7）A．一家公司通过内部网络为员工提供培训资料

  　　B．某电商平台通过互联网向全球用户展示商品信息

  　　C．软件公司通过线下门店销售软件产品

  　　D．电信运营商为用户提供电话通话服务

答案及解析

（1）**答案：D**　**解析**　服务的特征包括无形性、不可分离性、可变性和不可储存性等。

（2）**答案：B**　**解析**　A、C、D 选项都是针对有形商品，顾客能够直观地看到商品的各种属性。而理发服务是无形的，在未进行理发之前，顾客很难像看到实物一样看到理发后的具体样子，体现了服务的无形性。

（3）**答案：C**　**解析**　效益特征是指 IT 服务除了具备服务的基本特征，还具备效益特征，即服务系统进行深度开发和广泛利用，从整体上提高组织核心竞争力和管理水平，其效益是多方面的。

（4）**答案：A**　**解析**　产业内部呈金字塔状分布是指 IT 服务产品差异性比较大，具有资金需求小、成本低、标准化程度不足等特点，因此进入壁垒相对较低。现代服务业内部结构呈金字塔状分布，存在少数大型的组织和多数小型的组织。

（5）**答案：B**　**解析**　服务过程的交互性是指需方参与服务过程，实现隐性知识的传播需要通过专业人员与需方进行大量的互动过程才能完成。

（6）**答案：D**　**解析**　互联网服务是指通过互联网向用户提供公开性、共享性信息的服务活动。

（7）**答案：B**　**解析**　根据定义，互联网服务是通过互联网向用户提供公开性、共享性信息的服务活动。A 选项是公司内部网络的使用，不涉及向公众提供信息；C 选项是线下销售，没有通过互联网提供信息服务；D 选项电话通话服务不属于通过互联网提供公开共享信息的活动，而 B 选项电商平台通过互联网向全球用户展示商品信息符合定义。

5.2　IT 服务生命周期

- ___(1)___是指从组织战略出发，以需求为中心，确保提供满足供需双方需求的 IT 服务。

  （1）A．战略规划　　　B．规划设计　　　C．运营提升　　　D．部署实施

- 下列选项中，针对 IT 服务生命周期规划活动的描述，不正确的是___(2)___。

  （2）A．可以结合自身业务能力、客户需求以及内外部环境策划服务目录

  　　B．指标体系和服务保障体系只包括组织级的制度

  　　C．组织架构与提供的服务内容密切相关，不同的组织架构在管控、成本、创新和效能方面存在巨大差异

  　　D．在规划活动的过程中需要考虑内部评估机制

- IT 服务发展和能力体系建设的首要环节是　(3)　。
  - (3) A．服务战略规划　　　　　　　　B．服务目录设计
  　　C．组织架构搭建　　　　　　　　D．指标体系建立
- 组织架构和　(4)　密切相关，不同的组织架构在管控、成本、创新和效能方面存在巨大差异。
  - (4) A．员工的薪资水平　　　　　　　B．提供的服务内容
  　　C．市场的营销渠道　　　　　　　D．办公地点的选择
- 在 IT 服务生存周期中，　(5)　阶段是根据服务部署情况，采用过程方法全面管理基础设施、服务过程、人员和业务连续性。
  - (5) A．战略规划　　B．服务运营　　C．设计实现　　D．服务转换
- 　(6)　不属于战略规划阶段的关键成功因素。
  - (6) A．仅考虑技术研发的战略规划　　B．确保战略规划内容得到管理层支持
  　　C．得到相关干系人理解和支持　　D．对内容和结果进行分析和改进
- 服务实施对于服务设计和服务运营起到的作用是　(7)　。
  - (7) A．替代服务设计，开启服务运营
  　　B．仅连接服务设计和服务运营，无实质操作
  　　C．连接两者，并且将服务设计要素导入组织环境为运营打基础
  　　D．只把服务运营的要求反馈给服务设计
- 　(8)　不属于服务运营的关键成功因素。
  - (8) A．全面跟踪和理解需方的质量要求　B．服务交付结果满足业务运营需求
  　　C．服务促进了需方业务价值的提升　D．服务质量的一致性及标准化能力
- 在运行提升中，要素管理主要针对的对象是　(9)　。
  - (9) A．人员、过程、技术、资源　　　B．人员、过程、服务、能源
  　　C．人员、监督、技术、测量　　　D．人员、技术、服务、能源
- 　(10)　不属于服务退役终止过程的主要内容。
  - (10) A．释放并回收资源　　　　　　　B．延长服务使用期限
  　　C．整理项目数据和资料　　　　　D．评估服务终止风险
- 　(11)　不属于服务退役终止过程中面临的风险。
  - (11) A．人力资源风险　　　　　　　　B．数据风险
  　　C．业务连续性风险　　　　　　　D．法律法规风险
- 关于监督管理在 IT 服务全生命周期中的特点，以下描述正确的是　(12)　。
  - (12) A．仅在服务设计阶段进行监督管理　B．有明确的开始和结束时间
  　　C．贯穿全生命周期且持续进行　　　D．主要在服务退役阶段发挥作用
- 在 IT 服务提供过程中，以下　(13)　情况属于资源方面的风险。
  - (13) A．服务器突然崩溃　　　　　　　B．员工频繁请假
  　　C．服务流程混乱　　　　　　　　D．软件许可证到期

- 人员测量活动中，主要关注新入职人员是否符合岗位要求的是___(14)___。

  (14) A．人员绩效考核分配机制测量   B．测量人员招聘需求的匹配率

  C．收集培训的应用情况   D．服务工作量测量

- ___(15)___是提供 IT 服务的核心能力要素之一。

  (15) A．技术   B．人员   C．资源   D．过程

- 从整个 IT 服务生命周期来看，服务运营阶段通常占服务整体生命周期的比重为___(16)___左右。

  (16) A．20%   B．50%   C．70%   D．80%

答案及解析

（1）答案：A 解析 战略规划是指从组织战略出发，以需求为中心，参照 ITSS 对 IT 服务进行战略规划，为 IT 服务的设计实现做好准备，以确保提供满足供需双方需求的 IT 服务。

（2）答案：B 解析 指标体系和服务保障体系不仅包括组织级的制度，也包括 IT 服务本身的制度，同时，应结合组织整体的质量管理要求，建立 IT 服务能力审核、监督和检查计划。

（3）答案：A 解析 服务战略规划是组织整个 IT 服务发展和能力体系建设的首要环节。

（4）答案：B 解析 组织架构与提供的服务内容密切相关，不同的组织架构在管控、成本、创新和效能方面存在巨大差异，需要根据组织总体战略目标和组织治理架构确立，组织架构稳定的周期相对较长，不会频繁调动，这就需要确保一定时期内对 IT 服务能力的支撑情况。

（5）答案：B 解析 服务运营是根据服务部署情况，采用过程方法全面管理基础设施、服务过程、人员和业务连续性，实现业务运营与 IT 服务运营融合。

（6）答案：A 解析 战略规划阶段的关键成功因素主要包括：确保全面考虑业务战略、团队建设、管理过程、技术研发、资源储备的战略规划；确保战略规划的内容和结果得到决策层、管理层的承诺和支持；确保战略规划的内容和结果得到相关干系人的理解和支持；对战略规划的内容和结果进行测量、分析、评审和改进。

（7）答案：C 解析 服务实施不仅可以对某一项目具体描述的服务需求进行部署实施，也可以对整体服务要求做相应的部署实施，将服务设计中的所有要素完整地导入组织环境，为服务运营打下基础。

（8）答案：A 解析 服务运营的关键成功因素主要包括：服务交付结果满足业务运营需求；服务促进了需方业务价值的提升；服务质量的一致性及标准化能力；全面跟踪和理解需方需求变更；具有有效运行的知识管理体系；具有有效的信息安全管理方法、手段和工具。

（9）答案：A 解析 要素管理是指组织对主要人员、过程、技术、资源等服务运营相关要素进行持续管理。

（10）答案：B 解析 服务生命周期的最后阶段，在服务退役终止过程中，组织需制订服务

终止计划、评估服务终止风险、释放并回收资源、整理项目数据和资料等，确保服务退役终止过程的顺利实施。

（11）**答案：A** **解析** 在服务退役终止过程中，所面临的风险一般包括数据风险、业务连续性风险、法律法规风险、信息安全风险。

（12）**答案：C** **解析** 监督管理贯穿 IT 服务的全生命周期，且是持续性的，不存在明显的起止时间。

（13）**答案：D** **解析** A 选项属于技术方面的风险；B 选项属于人员方面的风险；C 选项属于过程方面的风险；D 选项涉及资源（软件使用权限资源）的问题，属于资源方面的风险。

（14）**答案：B** **解析** 测量人员招聘需求的匹配率（预计招聘的）是针对预计招聘的人员，看其是否符合岗位招聘需求，也就是关注新入职人员是否符合岗位要求。

（15）**答案：A** **解析** 技术是提供 IT 服务的核心能力要素之一。

（16）**答案：D** **解析** 从整个 IT 服务生命周期来看，服务运营阶段通常占服务整体生命周期的比重为 80% 左右，不仅影响组织的运行效率和效益，也影响需方对服务的感知及供需双方未来合作的连续性。

5.3 IT 服务质量管理

- 在质量策划中，确定工作内容（措施）、职责和权限的依据是＿＿（1）＿＿。
  - （1）A．随意确定   B．市场流行趋势
     C．质量目标   D．竞争对手的做法
- ＿＿（2）＿＿不属于质量策划的输入。
  - （2）A．上级质量目标的要求   B．存在的问题点或难点
     C．确定下来的资源、方法和工具   D．过去的经验教训
- 质量控制范围包括生产过程和＿＿（3）＿＿过程。
  - （3）A．范围管理   B．成本管理
     C．进度管理   D．质量管理
- 以下关于质量控制要点的叙述正确的是＿＿（4）＿＿。
  - （4）A．质量控制范围包括生产过程和整体管理过程
     B．质量控制的关键是使所有质量过程和活动始终处于完全受控状态
     C．质量控制的基础是规划控制
     D．质量控制是为了消除系统性或者长期性的质量问题
- 以下关于质量改进和质量控制的区别的叙述正确的是＿＿（5）＿＿。
  - （5）A．质量改进是面对"今天"的要求   B．质量控制是为了"明天"的需要
     C．质量控制是质量改进的发展方向   D．质量控制是质量改进的前提

- 下列选项中，___(6)___ 最能描述六西格玛中的DMAIC方法。
  - (6) A. 定义、测量、分析、改进、控制　　B. 计划、实施、检查、调整、控制
  - 　　C. 定义、测量、分析、控制、创新　　D. 人员、流程、创新、效率、价值
- 《信息技术服务 质量评价指标体系》（GB/T 33850—2017）的IT服务质量模型中，属于服务质量特性的是___(7)___。
  - (7) A. 可提升性　　B. 无形性　　C. 安全性　　D. 可管理性
- 服务质量特性中的可靠性，其子特性不包括___(8)___。
  - (8) A. 完备性　　B. 连续性　　C. 保密性　　D. 有效性
- 主动性及灵活性是服务质量特性中___(9)___的子特性。
  - (9) A. 友好性　　B. 响应性　　C. 可靠性　　D. 安全性
- 常见的运维服务质量管理活动形式不包括___(10)___。
  - (10) A. 项目质量保证　　　　　　B. 用户满意度调查
  - 　　 C. 组织文化和培训教育　　　D. 体系内审及管审
- 在运维服务质量改进过程中，运维服务质量负责人和运维业务负责人要定期关注改进情况，一旦出现偏差，要及时___(11)___。
  - (11) A. 记录改进的详细过程　　　B. 评估改进对成本的影响
  - 　　 C. 评估资源消耗情况　　　　D. 给予指导和帮助

答案及解析

(1) 答案：C　解析　质量策划是根据质量目标确定工作内容（措施）、职责和权限。

(2) 答案：C　解析　质量策划的输入包括：质量方针或上级质量目标的要求；顾客和其他相关方的需求和期望；与策划内容有关的业绩或成功经历；存在的问题点或难点；过去的经验教训；质量管理体系已明确规定的相关的要求或程序。

(3) 答案：D　解析　质量控制范围包括生产过程和质量管理过程。

(4) 答案：B　解析　质量控制的要点如下：质量控制范围包括生产过程和质量管理过程；质量控制的关键是使所有质量过程和活动始终处于完全受控状态；质量控制的基础是过程控制。

(5) 答案：D　解析　质量控制是质量改进的前提，质量改进是质量控制的发展方向，控制意味着维持其质量水平，改进的效果则是突破或提高。质量控制是面对"今天"的要求，而质量改进是为了"明天"的需要。

(6) 答案：A　解析　DMAIC方法包括定义（Define）、测量（Measure）、分析（Analyze）、改进（Improve）、控制（Control）五个阶段构成的过程改进方法。

(7) 答案：C　解析　本题考查IT服务质量的五个特性。该体系的质量评价模型定义了服务质量的五类特性：安全性、可靠性、响应性、有形性和友好性，如下图所示。

```
                    服务质量特性
          ┌─────────┬─────┴──┬──────┬─────────┐
        安全性    可靠性   响应性  有形性    友好性
          │        │        │       │         │
        可用性   完备性   及时性  可视性    主动性
        完整性   连续性   互动性  专业性    灵活性
        保密性   稳定性           合规性    礼貌性
                 有效性
                 可追溯性
```

（8）**答案：C**　**解析**　服务质量特性中，可靠性的子特性包括：完备性、连续性、稳定性、有效性、可追溯性。保密性为安全性的子特性。

（9）**答案：A**　**解析**　IT 服务质量评价模型中主动性、灵活性、礼貌性为服务质量特性中友好性的子特性。

（10）**答案：C**　**解析**　常见的运维服务质量管理活动的形式包括：①项目质量保证；②用户满意度调查；③客户投诉管理；④日常检查；⑤质量文化和质量教育；⑥体系内审及管审。

（11）**答案：D**　**解析**　在运维服务质量改进过程中，运维服务质量负责人和运维业务负责人要定期关注改进情况，一旦出现偏差，要及时给予指导和帮助。

第6章 软件开发过程管理

6.1 基本概念

- 软件开发过程管理的目的不包括___(1)___。
  (1) A. 提高软件用户数量　　　　　　B. 提高软件生产率
  　　 C. 提高软件质量　　　　　　　　D. 降低软件成本
- 以下关于瀑布模型的叙述中，不正确的是___(2)___。
  (2) A. 不适用于需求稳定、项目相对简单的情况
  　　 B. 不适合大型和复杂的项目
  　　 C. 流程是线性的，因此易于理解和管理
  　　 D. 每个阶段有明确的输入和输出
- 以下关于迭代模型的叙述中，正确的是___(3)___。
  (3) A. 适用于需求稳定、项目相对简单的情况
  　　 B. 可能会导致项目的时间和成本的增加
  　　 C. 该模型可能会产生较少的文档
  　　 D. 无法灵活地应对需求的变化
- ___(4)___是一种强调灵活性和快速响应变化的开发模型。
  (4) A. 迭代模型　　　B. 敏捷模型　　　C. 瀑布模型　　　D. 螺旋模型
- 常见开发过程模型中，___(5)___适用于需求不稳定、项目相对复杂、风险较高的情况。
  (5) A. 迭代模型　　　B. 增量模型　　　C. 瀑布模型　　　D. 螺旋模型

答案及解析

(1) **答案：A　解析**　软件开发过程管理需要应用计算机科学、数学及管理科学等原理，以

工程化的原则和方法来解决软件问题,其目的是提高软件生产率、提高软件质量、降低软件成本。

(2) **答案:A** 解析 瀑布模型的优点是:瀑布模型的流程是线性的,因此易于理解和管理;每个阶段有明确的输入和输出,这有助于确保质量和项目管理;该模型适用于需求稳定、项目相对简单的情况。

缺点:瀑布模型不适用于需求不明确或可能变化的项目;如果在开发过程的后期发现问题,可能需要返回到前面的阶段,这将导致时间和成本的增加;该模型不适合大型和复杂的项目。

(3) **答案:B** 解析 迭代模型的优点是:迭代模型可以逐步完成系统的开发,可以更灵活地应对需求的变化;该模型可以更早地发现和解决问题,降低风险;该模型适用于需求不稳定、项目相对复杂的情况。

缺点:迭代模型需要更多的管理和控制;该模型可能会产生较多的文档;该模型可能会导致项目的时间和成本的增加。

(4) **答案:B** 解析 敏捷模型是一种强调灵活性和快速响应变化的开发模型。敏捷模型包括一系列的敏捷方法和最佳实践。

(5) **答案:D** 解析 螺旋模型是将开发过程分为一系列迭代的模型,每个迭代包括需求分析、系统设计、编码、测试、部署,并在每个迭代进行风险分析。在每个迭代完成后,能够得到一个可以运行的系统。

6.2 软件需求

- 下列关于软件需求相关的叙述,正确的是___(1)___。
  (1) A. 软件需求分为三个层次,分别为用户需求、业务需求、功能需求
      B. 用户需求通常来自项目投资人、购买产品的客户、市场部门或产品部门等
      C. 功能需求通常是通过系统特性的描述表现出来的
      D. 功能需求指的是用户要求系统必须能完成的任务和想要达到的结果
- ___(2)___是一种将用户要求转化成软件需求的技术,其目的是最大限度地提升软件工程过程中用户的满意度。
  (2) A. 系统需求   B. 业务需求   C. 软件需求   D. 质量功能部署(QFD)
- 质量功能部署(QFD)将软件需求分为常规需求、___(3)___和意外需求。
  (3) A. 期望需求   B. 业务需求   C. 系统需求   D. 功能需求
- ___(4)___是用户要求范围外的功能或性能,实现这些需求用户会更高兴,但不实现也不影响其购买的决策。
  (4) A. 期望需求   B. 常规需求   C. 意外需求   D. 用户需求
- 使用结构化分析(SA)方法进行需求分析,其建立的模型的核心是___(5)___,围绕这个核心,有三个层次的模型,分别是数据模型、___(5)___和行为模型。
  (5) A. 数据字典 功能模型   B. 数据流图 系统模型

C．数据流图　功能模型　　　　　　D．数据字典　系统模型
- 使用结构化分析（Structured Analysis，SA）方法进行需求分析，一般使用___（6）___表示数据模型，描述实体、属性，以及实体之间的关系。

　　（6）A．对象关系图　　　　　　　　B．数据流图
　　　　　C．状态转换图　　　　　　　　D．实体关系图
- 在进行结构化分析时，可以通过___（7）___了解系统所要完成的功能。

　　（7）A．实体关系图　　　　　　　　B．数据流图
　　　　　C．状态转换图　　　　　　　　D．数据字典
- 下列___（8）___不属于数据流图（DFD）的基本要素。

　　（8）A．数据流　　　B．数据存储　　　C．关系　　　D．处理/加工
- 如果使用DFD对某企业的财务系统进行建模，那该系统中___（9）___可以被认定为外部项。

　　（9）A．转账单　　　　　　　　　　　B．转账单输入
　　　　　C．财务系统源代码程序　　　　　D．接收转账单的银行
- 数据字典是结构化分析的重要工具。下列___（10）___不属于数据字典的组成部分。

　　（10）A．数据项　　　B．数据流　　　C．处理过程　　　D．外部实体
- 数据字典是结构化分析的重要工具，是___（11）___。

　　（11）A．描述数据的信息集合　　　　　B．数据库中的数据
　　　　　C．查询数据的字典　　　　　　　D．不可更新的
- ___（12）___不属于面向对象分析（OOA）的基本原则。

　　（12）A．抽象　　　B．多态　　　C．消息通信　　　D．粒度控制
- ___（13）___是OOA的核心原则，它强调把数据和操作结合为一个不可分的系统单位，对象的外部只需要知道它做什么，而不必知道它如何做。

　　（13）A．抽象　　　B．封装　　　C．聚合　　　D．分类
- 在当前的软件开发过程中，需求变更已经成为一种常态。下列关于需求变更的说法，不正确的是___（14）___。

　　（14）A．所有需求变更必须遵循变更控制过程
　　　　　B．应该由项目经理决定实现哪些变更
　　　　　C．对于未获得批准的变更，不应该做设计和实现工作
　　　　　D．每一个集成的需求变更必须能跟踪到一个经核准的变更请求
- 在需求跟踪过程中，检查代码、测试用例等工作成果都能在软件需求规格说明书中找到出处的方法属于___（15）___。

　　（15）A．逆向跟踪　　　B．正向跟踪　　　C．双向跟踪　　　D．系统跟踪
- 软件开发完成，项目经理小赵正在根据软件需求规格说明书检查每个需求是否均正确实现。这种方法在需求跟踪中属于___（16）___。

　　（16）A．逆向跟踪　　　B．正向跟踪　　　C．双向跟踪　　　D．系统跟踪

● 在变更控制过程中,对于常见的需求变更策略的描述错误的是___(17)___。

(17) A. 所有需求变更必须遵循变更控制过程

B. 由项目经理决定实现哪些变更

C. 每一个集成的需求变更必须能跟踪到一个经核准的变更请求

D. 绝不能从项目配置库中删除或者修改变更请求的原始文档

答案及解析

(1)**答案:C** 解析 软件需求就是系统必须完成的事和必须具备的品质。需求是多层次的,包括业务需求、用户需求和系统需求。业务需求通常来自项目投资人、购买产品的客户、客户单位的管理人员、市场营销部门或产品策划部门等。用户需求描述的是用户的具体目标或用户要求系统必须能完成的任务和想要达到的结果。系统需求是从系统的角度来说明软件的需求,包括功能需求、非功能需求和约束等。功能需求也称为行为需求,它规定了开发人员必须在系统中实现的软件功能,用户利用这些功能来完成任务,满足业务需要。功能需求通常是通过系统特性的描述表现出来的。

(2)**答案:D** 解析 质量功能部署(QFD)是一种将客户要求转化成软件需求的技术,其目的是最大限度地让客户从软件工程过程中感到满意。

(3)**答案:A** 解析 质量功能部署(QFD)将软件需求分为三类,分别是常规需求、期望需求和意外需求。

(4)**答案:C** 解析 质量功能部署(QFD)将软件需求分为三类,分别是常规需求、期望需求和意外需求。也要注意区分这些需求:

1)常规需求。用户认为系统应该做到的功能或性能,实现越多用户会越满意。

2)期望需求。用户认为系统应具备的功能或性能,但并不能正确描述自己想要得到的这些功能或性能需求。如果期望需求没有得到实现,会让用户感到不满意。

3)意外需求。意外需求也称兴奋需求,是用户要求范围外的功能或性能(但通常是软件开发人员很乐意赋予系统的技术特性,实现这些需求用户会更高兴,但不实现也不影响购买的决策)。

(5)**答案:A** 解析 结构化分析(Structured Analysis,SA)方法给出一组帮助系统分析人员产生功能规约的原理与技术,其建立模型的核心是数据字典。围绕这个核心,有三个层次的模型,分别是数据模型、功能模型和行为模型(也称为状态模型)。

(6)**答案:D** 解析 在实际工作中,一般使用实体关系图(E-R 图)表示数据模型,用数据流图(Data Flow Diagram,DFD)表示功能模型,用状态转换图(State Transform Diagram,STD)表示行为模型。E-R 图主要描述实体、属性以及实体之间的关系;DFD 从数据传递和加工的角度,利用图形符号通过逐层细分的方法,描述系统内各个部件的功能和数据在它们之间传递的情况,说明系统所完成的功能;STD 通过描述系统的状态和引起系统状态转换的事件,表示系统的行为。

(7)**答案:B** 解析 在实际工作中,用数据流图(DFD)表示功能模型,DFD 从数据传递和加工的角度,利用图形符号通过逐层细分的方法,描述系统内各个部件的功能和数据在它们之间传递的情况，说明系统所完成的功能。

（8）**答案：C** **解析** DFD 方法由以下四种基本元素（模型对象）组成：数据流、处理/加工、数据存储和外部项。

（9）**答案：D** **解析** DFD 方法由以下四种基本元素（模型对象）组成：数据流、处理/加工、数据存储和外部项。外部项也称为数据源或者数据终点，是描述系统数据的提供者或者数据的使用者，如教师、学生、采购员、某个组织或部门或其他系统。

（10）**答案：D** **解析** 数据字典主要包括数据项、数据结构、数据流、数据存储、处理过程等几个部分。

（11）**答案：A** **解析** 数据字典是描述数据的信息集合，是对系统中使用的所有数据元素定义的集合。数据字典的作用是给数据流图上的每个元素加以定义和说明。换句话说，数据流图上所有元素的定义和解释的文字集合就是数据字典。

（12）**答案：B** **解析** 面向对象分析（Object-Oriented Analysis，OOA）的基本原则主要包括抽象、封装、继承、分类、聚合、关联、消息通信、粒度控制和行为分析。

（13）**答案：A** **解析** 数据抽象是 OOA 的核心原则，它强调把数据（属性）和操作（服务）结合为一个不可分的系统单位（对象），对象的外部只需要知道它做什么，而不必知道它如何做。

（14）**答案：B** **解析** 应该由项目变更控制委员会决定实现哪些变更，而不是项目经理决定。常见的需求变更策略如下：
- 所有需求变更必须遵循变更控制过程。
- 对于未获得批准的变更，不应该做设计和实现工作。
- 应该由项目变更控制委员会决定实现哪些变更。
- 项目风险承担者应该能够了解变更的内容。
- 绝不能从项目配置库中删除或者修改变更请求的原始文档。
- 每一个集成的需求变更必须能跟踪到一个经核准的变更请求。

（15）**答案：A** **解析** 需求跟踪有正向跟踪和逆向跟踪两种方式。
- 正向跟踪：检查软件需求规格说明书（Software Requirements Specification，SRS）中的每个需求是否都能在后续工作成果中找到对应点。
- 逆向跟踪：检查设计文档、代码、测试用例等工作成果是否都能在 SRS 中找到出处。

（16）**答案：B** **解析** 正向跟踪：检查 SRS 中的每个需求是否都能在后续工作成果中找到对应点。

（17）**答案：B** **解析** 常见的需求变更策略包括：
- 所有需求变更必须遵循变更控制过程。
- 对于未获得批准的变更，不应该做设计和实现工作。
- 应该由项目变更控制委员会决定实现哪些变更。
- 项目风险承担者应该能够了解变更的内容。
- 绝不能从项目配置库中删除或者修改变更请求的原始文档。

- 每一个集成的需求变更必须能跟踪到一个经核准的变更请求。

6.3 软件设计

- 结构化设计（SD）是一种面向数据流的系统设计方法，它以___(1)___等文档为基础，是一个___(2)___、逐步求精和模块化的过程。

　　（1）A．数据流图和数据字典　　　　B．软件需求规格说明书
　　　　 C．数据流转说明书　　　　　　D．业务流程说明书
　　（2）A．自底向上　　B．自顶向下　　C．原型化　　D．层次化

- 结构化设计（SD）方法的基本思想是将软件设计成由相对独立且具有单一功能的模块组成的结构，其中___(3)___阶段的主要任务是确定软件系统的结构，对软件系统进行模块划分，确定每个模块的功能、接口和模块之间的调用关系。

　　（3）A．模块设计　　B．详细设计　　C．概要设计　　D．架构设计

- 模块 A 通过非正常入口转入模块 B 内部，则这两个模块之间是___(4)___耦合。

　　（4）A．数据　　B．通信　　C．外部　　D．内容

- 软件设计过程中，尽量遵循的设计原则是___(5)___。

　　（5）A．高内聚、低耦合　　　　B．高内聚、高耦合
　　　　 C．低内聚、高耦合　　　　D．低内聚、低耦合

- 内聚可以衡量一个模块内部各个元素彼此结合的紧密程度，以下属于高内聚的是___(6)___。

　　（6）A．偶然内聚　　B．时间内聚　　C．功能内聚　　D．逻辑内聚

- 关于面向对象设计（OOD）的说法，错误的是___(7)___。

　　（7）A．面向对象设计的基本思想包括抽象、封装和继承
　　　　 B．对象继承和多态可用来实现可扩展性
　　　　 C．OOD 的结果就是设计模型
　　　　 D．提高软件的可维护性和可复用性，是 OOD 需要解决的核心问题

- 在 OOD 中，可维护性的复用是以设计原则为基础的。其中应用 OOD___(8)___的原则，可扩展已有的系统，并为之提供新的行为。

　　（8）A．开闭　　B．里氏替换　　C．依赖倒置　　D．接口隔离

- 在使用面向对象设计方法时，___(9)___原则建议在面向对象程序设计中，应尽量针对接口编程，而不是针对实现编程。

　　（9）A．里氏替换　　B．依赖倒置　　C．最小知识　　D．接口隔离

- 统一建模语言（UML）属于___(10)___。

　　（10）A．软件需求工具　　　　B．软件开发语言
　　　　　C．软件编译工具　　　　D．软件测试工具

- 统一建模语言（UML）的结构由＿＿（11）＿＿三部分组成。
  - （11）A．事物、关系、图　　　　　　B．构造块、规则、公共机制
  　　　　C．方法、过程、工具　　　　　　D．技术、管理、知识
- 统一建模语言（UML）有三种基本的构造块，类、接口、构件属于＿＿（12）＿＿构造块。
  - （12）A．事物　　　　B．关系　　　　C．规则　　　　D．图
- 统一建模语言（UML）用关系把事物结合在一起，主要有四种关系。若将多边形与三角形、四边形分别设计为类，多边形类与三角形之间是＿＿（13）＿＿关系。
  - （13）A．依赖　　　　B．关联　　　　C．泛化　　　　D．多态
- 统一建模语言（UML）用关系把事物结合在一起，主要有四种关系。＿＿（14）＿＿将不同的模型元素（例如：类）连接起来，其中的一个类指定了由另一个类保证执行的契约。
  - （14）A．依赖　　　　B．关联　　　　C．组合　　　　D．实现
- 在统一建模语言（UML）中，＿＿（15）＿＿展现了一组对象以及它们之间的关系，给出了系统的静态设计视图或静态进程视图。
  - （15）A．序列图　　　　B．状态图　　　　C．对象图　　　　D．通信图
- 在统一建模语言（UML）中，＿＿（16）＿＿描述由模型本身分解而成的组织单元，以及它们之间的依赖关系。
  - （16）A．构件图　　　　B．用例图　　　　C．对象图　　　　D．包图
- 在统一建模语言（UML）提供的系统视图中，＿＿（17）＿＿是逻辑视图的一次执行实例，描述了并发与同步结构；＿＿（18）＿＿是最基本的需求分析模型。
  - （17）A．进程视图　　　　B．实现视图　　　　C．部署视图　　　　D．用例视图
  - （18）A．进程视图　　　　B．实现视图　　　　C．部署视图　　　　D．用例视图
- 在设计模式中，＿＿（19）＿＿主要用于描述类或对象的交互以及职责的分配。
  - （19）A．创建型模式　　　　　　　　　B．创新型模式
  　　　　C．行为型模式　　　　　　　　　D．结构型模式

答案及解析

（1）**答案：A**　**解析**　结构化设计（Structured Design，SD）是一种面向数据流的系统设计方法，其目的在于确定软件结构。它以 SRS 和 SA 阶段所产生的数据流图和数据字典等文档为基础。

（2）**答案：B**　**解析**　结构化设计（SD）是一个自顶向下、逐层分解、逐步求精和模块化的过程。

（3）**答案：C**　**解析**　结构化设计（SD）方法的基本思想是将软件设计成由相对独立且具有单一功能的模块组成的结构。从管理角度讲，其分为概要设计和详细设计两个阶段。其中，概要设计又称为总体结构设计，它是开发过程中很关键的一步，其主要任务是确定软件系统的结构，将系统的功能需求进行模块划分，确定每个模块的功能、接口和模块之间的调用关系，形成软件的模块

结构图，即系统结构图。在概要设计中，将系统开发的总任务分解成许多个基本的、具体的任务，而为每个具体任务选择适当的技术手段和处理方法的过程称为详细设计。

（4）**答案：D**　**解析**　数据耦合是通过参数表传递简单信息。公共耦合是多个模块访问同一个公共数据环境。外部耦合是一组模块访问同一个全局简单变量而没有通过参数表传递。内容耦合是一个模块直接访问另一个模块的内部数据；一个模块不通过正常入口转到另一个模块的内部；两个模块有一部分程序代码重叠；一个模块有多个入口。

（5）**答案：A**　**解析**　耦合低使得模块间尽可能相对独立，各模块可以单独开发和维护；内聚高使得模块的可理解性和维护性大大增强。因此，在模块的分解中应尽量减少模块的耦合，力求增加模块的内聚，遵循"高内聚、低耦合"的设计原则。

（6）**答案：C**　**解析**　软件模块内聚从高到低排列如下：

1）功能内聚：完成一个单一功能，各个部分协同工作，缺一不可。

2）顺序内聚：处理元素相关，而且必须顺序执行。

3）通信内聚：所有处理元素集中在一个数据结构的区域上。

4）过程内聚：处理元素相关，而且必须按特定的次序执行。

5）瞬时内聚（时间内聚）：所包含的任务必须在同一时间间隔内执行。

6）逻辑内聚：完成逻辑上相关的一组任务。

7）偶然内聚（巧合内聚）：完成一组没有关系或松散关系的任务。

其中，内聚最高的为功能内聚。

（7）**答案：A**　**解析**　面向对象设计的基本思想包括抽象、封装和可扩展性，其中可扩展性是通过对象继承和多态来实现的。

（8）**答案：A**　**解析**　面向对象设计原则可以有效地提高系统的复用性和可维护性。开闭原则规定对象对扩展开放，对修改封闭。当应用的需求改变时，在不修改软件实体的源代码或者二进制代码的前提下，可以扩展模块的功能，使其满足新的需求。

（9）**答案：B**　**解析**　依赖倒置原则规定程序要依赖于抽象，不要依赖于具体实现；要针对接口编程，不要针对实现编程。

（10）**答案：A**　**解析**　统一建模语言（Unified Modeling Language，UML）用于对软件进行可视化描述、构造和建立软件系统的文档。UML适用于各种软件开发方法、软件生命周期的各个阶段、各种应用领域以及各种开发工具，是一种总结了以往建模技术的经验并吸收当今优秀成果的标准建模方法。需要注意的是，UML是一种可视化的建模语言，而不是编程语言。软件需求工具包括需求建模工具和需求追踪工具，UML属于软件需求工具。

（11）**答案：B**　**解析**　统一建模语言（UML）是一种定义良好、易于表达、功能强大且普遍适用的建模语言。UML的结构包括构造块、规则和公共机制三个部分。

（12）**答案：A**　**解析**　统一建模语言（UML）有七种结构事物，分别是类、接口、协作、用例、活动类、构件和节点。

（13）**答案：C**　**解析**　泛化是一般元素和特殊元素之间的分类关系，描述特殊元素的对象可替换一般元素的对象。

（14）**答案：D** 解析　实现将不同的模型元素（例如：类）连接起来，其中的一个类指定了由另一个类保证执行的契约。

（15）**答案：C** 解析　在统一建模语言（UML）中，对象图展现了一组对象以及它们之间的关系，描述了在类图中所建立的事物实例的静态快照，从真实的或原型案例的角度给出系统的静态设计视图或静态进程视图。

（16）**答案：D** 解析　在统一建模语言（UML）中，包图描述由模型本身分解而成的组织单元，以及它们之间的依赖关系。

（17）**答案：A** 解析　统一建模语言（UML）对系统架构的定义是系统的组织结构，包括系统分解的组成部分，以及它们的关联性、交互机制和指导原则等提供系统设计的信息。具体来说，就是指以下五个系统视图：

1）逻辑视图。逻辑视图也称为设计视图，它表示了设计模型中在架构方面具有重要意义的部分，即类、子系统、包和用例实现的子集。

2）进程视图。进程视图是可执行线程和进程作为活动类的建模，它是逻辑视图的一次执行实例，描述了并发与同步结构。

3）实现视图。实现视图对组成基于系统的物理代码的文件和构件进行建模。

4）部署视图。部署视图把构件部署到一组物理节点上，表示软件到硬件的映射和分布结构。

5）用例视图。用例视图是最基本的需求分析模型。

（18）**答案：D** 解析　同第（17）题。

（19）**答案：C** 解析　行为型模式主要用于描述类或对象的交互以及职责的分配，包括职责链模式、命令模式、解释器模式、迭代器模式、中介者模式、备忘录模式、观察者模式、状态模式、策略模式、模板方法模式、访问者模式等。

6.4　软件实现

- 以下关于软件测试目的的描述，正确的是＿＿（1）＿＿。

  （1）A．软件测试的目的是证明软件没有缺陷

  　　B．软件测试的目的是发现所有的软件缺陷

  　　C．软件测试的目的是弄清预期结果与实际结果之间的差别

  　　D．软件测试只是为了给软件产品的质量测量提供依据，不需要发现缺陷

- 以下关于软件测试的描述，正确的是＿＿（2）＿＿。

  （2）A．测试是在编码测试阶段完成后才开始的活动

  　　B．软件测试工作的好坏，取决于测试发现错误的数量

  　　C．软件测试的目的是缩短软件开发的时间

  　　D．软件测试方法可分为静态测试和动态测试

- ＿＿（3）＿＿不是静态测试的方法。
  （3）A．白盒测试　　　　B．桌前检查　　　　C．检查单　　　　D．代码审查
- 将大量的畸形数据输入到目标程序中,通过监测程序的异常来发现被测程序中可能存在的安全漏洞,这种测试方法属于＿＿（4）＿＿。
  （4）A．黑盒测试　　　　B．白盒测试　　　　C．代码审查　　　　D．动态测试
- ＿＿（5）＿＿按照程序内部的结构测试程序,检验程序中的每条通路是否都能按预定要求正确工作,而不考虑它的功能。
  （5）A．黑盒测试　　　　B．白盒测试　　　　C．代码审查　　　　D．动态测试
- 单元测试主要是对软件的模块进行测试,单元测试的测试用例主要根据＿＿（6）＿＿的内容来设计。
  （6）A．需求分析　　　　B．软件编程　　　　C．概要设计　　　　D．详细设计
- 测试所发现的缺陷全部归零是＿＿（7）＿＿的结束标志。
  （7）A．系统测试　　　　B．回归测试　　　　C．第三方测试　　　　D．确认测试
- ＿＿（8）＿＿用于验证软件的功能、性能和其他特性是否与用户需求一致。
  （8）A．配置项测试　　　B．第三方测试　　　C．确认测试　　　　D．系统测试
- ＿＿（9）＿＿的目的是测试软件变更之后,变更部分的正确性和对变更需求的符合性,以及软件原有的、正确的功能、性能和其他规定的要求的不损害性。
  （9）A．系统测试　　　　B．回归测试　　　　C．确认测试　　　　D．第三方测试
- ＿＿（10）＿＿一般要对已经严格按照程序设计要求和标准组装起来的模块同时进行测试,明确该程序结构组装的正确性,发现和接口有关的问题。
  （10）A．集成测试　　　　B．配置项测试　　　C．单元测试　　　　D．回归测试
- 在面向对象（OO）系统测试中,由于封装性的特点,以下说法正确的是＿＿（11）＿＿。
  （11）A．测试时不需要考虑信息隐蔽原则,因为这和测试目的无关
  　　　B．只需要关注对象状态,不用考虑类的测试序列
  　　　C．必须考虑信息隐蔽原则对测试的影响,同时也要考虑对象状态与类的测试序列
  　　　D．封装性使得测试可以忽略对象内部细节,仅从外部接口测试即可

答案及解析

（1）**答案：C**　**解析**　A选项：软件测试不能证明软件没有缺陷,因为测试不能保证发现所有的缺陷。B选项：测试不能保证发现所有的缺陷,所以其目的不是发现所有软件缺陷。C选项：软件测试的目的在于检验其是否满足规定的需求或弄清预期结果与实际结果之间的差别,这是软件测试的核心目的之一。D选项：软件测试的一个重要任务就是发现软件缺陷,为软件产品的质量测量和评价提供依据,不仅仅是质量测量。

（2）**答案：D**　**解析**　软件测试不再是一种仅在编码阶段完成后才开始的活动,而是应该包

括在整个开发和维护过程中的活动,它本身也是实际产品构造的一个组成部分。通过测试,发现软件缺陷,为软件产品的质量测量和评价提供依据。软件测试的目的就是确保软件的质量,确认软件以正确的方法检查软件是否做了用户期望的事情。

(3) **答案:A** 解析 静态测试包括对文档的静态测试和对代码的静态测试。对文档的静态测试主要以检查单的形式进行,而对代码的静态测试一般采用桌前检查、代码走查和代码审查的方式。

(4) **答案:A** 解析 黑盒测试指的是把程序看作一个不能打开的黑盒子,在完全不考虑程序内部结构和内部特性的情况下,在程序接口进行测试,它只检查程序功能是否按照需求规格说明书的规定正常使用以及程序是否能适当地接收输入数据而产生正确的输出信息。黑盒测试着眼于程序外部结构,不考虑内部逻辑结构,主要针对软件界面和软件功能进行测试。

(5) **答案:B** 解析 白盒测试也称结构测试或逻辑驱动测试,它是按照程序内部的结构测试程序,通过测试来检测产品内部动作是否按照设计规格说明书的规定正常进行,检验程序中的每条通路是否都能按预定要求正确工作。这一方法是把测试对象看作一个打开的盒子,测试人员依据程序内部逻辑结构相关信息,设计或选择测试用例,对程序所有逻辑路径进行测试,通过在不同点检查程序的状态,确定实际的状态是否与预期的状态一致。

(6) **答案:D** 解析 单元测试的技术依据是软件详细设计说明书,其目的是检查每个模块能否正确地实现设计说明书中的功能、性能、接口和其他设计约束等条件。

(7) **答案:A** 解析 系统测试的对象是完整的、集成的计算机系统,系统测试的结束标志是测试工作已满足测试目标所规定的需求覆盖率,并且测试所发现的缺陷已全部归零。

(8) **答案:C** 解析 确认测试主要用于验证软件的功能、性能和其他特性是否与用户需求一致。

(9) **答案:B** 解析 回归测试的目的是测试软件变更之后,变更部分的正确性和对变更需求的符合性,以及软件原有的、正确的功能、性能和其他规定的要求的不损害性。

(10) **答案:A** 解析 集成测试一般要对已经严格按照程序设计要求和标准组装起来的模块同时进行测试,明确该程序结构组装的正确性,发现和接口有关的问题。

(11) **答案:C** 解析 A 选项:封装性中的信息隐蔽原则对测试有很大影响。例如,在测试一个类时,由于信息隐蔽,一些内部的属性和方法可能无法直接访问,这会影响测试用例的设计和测试的策略,所以不能忽略,该选项错误。B 选项:在面向对象系统中,对象状态和类的测试序列都很重要。因为对象的状态可能会因为方法的调用而改变,而类的测试序列不当可能会导致无法正确测试类的各种功能,该选项错误。C 选项:封装性使得信息隐蔽,外部无法直接访问对象的内部信息。在测试时必须考虑这种情况对测试的影响。同时,对象状态的变化和类的测试序列也会影响测试的准确性和完整性,该选项正确。D 选项:虽然封装性使得可以从外部接口进行测试,但这并不意味着可以完全忽略对象内部细节。因为有些内部状态的变化和内部方法之间的相互作用会影响软件的功能,该选项错误。

6.5 部署交付

- 以下关于软件部署目的的描述，正确的是___(1)___。
  - (1) A. 软件部署只需要让软件能够运行起来即可，不用考虑用户个性化需求
    - B. 软件部署主要是为了展示软件功能，不需要保障正常运行
    - C. 软件部署的目的包括支持软件运行、满足用户需求、保障正常运行和功能实现以及考虑用户个性化需求等
    - D. 软件部署的重点是提高软件的开发效率，而不是运行效率
- ___(2)___属于软件部署模式。
  - (2) A. 面向单机软件的部署模式　　　　B. 混合式软件架构部署模式
    - C. 基于插件的软件部署模式　　　　D. 动态软件部署模式
- 在传统软件交付流程中，___(3)___首先提出软件的想法。
  - (3) A. 开发人员　　B. 测试人员　　C. 业务人员　　D. 运维人员
- 以下关于传统软件交付流程的说法，正确的是___(4)___。
  - (4) A. 测试人员在开发人员开始工作之前就介入
    - B. 运维人员在软件交付给用户之前就开始工作
    - C. 业务人员只需要提出想法，不需要参与后续流程
    - D. 软件经过测试后才提交给用户使用
- 持续交付提供了一套更为完善的解决传统软件开发流程所存在问题的方案，在需求阶段的体现描述正确的是___(5)___。
  - (5) A. 继续使用复杂的传统需求文档
    - B. 抛弃传统需求文档，采用用户故事方便开发人员理解
    - C. 减少需求文档的篇幅
    - D. 只通过口头传达需求，不用文档
- ___(6)___不属于持续交付具备的优势。
  - (6) A. 能够有效缩短提交代码到正式部署上线的时间，降低部署风险
    - B. 能够自动地、快速地提供反馈，及时发现和修复缺陷
    - C. 让软件在整个生命周期内都处于可部署的状态
    - D. 打通开发和运维之间的通路，保持开发环境和运维环境的统一
- 在持续部署管理的时候，需要遵循一定的原则，下列说法错误的是___(7)___。
  - (7) A. 所有的环境使用相同的部署方式　　B. 所有的环境使用相同的部署脚本
    - C. 整体部署由开发人员执行　　　　　D. 不可变服务器

- 某软件新版本上线时，项目团队使用___（8）___的方式先让少量的用户使用新版本，如果一切正常，就稳步地将新版本适配给所有的用户。

  （8）A．蓝绿部署　　　　B．金丝雀部署　　　　C．滚动部署　　　　D．分布式部署

- ___（9）___指在部署的时候准备新旧两个部署版本，通过域名解析切换的方式将用户使用环境切换到新版本中，当出现问题的时候，可以快速地将用户环境切回旧版本，并对新版本进行修复和调整。

  （9）A．蓝绿部署　　　　B．金丝雀部署　　　　C．滚动部署　　　　D．分布式部署

- 完整镜像部署中，负责安装第三方依赖和插件的属于___（10）___环节。

  （10）A．Build　　　　B．Ship　　　　C．Run　　　　D．RPM

答案及解析

（1）**答案：C**　解析　A 选项：软件部署必须满足软件用户在功能和非功能属性方面的个性化需求，不能只让软件运行起来而忽略用户需求，所以 A 项错误。B 选项：软件部署不仅要展示软件功能，更重要的是要保障软件系统的正常运行和功能实现，所以 B 项错误。C 选项：软件部署的目的是支持软件运行、满足用户需求，使得软件系统能够被直接使用并保障软件系统的正常运行和功能实现，还要考虑用户个性化需求，这是完整且正确的描述，所以 C 项正确。D 选项：软件部署的重点是支持软件运行，提高执行效率，而不是开发效率，所以 D 项错误。

（2）**答案：A**　解析　软件部署模式分为面向单机软件的部署模式、集中式服务器应用部署和基于微服务的分布式部署。

（3）**答案：C**　解析　传统软件交付流程通常包括四个步骤：首先，业务人员会诞生一个软件的想法；其次，开发人员将这个想法变为一个产品或者功能；然后，经过测试人员的测试之后提交给用户使用并产生收益；最后，运维人员参与产品或功能的后期运维。

（4）**答案：D**　解析　A 选项：在传统流程中，是开发人员先将想法转变为产品或功能后，测试人员才介入进行测试，不是在开发人员开始工作之前就介入，所以 A 项错误。B 选项：运维人员是在软件交付给用户使用后才参与后期运维工作，不是在软件交付给用户之前，所以 B 项错误。C 选项：业务人员虽然主要是提出想法，但在整个软件交付过程中也可能会参与需求确认等后续流程，所以 C 项错误。D 选项：软件在经过开发人员开发后，要由测试人员测试，测试合格后才提交给用户使用，这是传统软件交付流程的正确步骤，所以 D 项正确。

（5）**答案：B**　解析　持续交付提供了一套更为完善的解决传统软件开发流程所存在问题的方案，主要体现在如下几个方面：

- 在需求阶段，抛弃了传统的需求文档的方式，使用便于开发人员理解的用户故事。
- 在开发测试阶段，做到持续集成，让测试人员尽早进入项目开始测试。
- 在运维阶段，打通开发和运维之间的通路，保持开发环境和运维环境的统一。

(6) 答案：D 解析 持续交付具备的优势主要包括如下几个方面：
- 能够有效缩短提交代码到正式部署上线的时间，降低部署风险。
- 能够自动地、快速地提供反馈，及时发现和修复缺陷。
- 让软件在整个生命周期内都处于可部署的状态。
- 能够简化部署步骤，使软件版本更加清晰。
- 能够让交付过程成为一种可靠的、可预期的、可视化的过程。

(7) 答案：C 解析 整体部署由运维人员执行。

(8) 答案：B 解析 金丝雀部署是指当有新版本发布的时候，先让少量的用户使用新版本，并且观察新版本是否存在问题，如果出现问题，就及时处理并重新发布，如果一切正常，就稳步地将新版本适配给所有的用户。

(9) 答案：A 解析 蓝绿部署指在部署的时候准备新旧两个部署版本，通过域名解析切换的方式将用户使用环境切换到新版本中，当出现问题的时候，可以快速地将用户环境切回旧版本，并对新版本进行修复和调整。

(10) 答案：B 解析 完整的镜像部署包括三个环节：Build→Ship→Run。
- Build：跟传统的编译类似，将软件编译形成 RPM 包或者 Jar 包。
- Ship：将所需的第三方依赖和第三方插件安装到环境中。
- Run：在不同的地方启动整套环境。

6.6 全过程管理关注

- 关于软件配置管理活动，以下顺序正确的是___(1)___。
  (1) A. 软件配置管理计划—软件配置标识—软件配置控制—软件配置状态记录—软件配置审计—软件发布管理与交付
  B. 软件配置标识—软件配置管理计划—软件配置控制—软件配置状态记录—软件配置审计—软件发布管理与交付
  C. 软件配置管理计划—软件配置控制—软件配置标识—软件配置状态记录—软件配置审计—软件发布管理与交付
  D. 软件配置管理计划—软件配置标识—软件配置状态记录—软件配置控制—软件配置审计—软件发布管理与交付

- 影响软件质量的三个主要因素是产品运行、产品修改、___(2)___。
  (2) A. 产品设计　　　B. 产品转移　　　C. 产品复用　　　D. 产品风险

- 关于软件质量保证的描述，不正确的是___(3)___。
  (3) A. 软件质量保证着重于检查　　　　B. 贯穿所有活动
  　　C. 作用于过程而不是最终产品　　　D. 不让缺陷扩散到下一个阶段

答案及解析

（1）**答案：A** **解析** 软件配置管理活动包括软件配置管理计划、软件配置标识、软件配置控制、软件配置状态记录、软件配置审计、软件发布管理与交付等活动。

（2）**答案：B** **解析** 影响软件质量的三个主要因素是产品运行、产品修改和产品转移。

（3）**答案：A** **解析** 软件质量保证的关注点集中在一开始就避免缺陷的产生。质量保证的主要目标是：

- 事前预防工作，如着重于缺陷预防而不是缺陷检查。
- 尽量在刚刚引入缺陷时就将其捕获，而不是让缺陷扩散到下一个阶段。
- 作用于过程而不是最终产品，因此它有可能会带来广泛的影响与巨大的收益。
- 贯穿于所有的活动之中，而不是只集中于一点。

6.7 软件过程能力成熟度

- 软件过程能力成熟度模型由四个能力域组成，其中不包括____(1)____。
  （1）A．治理　　　　　B．组织资源　　　C．管理与支持　　D．组织管理
- 在 CSMM 定义的软件过程能力成熟度模型中，下列不属于管理与支持能力域的是____(2)____。
  （2）A．项目监控　　　B．战略支持　　　C．质量保证　　　D．项目策划
- 按照软件过程能力的成熟度水平由低到高演进发展的形势，CSMM 定义了五个等级，其中第三级是____(3)____。
  （3）A．项目规范级　　B．组织改进级　　C．量化提升级　　D．稳健提升级
- 软件过程能力成熟度模型（CSMM）分为五个等级，其中____(4)____指的是在组织范围内能够稳定地实现预期的项目目标。
  （4）A．项目规范级　　B．可重复级　　　C．已定义级　　　D．组织改进级
- "采用有效的数据分析技术，分析关键软件过程的能力，预测结果，识别和解决目标实现的问题以达成目标"说明软件过程能力的成熟度处于____(5)____。
  （5）A．引流创新级　　B．稳健管理级　　C．量化提升级　　D．组织改进级

答案及解析

（1）**答案：B** **解析** 软件过程能力成熟度模型由四个能力域组成，包括治理、开发与交付、管理与支持、组织管理。

（2）**答案：B** **解析** 管理与支持能力域包括项目策划、项目监控、项目结项、质量保证、风险管理、配置管理、供应商管理能力子域，这些能力子域覆盖了软件开发项目的全过程，以确保

软件项目能够按照既定的成本、进度和质量交付，能够满足顾客与利益相关方的要求。

（3）答案：B　解析　软件过程能力成熟度模型（CSMM）定义了五个等级，由低到高依次为初始级、项目规范级、组织改进级、量化提升级、创新引流级。

（4）答案：D　解析　组织改进级指在组织范围内能够稳定地实现预期的项目目标。

（5）答案：C　解析　量化提升级指在组织范围内能够量化地管理和实现预期的组织和项目目标。采用有效的数据分析技术，分析关键软件过程的能力，预测结果，识别和解决目标实现的问题以达成目标，应用先进实践，提升软件过程效率或质量。

6.8　软件工厂

- ___（1）___ 是软件工厂实现快速、灵活、高质量交付的关键方法之一，它强调通过迭代、协作和自组织的方式，快速响应变化并持续交付软件产品。

　　（1）A．流水线作业　　　B．敏捷交付　　　C．环节划分　　　D．安全可控

- 典型软件工厂构成不包含___（2）___。

　　（2）A．专业人员　　　　　　　　　　B．基础设施和硬件
　　　　C．工具和技术　　　　　　　　　D．监控和优化

- 软件工厂确保安全可控的关键实践和原则不包含___（3）___。

　　（3）A．安全开发实践　　　　　　　B．数据和隐私保护
　　　　C．持续集成和持续交付　　　　D．协同工具和平台

- 软件工厂的建设方法通常是指建设、发展软件工厂所采用的方法和策略，其中不包含___（4）___。

　　（4）A．流转规则　　　B．业务管理　　　C．资源部署　　　D．组织建设

答案及解析

（1）答案：B　解析　敏捷交付是软件工厂实现快速、灵活、高质量交付的关键方法之一。它强调通过迭代、协作和自组织的方式，快速响应变化并持续交付软件产品。

（2）答案：D　解析　典型软件工厂构成包含专业人员、基础设施和硬件、工具和技术、流程规范和方法论、质量管理五个方面。

（3）答案：D　解析　软件工厂确保安全可控的关键实践和原则主要包括安全开发实践、数据和隐私保护、持续集成和持续交付、团队安全培训和安全意识。

（4）答案：A　解析　软件工厂的建设方法通常是指建设、发展软件工厂所采用的方法和策略，主要包含组织建设、资源部署、业务管理和体系保障。

第7章 系统集成实施管理

7.1 需求分析与转化

- ___(1)___ 不属于需求分析与转化活动。
  - (1) A. 开发客户需求
  - B. 开发市场策略
  - C. 开发技术需求
  - D. 分析并确认需求

- 下列关于需求分析与转化管理目的的描述,正确的是___(2)___。
  - (2) A. 仅在于记录客户提出的需求
  - B. 挖掘、分析并建立客户、产品与产品组件的具体需要
  - C. 为了设计产品外观,和具体需求无关
  - D. 目的是降低产品成本,忽视客户需求

- 干系人的需要与期望以及需求应当被记录,并以纸质文档或电子文档的方式记录和保存,主要关注点不包括___(3)___。
  - (3) A. 识别信息缺失和需求冲突
  - B. 识别需求约束与限制
  - C. 识别客户进度需求与成本属性需求
  - D. 识别接口需求

- 开发客户需求和开发技术需求应进行的工作不包括___(4)___。
  - (4) A. 对需求工作进行分析评估
  - B. 对需求描述进行确认以形成需求规格说明书
  - C. 验证需求,确保需求可实现
  - D. 随意更改已有的需求内容

- 需求分析与转化过程的起始点是___(5)___。
  - (5) A. 开发技术需求
  - B. 分析并确认需求
  - C. 开发客户需求
  - D. 需求确认

答案及解析

（1）**答案：B**　解析　需求分析与转化活动主要包括开发客户需求、开发技术需求、分析并确认需求。

（2）**答案：B**　解析　需求分析与转化管理的目的在于挖掘、分析并建立客户、产品与产品组件的具体需要。

（3）**答案：C**　解析　干系人的需要与期望以及需求应当被记录，并以纸质文档或电子文档的方式记录和保存。主要关注点包括：划分了优先级的客户需求集合；需求到功能、对象、测试、问题或其他实体的可追溯性得到文档化；识别信息缺失和需求冲突；识别隐含需求；识别客户功能需求与质量属性需求；识别需求约束与限制；识别接口需求。

（4）**答案：D**　解析　对开发客户需求和开发技术需求工作进行分析评估，验证需求，确保需求可实现，并对需求描述进行确认，形成需求规格说明书，以供开发解决方案。

（5）**答案：C**　解析　需求分析与转化过程的起始点是开发客户需求，开发客户需求涉及对客户提出的需求进行收集。

7.2　设计开发

- ___(1)___ 不属于设计开发的主要目的。
  （1）A．选择、开发、设计并实现对需求的解决方案
  　　B．根据需求分析选择合适的软件
  　　C．确定产品集成的内部与外部接口
  　　D．进行系统的设计和架构规划

- 选择和开发备选解决方案活动中，需要重点关注解决方案的___(2)___和解决方案的选择。
  （2）A．设计理解　　B．设计原则　　C．设计思想　　D．设计规则

- 设计开发活动聚焦___(3)___，并对产品开发进行管理，确保实现的产品、产品组件和（或）选择的商用现货产品符合需求。
  （3）A．需求设计方案　　　　　　　B．设计解决方案
  　　C．产品实施方案　　　　　　　D．开发备选方案

- 选择和开发备选解决方案主要关注点不包括___(4)___。
  （4）A．实施并评价方案
  　　B．开发备选解决方案
  　　C．评估并选择解决方案
  　　D．开发解决方案的评价准则，用于评估解决方案

- 产品或产品组件的必要信息不包括___(5)___。
  - (5) A. 产品外部接口　　　　　　　B. 架构风格与模式
  　　C. 产品分块　　　　　　　　　D. 团队成员的个人信息
- 对于完全使用商用现货产品进行集成且无须软件开发或产品制造的项目,正式的技术解决方案的主要作用是___(6)___。
  - (6) A. 重新设计商用现货产品的功能
  　　B. 将设计通过安装部署实现为产品或产品组件
  　　C. 对商用现货产品进行大规模改造
  　　D. 仅用于评估商用现货产品的性能

答案及解析

（1）**答案：C** 解析　设计开发的目的在于选择、开发、设计并实现对需求的解决方案,从而根据需求分析选择合适的软件、硬件和技术,进行系统的设计和架构规划,确保各个子系统之间能够有效地通信和协作。

（2）**答案：B** 解析　选择和开发备选解决方案主要关注点包括：开发解决方案的评价准则,用于评估解决方案；开发备选解决方案；评估并选择解决方案。
在上述相关活动中,需要重点关注解决方案设计原则和解决方案的选择。

（3）**答案：B** 解析　设计开发活动聚焦设计解决方案（依据需求规格说明书）,并对产品开发进行管理,确保实现的产品、产品组件和（或）选择的商用现货产品符合需求。

（4）**答案：A** 解析　选择和开发备选解决方案主要关注点包括：开发解决方案的评价准则,用于评估解决方案；开发备选解决方案；评估并选择解决方案。

（5）**答案：D** 解析　产品或产品组件的必要信息包括架构风格与模式、产品分块、产品组件标识、系统状态与模式、主要的组件间接口,以及产品外部接口。

（6）**答案：B** 解析　对于完全使用商用现货产品进行集成且无须软件开发或产品制造的项目,正式的技术解决方案主要用于将设计通过安装部署实现为产品或产品组件。

7.3 实施交付

- 实施交付的主要目的不包括___(1)___。
  - (1) A. 把产品组件组装成产品　　　B. 将产品组装为系统
  　　C. 对产品进行设计修改　　　　D. 交付产品以供使用
- ___(2)___属于实施交付活动。
  - (2) A. 需求分析　　　　　　　　　B. 准备产品集成
  　　C. 产品测试　　　　　　　　　D. 市场调研

- 实施交付活动中，___（3）___指建立并维护产品集成与安装部署的规范和规程，以及对所需的人员和资源进行确定，并对集成的接口和可能发生的异常事项进行管理。

  （3）A．准备产品集成　　　　　　　　B．安装部署并交付
  　　　C．测试与培训　　　　　　　　　D．评价与反馈

- 准备产品集成需要制定产品、系统、数据迁移的步骤、规程和技术规范。迁移的规程中应至少定义和明确的内容不包括___（4）___。

  （4）A．确认迁移的规划、方法和迁移工具，组织并实施迁移
  　　　B．分析迁移过程造成的影响
  　　　C．制定完整的迁移流程和回退计划
  　　　D．明确交付过程和跟踪、确认的方式

- 安装部署的规程中应定义和明确的内容不包括___（5）___。

  （5）A．确认部署的规划、方法和部署工具
  　　　B．确认业务配置环境、人员和工具
  　　　C．忽视部署过程中出现的问题
  　　　D．对部署过程中的各种变更进行管理

- 在实施交付活动中，需要重点关注集成产品中的信息安全管理，以下做法正确的是___（6）___。

  （6）A．不需要对信息安全风险进行识别，直接进行产品集成
  　　　B．仅识别信息安全风险，不进行评估、处置和改进
  　　　C．采用必要的手段、技术和工具对其进行识别、评估、处置和改进
  　　　D．认为信息安全风险不会对产品集成造成影响，忽视所有风险

- 关于委托第三方测试单位进行安全性测试，以下说法正确的是___（7）___。

  （7）A．只需要自己团队测试即可
  　　　B．必要时应委托有资质的第三方测试单位对系统进行安全性测试，明确测试结果
  　　　C．委托第三方测试单位后，可以不需要关注测试结果
  　　　D．只要是第三方测试单位就可以，可以不考虑资质

答案及解析

（1）**答案：C**　解析　实施交付的目的在于把产品组件组装成产品，或将产品组装为系统，并交付使用。

（2）**答案：B**　解析　实施交付活动主要包括准备产品集成、安装部署并交付。

（3）**答案：A**　解析　实施交付活动中，准备产品集成指建立并维护产品集成与安装部署的规范和规程，以及对所需的人员和资源进行确定，并对集成的接口和可能发生的异常事项进行管理。

（4）**答案：D**　解析　准备产品集成需要制定产品、系统、数据迁移的步骤、规程和技术规范。迁移的规程中应至少定义和明确以下内容：①确认迁移的规划、方法和迁移工具，组织并实施

迁移；②针对数据的一致性、完整性和准确性，与数据提供方达成一致意见；③分析迁移过程造成的影响，包括对业务的影响、对客户体验的影响、对运维的影响等；④制定完整的迁移流程和回退计划，与干系人明确迁移过程中的分工，并与相关方共同实施迁移演练；⑤评估迁移过程的风险，并与相关方共同制订风险应对计划。

（5）**答案**：C **解析** 安装部署的规程中应至少定义和明确以下内容：①确认部署的规划、方法和部署工具，组织并实施安装、配置和验证过程，对部署过程中的各种变更进行管理；②确认业务配置环境、人员和工具，并对需方提供的业务需求和数据进行分析，获取、确认配置目标和实现方式，组织和实施业务配置过程并验证业务配置结果；③记录、修正和验证部署过程中发现的问题。

（6）**答案**：C **解析** 在实施交付活动中，需要重点关注集成产品中的信息安全管理，主要包括：

- 应采用必要的手段、技术和工具对产品集成过程中的信息安全风险进行识别、评估、处置和改进。
- 应在需求分析与转化中，明确对项目目标、交付物的安全需求和约束，以及安全需求实现的条件，确保项目目标、交付物达到满足安全需求的安全目标。
- 必要时应委托有资质的第三方测试单位对系统进行安全性测试，明确安全性测试结果，采用必要的技术和工具保障系统交付的信息安全。

（7）**答案**：B **解析** 必要时应委托有资质的第三方测试单位对系统进行安全性测试，明确安全性测试结果，采用必要的技术和工具保障系统交付的信息安全。

7.4　验证与确认

- 验证与确认的主要目的不包括＿＿（1）＿＿。
    （1）A．确保选定的工作产品满足其规定的需求
    　　　B．确保根据需求随时改变产品组件的需求
    　　　C．确保选定的产品组件被置于预期环境中时满足其预期用途
    　　　D．确保选定的产品（系统）被置于预期环境中时满足其预期用途
- 验证与确认活动主要包括＿＿（2）＿＿。
    （2）A．准备评估　　　　　　　　　　B．需求收集
    　　　C．产品设计修改　　　　　　　　D．市场推广
- 以下关于验证和确认的描述，正确的是＿＿（3）＿＿。
    （3）A．验证要保证做的事情正确
    　　　B．验证是确保"正确地做了事"，而确认是确保"做了正确的事"
    　　　C．验证是确保"做了正确的事"，而确认是确保"正确地做了事"
    　　　D．确认是要保证做得正确

- 评估的工作产品、产品与产品组件不包括___(4)___。
  - (4) A. 用户手册　　　　　　　　　B. 产品与产品组件的需求与设计
      C. 产品的市场推广方案　　　　　D. 过程文档
- 在软件和硬件系统的集成中最常用的评估方法是___(5)___。
  - (5) A. 审查　　　　B. 演示　　　　C. 模拟　　　　D. 测试
- ___(6)___不属于建立用于验证与确认所需评估环境的范畴。
  - (6) A. 设计产品新功能　　　　　　B. 确定用于评估的环境和所需的工具与设备
      C. 确定参与评估的干系人　　　D. 建立评估环境
- 执行验证与确认的主要活动中，___(7)___对产品（系统）、产品组件进行确认。
  - (7) A. 评估规程执行　　　　　　　B. 评估所需的工具
      C. 分析评估结果　　　　　　　D. 确定验证对象
- 评估的方式不包括___(8)___。
  - (8) A. 审查　　　　B. 演示　　　　C. 测试　　　　D. 抽查

答案及解析

（1）**答案：B** **解析** 验证与确认的目的在于确保选定的工作产品满足其规定的需求，以及确保选定的产品组件或产品（系统）被置于预期环境中时满足其预期用途。

（2）**答案：A** **解析** 验证与确认活动主要包括准备评估、执行验证与确认。

（3）**答案：B** **解析** 验证是确保"正确地做了事"，而确认是确保"做了正确的事"。也可以理解为，验证是要保证做得正确，而确认则要保证做的东西正确。

（4）**答案：C** **解析** 评估的工作产品、产品与产品组件主要包括：产品与产品组件的需求与设计、产品与产品组件、用户接口、用户手册、培训材料、过程文档、维护、培训以及支持服务相关的部分以及规程和技术规范。

（5）**答案：D** **解析** 在软件和硬件系统的集成中最常用的评估方法就是测试以及同行（同级）评审。

（6）**答案：A** **解析** 建立用于验证与确认所需的评估环境的范畴主要包括：确定用于评估的环境和所需的工具与设备、确定参与评估的干系人、建立评估环境、获取评估的工具和设备。

（7）**答案：D** **解析** 在执行验证与确认的主要活动中，确定验证对象就是对选定的工作产品进行验证，或对产品（系统）、产品组件进行确认。

（8）**答案：D** **解析** 评估的方式主要包括：同行（同级）评审、审查、演示、模拟、测试等。

7.5 技术与资源管理

- 通过有效的____(1)____，可以提高系统集成项目的成功率和效率，确保项目顺利交付，满足客户需求。
    (1) A. 进度管理　　　　B. 资源管理　　　　C. 成本管理　　　　D. 质量管理
- 系统集成需要对资源进行管理，其主要目的是____(2)____。
    (2) A. 保证系统的稳定性和互操作性
        B. 及时提供支持和解决方案
        C. 对技术进行验证和评估
        D. 确保计划所定义的、执行过程所必需的资源在需要时可用
- 资源管理涉及对信息的采集、____(3)____和共享，确保项目成员能够及时获取所需信息，保证项目的顺利推进。
    (3) A. 独占　　　　B. 梳理　　　　C. 整理　　　　D. 培训
- 资源管理涉及预算的编制和监控，确保项目在可控的预算内完成，并进行____(4)____分析，优化资源使用。
    (4) A. 成本效益　　　　B. 进度资源　　　　C. 干系人关系　　　　D. 培训效果
- 在系统集成过程中应制定技术标准和规范，确保项目团队在开发和集成过程中遵循统一的技术标准，保证系统的稳定性和____(5)____。
    (5) A. 互操作性　　　　B. 可用性　　　　C. 可靠性　　　　D. 安全性

答案及解析

（1）答案：B　解析　通过有效的资源管理，可以提高系统集成项目的成功率和效率，确保项目顺利交付，满足客户需求，同时也提升团队成员的工作满意度和积极性。

（2）答案：D　解析　系统集成需要对资源进行管理，其主要目的在于确保计划所定义的、执行过程所必需的资源在需要时可用（资源包括所需的设施、资金和预算及适用的工具）。

（3）答案：C　解析　资源管理涉及对信息的采集、整理和共享，确保项目成员能够及时获取所需信息，保证项目的顺利推进。

（4）答案：A　解析　财务资源是项目实施的重要支持。资源管理涉及预算的编制和监控，确保项目在可控的预算内完成，并进行成本效益分析，优化资源使用。

（5）答案：A　解析　制定技术标准和规范，确保项目团队在开发和集成过程中遵循统一的技术标准，保证系统的稳定性和互操作性。

第8章 信息系统运维管理

8.1 运维能力模型

- 运维能力是指组织掌握和应用知识技能向客户提供运维服务的水平,其要素不包括___(1)___。
  (1) A. 服务人员　　　　B. 服务管理　　　　C. 服务技术　　　　D. 服务资源
- 运行维护服务能力模型中,___(2)___是为实现运行维护服务绩效、风险控制和服务合规性的组织目标提出的关于最高管理层领导作用及承诺的能力体系建设要求。
  (2) A. 治理要求　　　　B. 服务能力体系　　　C. 价值体现　　　　D. 安全管理措施
- 运行维护服务能力模型包含治理要求、运行维护服务能力体系和___(3)___。
  (3) A. 服务体系　　　　B. 服务标准　　　　C. 价值实现　　　　D. 领导作用
- 以下关于运行维护服务能力体系(MCS)的描述,正确的是___(4)___。
  (4) A. MCS 只关注运行维护服务的交付结果,不考虑过程
  　　B. MCS 是组织随意制定的,没有依据运行维护服务方针和目标
  　　C. MCS 通过监督、测量、分析和评审运行维护服务交付过程、结果以及自身体系来持续提升服务能力
  　　D. MCS 不需要确保组织交付的运行维护服务内容符合 SLA 规定,只要满足质量要求就行
- 以下关于价值实现的描述,正确的是___(5)___。
  (5) A. 价值实现只需要考虑内部用户对服务的需求,外部用户需求可忽略
  　　B. 服务价值的实现主要依靠服务能力,与服务要素和活动的组合无关
  　　C. 价值实现是根据业务对信息系统的要求,考虑用户需求,通过多种组合提供服务来实现价值
  　　D. 只要定义了服务场景,就能自动实现服务价值

- 治理要求是为实现运行维护服务绩效、___(6)___ 和服务合规性的组织目标，提出的关于最高管理层领导作用及承诺的能力体系建设要求。

  (6) A．质量控制　　　　B．进度控制　　　　C．投资控制　　　　D．风险控制

答案及解析

（1）**答案：B** **解析** 运维能力是指组织掌握和应用知识技能向客户提供运维服务的水平，其要素包括服务人员、服务技术、服务资源和服务过程。

（2）**答案：A** **解析** 治理要求是为实现运行维护服务绩效、风险控制和服务合规性的组织目标提出的关于最高管理层领导作用及承诺的能力体系建设要求。

（3）**答案：C** **解析** 运行维护服务能力模型包含治理要求、运行维护服务能力体系（Management and Control System，MCS）和价值实现。

（4）**答案：C** **解析** 运行维护服务能力体系（MCS）是组织依据运行维护服务方针和目标，策划并制定运行维护服务能力方案，确保组织交付的运行维护服务内容符合SLA的规定，并满足质量要求，对运行维护服务交付过程、结果以及运行维护服务能力体系进行监督、测量、分析和评审，以实现运行维护服务能力的持续提升。A选项中MCS不仅关注交付结果，还对运行维护服务交付过程进行监督等操作。B选项中MCS是组织依据运行维护服务方针和目标来策划并制定的，不是随意制定的。D选项中MCS需要确保组织交付的运行维护服务内容既符合SLA规定，又满足质量要求。

（5）**答案：C** **解析** 价值实现是组织结合业务对信息系统的网络化、数字化和智能化的要求，识别内部和外部用户对服务的需求或期望，定义多样化的服务场景，并通过服务能力、要素、活动的组合完成服务的提供，直接或间接地为服务需求方和利益相关者实现服务价值。A选项中价值实现需要结合内部和外部用户对服务的需求或期望，不能忽略外部用户。B选项中价值实现是通过服务能力、要素、活动的组合完成服务的提供来实现价值的。D选项中定义服务场景只是其中一个步骤，还需要通过服务能力、要素、活动的组合提供服务才能实现价值。

（6）**答案：D** **解析** 治理要求是为实现运行维护服务绩效、风险控制和服务合规性的组织目标，提出的关于最高管理层领导作用及承诺的能力体系建设要求。

8.2 运维能力管理

- 服务指标体系的内容不包括___(1)___。

  (1) A．制定各项运维服务目标

  　　B．设立或优化组织当前的组织架构

C. 制定服务实施结果的测量指标

D. 制定目标实施的检查机制，并测量其有效性，必要时变更目标

- ___（2）___ 定义了组织所提供服务的全部种类以及服务目标。

  （2）A. 服务目录　　　B. 服务标准　　　C. 服务体系　　　D. 服务目标

- ___（3）___ 是策划成果的具体执行、实施、协调和跟进，实施活动需要与策划阶段制定的方法、内容和目标等保持一致。

  （3）A. 检查阶段　　　B. 改进阶段　　　C. 实施阶段　　　D. 提升阶段

- 有效的服务能力检查可以通过以下 ___（4）___ 方面开展。

  （4）A. 组织测量　　　B. 组织认证　　　C. 测量检查　　　D. 用户满意度调查

- 运维能力改进是对检查评审结果进行总结，需要考虑的主要内容不包括 ___（5）___。

  （5）A. 服务能力改进是可识别、可计划和可实施的

  B. 管理层为服务能力改进提供支持

  C. 调查数据来监控服务能力的现状

  D. 所有批准改进计划的实施和预定目标的达成

- 运维服务能力改进的一个重要输入是 ___（6）___。

  （6）A. 服务保障体系中各项指标的测量和检查结果

  B. 目标实施的检查机制

  C. 组织整体的质量管理要求

  D. 运维服务能力审核、监督和检查计划

答案及解析

（1）**答案：B　解析**　服务指标体系的内容包括：制定各项运维服务目标；制定目标实施的检查机制，并测量其有效性，注意必要时需要对目标进行变更；制定服务实施结果的测量指标。

（2）**答案：A　解析**　服务目录定义了组织所提供服务的全部种类以及服务目标，包括正在提供的和未来能够提供的内容。

（3）**答案：C　解析**　实施阶段是策划成果的具体执行、实施、协调和跟进，实施活动需要与策划阶段制定的方法、内容和目标等保持一致。

（4）**答案：D　解析**　有效的服务能力检查可以通过用户满意度调查和组织内部检查两方面开展。

（5）**答案：C　解析**　在运维服务能力改进实施过程中，需要考虑的主要内容包括：①服务能力改进是可识别、可计划和可实施的；②管理层为服务能力改进提供支持；③服务能力改进指标是可测量、可报告、可沟通的；④所有批准改进计划的实施和预定目标的达成。

（6）**答案：A　解析**　运维服务能力改进的一个重要输入是服务保障体系中各项指标的测量和检查结果。

8.3 运维人员管理

- 在开展人员储备需求分析时，需要考虑的人员储备影响因素不包括___(1)___。
  - (1) A. 人员流动性风险　　　　　　　B. 人员容量与技能
  　　　C. 人员调岗管理　　　　　　　　D. 骨干与干部培养
- 在开展人员储备需求分析时，需要识别关键岗位与人员，首先应该___(2)___。
  - (2) A. 制订具体的识别实施计划，并开展实施工作
  　　　B. 根据运维业务发展的战略和方向，确定识别的主要原则和方针
  　　　C. 编制关键岗位和人员识别的主要特征及评价方法
  　　　D. 组建包含人力资源、质量、运维交付以及管理层在内的工作小组
- 人员储备计划的制订通常经历多个过程，确定储备方式的具体执行方案和措施下一个过程是___(3)___。
  - (3) A. 获取关键岗位和人员的识别结果
  　　　B. 针对每项储备需求明确储备方式
  　　　C. 定义储备计划实施的关键成功要素及考核指标
  　　　D. 储备计划得到管理层的批准，必要时得到客户的批准
- 人员储备计划的优化主要考虑因素不包括___(4)___。
  - (4) A. 维护并保持与客户的关系和沟通
  　　　B. 确保运维交付部门的充分参与
  　　　C. 人才招聘或储备的甄选流程合理性
  　　　D. 关键岗位和人员的储备率达成情况
- 根据运维工作的特点，运维人员一般分为___(5)___岗位。
  - (5) A. 管理岗、技术支持岗、培训岗　　B. 管理岗、技术支持岗、操作岗
  　　　C. 管理岗、安保岗、专家岗　　　　D. 管理岗、培训岗、操作岗
- 下列选项中，___(6)___属于操作岗。
  - (6) A. 应用系统工程师　　　　　　　　B. 服务项目经理
  　　　C. 网络工程师　　　　　　　　　　D. 呼叫中心热线工程师

答案及解析

（1）**答案：C**　解析　在开展人员储备需求分析时，需要考虑如下人员储备影响因素：人员流动性风险、人员容量与技能、骨干与干部培养。

（2）**答案：D**　解析　在开展人员储备需求分析时，需要识别关键岗位与人员。可以按照以下步骤进行：

- 组建包含人力资源、质量、运维交付以及管理层在内的工作小组。
- 根据运维业务发展的战略和方向，确定识别的主要原则和方针。
- 编制关键岗位和人员识别的主要特征及评价方法。
- 与客户沟通，获取客户的意见以及客户认定的关键岗位和人员。
- 制订具体的识别实施计划，并开展实施工作。

（3）**答案：C** **解析** 人员储备计划的制订通常经历如下过程：
- 获取关键岗位和人员的识别结果。
- 针对每项储备需求明确储备方式。
- 确定储备方式的具体执行方案和措施。
- 定义储备计划实施的关键成功要素及考核指标。
- 储备计划得到管理层的批准，必要时得到客户的批准。

（4）**答案：A** **解析** 人员储备计划的优化主要考虑如下因素：
- 人员储备计划对运维服务发展需求的满足程度。
- 确保运维交付部门的充分参与。
- 将计划的制订和实施管理措施纳入组织的管理评审中。
- 人才招聘或储备的甄选流程合理性。
- 储备计划满足各过程和业务的程度。
- 关键岗位和人员的储备率达成情况。

（5）**答案：B** **解析** 根据运维工作的特点，运维人员一般分为管理岗、技术支持岗和操作岗三种岗位。

（6）**答案：D** **解析** 操作岗：按照运维规范和操作手册，执行运维服务的各个过程，包括呼叫中心热线工程师、系统监控工程师、机房值守人员等。

8.4 运维过程

- 服务级别管理具体的目标不包括___（1）___。

    （1）A．维护并保持与客户的关系和沟通

    B．记录并规划服务质量工作的服务质量计划

    C．监视并改进服务质量，以提升客户满意度

    D．确保为所有 IT 运维服务制定了具体可衡量的目标

- ___（2）___属于服务级别管理过程的关键成功因素。

    （2）A．预计的变更时间表

    B．针对 SLA 的标准文档模板与文件

    C．服务审查会议记录与行动计划

    D．管理与客户的接口，并把控 IT 服务的整体质量

- ___(3)___不属于服务级别管理过程的指标。
  - （3）A．SLA 标准文档模板 B．SLA 应用情况
  - C．SLA 优化情况 D．SLA 客观评价成果
- 服务目录中可能包含的一些变量及促进因素不包括___(4)___。
  - （4）A．对服务进行统一费用结算 B．确定服务使用费或基于服务能力的收费额
  - C．统一计算服务衡量指标 D．确定相似服务提供时的优先次序
- 服务报告管理过程分成三个子过程，包括___(5)___。
  - （5）A．服务报告规划、服务报告创建、服务报告发布
  - B．服务报告规划、服务报告审查、服务报告发布
  - C．服务报告规划、服务报告创建、服务报告修改
  - D．服务报告规划、服务报告修改、服务报告审计
- 服务报告管理过程的关键成功因素不包括___(6)___。
  - （6）A．清晰的服务报告受众
  - B．明确的服务报告主题
  - C．事件和事件处理过程及结果的记录
  - D．简洁的服务报告形式
- 事件管理中，___(7)___是提高组织效能的有效手段，组织需要建立相关的机制、规划，并确保有效实施。
  - （7）A．事件解决评估 B．事件接收和记录
  - C．变更管理请求 D．简洁的服务报告形式
- 事件管理过程的活动不包括___(8)___。
  - （8）A．分类和初步支持 B．调查和诊断
  - C．事件接收和记录 D．客户满意度调查
- ___(9)___不属于事件管理过程的输出。
  - （9）A．客户满意度调查 B．事件的总数目
  - C．变更管理请求 D．问题管理过程
- 问题管理的核心是___(10)___，减少事件的发生，从而达到优化运维成本、提高运维能效的目的。
  - （10）A．发现问题 B．预测问题 C．找到根源 D．增加成本
- 问题管理过程的范围包括问题控制、错误控制和___(11)___。
  - （11）A．错误改正 B．问题预测管理
  - C．主动问题管理 D．重大问题审核
- 问题管理过程的输出不包括___(12)___。
  - （12）A．事件趋势分析 B．关闭的问题单
  - C．问题解决方案 D．重大问题的审核报告

- 配置管理过程的基本活动主要包括配置管理规划、配置项识别、配置项控制、___(13)___、配置验证和审计、配置管理回顾及改进等。

  (13) A. 配置变更控制　　　　　　　　B. 配置状态报告
  　　　C. 配置项定义　　　　　　　　　D. 配置数据管理

- ___(14)___ 常用于提供业务收益，包括降低成本、改进服务以及提高服务的便捷性和有效性。

  (14) A. 强制变更　　B. 变更处理　　C. 被动变更　　D. 主动变更

- ___(15)___ 负责计划和实施 IT 运维服务的变更，并且记录该变更的各方面信息。

  (15) A. 发布管理　　B. 变更管理　　C. 问题管理　　D. 事件管理

- ___(16)___ 负责确保 IT 基础设施的容量以最划算的、适时的方式符合不断发展的业务需求。

  (16) A. 容量管理　　B. 可用性管理　　C. 连续性管理　　D. 配置管理

答案及解析

(1) 答案：B　解析　服务级别管理具体的目标可细化为：
- 定义、记录、协商、监视、衡量、报告和审查提供的 IT 服务级别。
- 维护并保持与客户的关系和沟通。
- 确保为所有 IT 运维服务制定了具体可衡量的目标。
- 监视并改进服务质量，以提升客户满意度。
- 确保 IT 运维服务人员和用户对于所提供的服务级别有着明确的期望。
- 确保在成本合理的情况下，采取主动措施来改进服务级别。

(2) 答案：D　解析　服务级别管理过程的关键成功因素包括：清晰定义服务级别管理过程使命和目标；具备 IT 和客户业务双方面经验且具有优秀能力的服务级别管理过程经理；管理与客户的接口，并把控 IT 服务的整体质量。

(3) 答案：A　解析　服务级别管理过程的指标包括：达成 SLA 目标的数量和百分比；SLA 应用情况；SLA 优化情况；SLA 客观评价成果。

(4) 答案：C　解析　服务目录中可能包含的一些变量及促进因素如下：
- 对服务进行统一费用结算。
- 确定服务使用费或基于服务能力的收费额。
- 增加一个循环过程中服务消费的数量或单元。
- 确定相似服务提供时的优先次序。
- 获取新的服务或添加附加客户的过程及程序。

(5) 答案：A　解析　服务报告管理过程分成三个子过程，分别是服务报告规划、服务报告创建和服务报告发布。

(6) 答案：C　解析　服务报告管理过程关键成功因素包括：清晰的服务报告受众、明确的服务报告主题、简洁的服务报告形式、翔实的服务报告内容。

(7) **答案：A 解析** 事件管理的主要目的是有效管理事件，从而实现快速解决事件，事件解决评估是提高组织效能的有效手段，组织需要建立相关的机制、规划，并确保有效实施。

(8) **答案：D 解析** 事件管理过程的活动通常包括：事件接收和记录、分类和初步支持、调查和诊断、解决与恢复、事件关闭等。

(9) **答案：B 解析** 事件管理过程的输出包括：事件和事件处理过程及结果的记录、提交到知识库的知识、客户满意度调查、问题管理过程、变更管理请求。

(10) **答案：C 解析** 问题管理的核心是找到根源，减少事件的发生，从而达到优化运维成本、提高运维能效的目的。

(11) **答案：C 解析** 问题管理过程的范围包括问题控制、错误控制和主动问题管理。

(12) **答案：A 解析** 问题管理过程的输出包括：对相关管理过程的通知；关闭的问题单；问题解决方案；重大问题的审核报告。

(13) **答案：B 解析** 配置管理过程的基本活动主要包括配置管理规划、配置项识别、配置项控制、配置状态报告、配置验证和审计、配置管理回顾及改进等。

(14) **答案：D 解析** 变更的诱发一般有主动变更和被动变更两种。主动变更是主动发起的变更，常用于提供业务收益，包括降低成本、改进服务以及提高服务的便捷性和有效性等；被动变更常用于解决故障、错误和适应不断变化的环境。

(15) **答案：A 解析** 发布管理负责计划和实施 IT 运维服务的变更，并且记录该变更的各方面信息。

(16) **答案：A 解析** 容量管理负责确保 IT 基础设施的容量以最划算的、适时的方式符合不断发展的业务需求。

8.5 运维资源

- ____(1)____ 是组织内部各个团队之间相互协作的纽带和协调者。

  (1) A．项目经理　　　　B．服务台　　　　C．技术人员　　　D．操作人员

- 服务台应具备____(2)____两方面的经验和能力。

  (2) A．组织能力和协调服务　　　　B．协调和沟通

  　　C．客户业务和运维服务　　　　D．标准化控制和质量控制

- ____(3)____和级别定义是指供需双方在运行维护服务中对备件的服务水平的要求。

  (3) A．备件出入库管理　　　　B．备件供应商管理

  　　C．备件响应方式　　　　　D．备件可用性管理

- ____(4)____不属于运维管理数据。

  (4) A．监控指标数据　　　　　B．配置管理数据

  　　C．流程工单数据　　　　　D．运维知识数据

- 通过对知识的有效管理，能够确保知识管理工作规范化，保证知识库信息的___(5)___。

  （5）A．保密性、连续性、可靠性　　　　B．保密性、完整性、可用性

  　　　C．连续性、完整性、可靠性　　　　D．准确性、完整性、可用性

- 知识管理的主要过程包括___(6)___。

  （6）A．知识获取过程、知识变更过程、知识共享过程

  　　　B．知识保留过程、知识共享过程、知识评审过程

  　　　C．知识获取过程、知识共享过程、知识保留过程

  　　　D．知识提交过程、知识变更过程、知识删除过程

答案及解析

（1）**答案：B** **解析**　服务台负责对客户遇到的问题和需求进行响应和处理，是运维服务供需双方的"官方"接口和信息发布点，是组织内部各个团队之间相互协作的纽带和协调者。

（2）**答案：C** **解析**　为确保服务台各岗位能够支撑运维服务能力，应确保各岗位配备人员满足相应岗位技能要求。服务台应具备客户业务和运维服务两方面的经验和能力。

（3）**答案：C** **解析**　备件响应方式和级别定义是指供需双方在运行维护服务中对备件的服务水平的要求。

（4）**答案：A** **解析**　运维数据包括运维管理数据（配置管理数据、流程工单数据、运维知识数据）和运维运行数据（监控指标数据、监控告警数据、运维操作数据、运行日志数据、网络报文数据）两大类。

（5）**答案：D** **解析**　通过对知识的有效管理，能够确保知识管理工作规范化，保证知识库信息的准确性、完整性和可用性，并能够有效地促进和提高运维人员能力，提升服务质量，减少重复劳动。

（6）**答案：D** **解析**　知识管理的主要过程包括：知识提交过程、知识变更过程、知识删除过程等。

8.6　运维技术

- 技术研发管理的基本过程可以概括为技术研发规划、技术研发实施、___(1)___、研发成果应用四个部分。

  （1）A．技术研发监控　　　　　　　　B．技术研发变更

  　　　C．技术研发收尾　　　　　　　　D．技术研发分享

- 技术研发不能仅仅理解为运维工具的研发，还包括运维中与___(2)___相关技术的研发。

  （2）A．发现问题和解决问题　　　　　B．IT手段及方法

  　　　C．技术规范和服务规范　　　　　D．技术和安全要求

- 技术研发规划的第一步是＿＿（3）＿＿。
  - （3）A．确定研发目标　　　　　B．研发需求调研
  　　　C．制定研发方案　　　　　D．投入产出分析
- 对于通过调研获取的技术研发的需求，＿＿（4）＿＿要与研发团队一起进行分析，确定技术研发目标。
  - （4）A．技术需求负责人　　　　B．项目经理
  　　　C．交付负责人　　　　　　D．技术经理
- 运维技术应用的关键成功因素不包括＿＿（5）＿＿。
  - （5）A．建立运维技术应用的管理机制
  　　　B．运维技术的实施应用
  　　　C．对技术应用的适宜性和效果进行检查
  　　　D．多个部门协同配合共同参与

答案及解析

（1）**答案：A　解析**　技术研发管理的基本过程可以概括为技术研发规划、技术研发实施、技术研发监控、研发成果应用四个部分。

（2）**答案：A　解析**　技术研发不能仅仅理解为运维工具的研发，还包括运维中与发现问题和解决问题相关技术的研发。

（3）**答案：B　解析**　技术研发规划的第一步就是研发需求调研。

（4）**答案：A　解析**　对于通过调研获取的技术研发的需求，技术需求负责人要与研发团队一起进行分析，确定技术研发目标。确定研发目标需要遵循 SMART 原则。

（5）**答案：D　解析**　运维技术应用的关键成功因素主要包括以下几个方面：建立运维技术应用的管理机制；运维技术的实施应用；对技术应用的适宜性和效果进行检查；对运维技术不断进行优化和改进。

8.7　智能运维

- 智能运维框架的构成不包括＿＿（1）＿＿。
  - （1）A．组织治理　　B．管理过程　　C．智能运维场景实现　　D．能力域
- 智能运维需具备若干智能特征，＿＿（2）＿＿指能够直观友好地编排、展现和表达运维场景中的各类信息。
  - （2）A．会描述　　　B．自学习　　　C．会诊断　　　　　　　D．可决策
- 智能运维场景实现包括场景分析、场景构建、＿＿（3）＿＿和效果评估四个过程。
  - （3）A．场景控制　　B．场景实施　　C．场景交付　　　　　　D．场景演示

- ____(4)____不属于智能运维需具备的智能特征。
  （4）A．能感知　　　　B．自执行　　　　C．可分析　　　　D．自适应
- 按照 GB/T 43208.1 的定义，智能运维的能力域不包括____(5)____。
  （5）A．数据管理　　　B．分析决策　　　C．自动控制　　　D．数据采集
- 分析决策能力域包括数据探索、____(6)____、分析决策、可视化、安全可信五个能力项。
  （6）A．执行管控　　　B．特征提炼　　　C．分析评估　　　D．场景构建

答案及解析

（1）答案：B　解析　智能运维框架由组织治理、智能运维场景实现、能力域三部分构成。

（2）答案：A　解析　智能运维需具备若干智能特征，其中会描述指能够直观友好地编排、展现和表达运维场景中的各类信息。

（3）答案：C　解析　智能运维场景实现包括场景分析、场景构建、场景交付和效果评估四个过程。

（4）答案：C　解析　智能运维需具备若干智能特征，包括能感知、会描述、自学习、会诊断、可决策、自执行、自适应。

（5）答案：D　解析　按照 GB/T 43208.1 的定义，智能运维的能力域包括数据管理、分析决策和自动控制。

（6）答案：B　解析　分析决策能力域是使模型自主对运维场景作出预测、判断、行动的能力组合，通过筛选、整合、加工相关运维数据，综合运用规则和算法模型，为智能运维场景提供判断和决策。该能力域包括数据探索、特征提炼、分析决策、可视化、安全可信五个能力项。

第9章 云服务及其运营管理

9.1 云服务基础

- 数据中心的云化是___(1)___的过程，涉及技术、人员、资源、过程四个核心要素的持续改进和发展。

  (1) A. 面向服务　　　B. 面向过程　　　C. 面向数据　　　D. 面向内容

- 下列___(2)___不是云服务的特征。

  (2) A. 随需应变的自助服务　　　　B. 多人共享资源池

  　　C. 计量付费的服务　　　　　　D. 无限性

- 服务需要强调"以交付为主线、以___(3)___为重点、以安全和审计为保障"。

  (3) A. 服务和保证　　B. 服务和资源　　C. 运维　　　D. 资源与交付

- 下列不属于云运营管理的领域的是___(4)___。

  (4) A. 云服务规划　　B. 云服务交付　　C. 云资源操作　　D. 云计费

- ___(5)___包括容量管理、可用性管理、业务连续性管理、供应商管理、IT财务管理，以及云服务产品管理和云架构管理。

  (5) A. 云服务规划　　B. 云服务交付　　C. 云资源操作　　D. 云计费

- ___(6)___强化服务计费管理，重点管理资源使用的计费模式和用户服务诉求响应。

  (6) A. 云服务规划　　B. 云服务交付　　C. 云资源操作　　D. 云计费

- ___(7)___包括计划操作和变更操作，并针对云计算特点增加了资源供应、任务管理、资源部署和回收的动态管理。

  (7) A. 云服务规划　　B. 云服务交付　　C. 云资源操作　　D. 云计费

- 下列不属于云信息安全管理活动的是___(8)___。

  (8) A. 安全制度　　　B. 架构安全　　　C. 信息安全　　　D. 操作安全

- 下列不属于云审计的内容的是___(9)___。

   (9) A. 云风险和合规审计　　　　B. 技术和架构审计
   　　C. 服务和运营审计　　　　　D. 资源审计

- 下列关于云服务的说法，错误的是___(10)___。

   (10) A. 低成本的数据中心是提供低成本云服务的必要条件
   　　 B. 云服务正在重塑数据中心的运营架构
   　　 C. 云服务对数据中心运营人才需求提升
   　　 D. 云服务给数据中心运营只会带来利益不会带来挑战

答案及解析

（1）**答案：A** 解析　数据中心的云化是面向服务的过程，涉及技术、人员、资源、过程四个核心要素的持续改进和发展。

（2）**答案：D** 解析　云服务需要具备的特征主要包括：

- 随需应变的自助服务。
- 随时随地用任何网络设备访问。
- 多人共享资源池。
- 快速重新部署灵活度。
- 可被监控与量测的服务。
- 计量付费的服务。
- 基于虚拟化技术快速部署资源或获得服务。
- 减少用户终端的处理负担。
- 降低用户对IT专业知识的依赖。

（3）**答案：B** 解析　服务需要强调"以交付为主线、以服务和资源为重点、以安全和审计为保障"。

（4）**答案：D** 解析　云服务运营管理重点聚焦在七个领域，即云服务规划、云资源管理、云服务交付、云运维、云资源操作、云信息安全和云审计。

（5）**答案：A** 解析　云服务规划是指封装云计算资源，设计符合业务需求的云服务，包括容量管理、可用性管理、业务连续性管理、供应商管理、IT财务管理，以及云服务产品管理和云架构管理。

（6）**答案：B** 解析　云服务交付是指在传统服务交付基础上，强化服务计费管理，重点管理资源使用的计费模式和用户服务诉求响应。云服务交付快速且标准化，强调自助化和自动化。

（7）**答案：C** 解析　云资源操作是指涵盖服务操作的所有内容，包括计划操作和变更操作，并针对云计算特点增加了资源供应、任务管理、资源部署和回收的动态管理。

（8）**答案：C 解析** 云信息安全将各项安全管理活动归纳到安全制度、架构安全、资源安全和操作安全。

（9）**答案：D 解析** 云审计：确保云服务管理工作的落实，记录准确合规。包括云风险和合规审计、技术和架构审计、服务和运营审计、模型和计费审计。

（10）**答案：D 解析** 随着云计算技术的发展和云服务的广泛使用，数据中心面临业务量激增、业务模式变化、服务级别要求提高、能耗和运维管理成本控制等挑战，不仅仅是利益。

9.2 云服务规划

- 下列＿＿（1）＿＿不属于云服务规划的活动内容。
  - （1）A．云架构管理　　　　　　　　B．云服务产品管理
  　　　　C．资源池管理　　　　　　　　D．云安全管理
- 云架构管理主要负责信息系统架构、＿＿（2）＿＿和技术标准的日常管理工作。
  - （2）A．技术规范　　　　　　　　　B．技术融合
  　　　　C．数据分析　　　　　　　　　D．信息整合
- 下列关于云架构管理的描述，错误的是＿＿（3）＿＿。
  - （3）A．通过统一技术规范，形成技术准入的壁垒
  　　　B．管理各类变更对技术架构带来的变化，保证架构的可用性
  　　　C．跟踪前沿技术，保证信息系统具备一定的技术前瞻性，保护投资等
  　　　D．统一技术规范，降低技术多样性带来的潜在运营风险
- ＿＿（4）＿＿不是云架构管理的管理活动。
  - （4）A．应用架构管理　　　　　　　B．数据架构管理
  　　　　C．基础架构管理　　　　　　　D．创新科技
- ＿＿（5）＿＿不属于云架构管理中应用架构管理的内容。
  - （5）A．业务管理架构和业务需求的研究　　B．应用框架的规划和维护
  　　　　C．核心应用架构设计和维护　　　　D．数据字典的设计和维护
- ＿＿（6）＿＿不属于云架构管理中数据架构管理的内容。
  - （6）A．业务管理架构和业务需求的研究　　B．数据架构的规划和维护
  　　　　C．核心应用架构设计和维护　　　　D．数据字典的设计和维护
- ＿＿（7）＿＿不属于云架构管理中基础架构管理的内容。
  - （7）A．通信和网络架构规划和维护　　　　B．计算能力的架构规划和维护
  　　　　C．通信和网络技术规范制定与维护　　D．平台软件的架构规划和维护
- ＿＿（8）＿＿不属于云架构管理中技术规范管理的内容。
  - （8）A．服务器和存储系统技术规范制定与维护
  　　　B．平台软件技术规范制定与维护

C．通信和网络技术规范制定与维护

D．应用设计和开发技术规范制定与维护

- 云服务产品管理包括云服务产品规划设计和___(9)___。

（9）A．云服务产品开发管理　　　　　B．云服务产品设计管理

　　　C．云服务产品实施管理　　　　　D．云服务产品退役管理

- 云服务提供商向企业提供 2 CPU/4GB 内存/500GB NAS 存储，属于云服务产品的___(10)___类型。

（10）A．IaaS　　　　B．PaaS　　　　C．SaaS　　　　D．DaaS

- 云服务提供商给用户提交了一个包含单机版数据库和中间件软件平台的环境，属于云服务产品的___(11)___类型。

（11）A．IaaS　　　　B．PaaS　　　　C．SaaS　　　　D．DaaS

- 云服务提供商向企业提供云制造执行系统（Manufacturing Execution System，MES），给中小组织提供销售管理的在线应用服务，属于云服务产品的___(12)___类型。

（12）A．IaaS　　　　B．PaaS　　　　C．SaaS　　　　D．NAS

- ___(13)___不属于云服务产品运营成本。

（13）A．设备折旧　　　　　　　　　B．人工成本

　　　C．机房电费　　　　　　　　　D．开发测试设备折旧

- ___(14)___是用户订购云服务产品后按时交付的能力。

（14）A．交付成功率　B．交付速度　　C．交付资源　　D．交付内容

- ___(15)___不属于云服务产品退役管理的活动。

（15）A．退役审批　　B．服务目录更新　C．资源回收　　D．资源释放

- ___(16)___不属于云服务可用性管理中的被动活动。

（16）A．变更提出建议　　　　　　　B．检查

　　　C．衡量　　　　　　　　　　　D．分析

- ___(17)___不属于云服务业务连续性管理的活动。

（17）A．定义并维护一套业务连续性计划

　　　B．开展相应的业务影响分析、风险分析以制定相应的业务连续性策略

　　　C．通过运行机制建立、业务连续性建议提供、变更的参与以及管理有效性测量等手段的实施，确保组织业务连续性目标的达成

　　　D．对正在交付的服务提出成本效益考虑后的提升计划

- 分析业务连续性管理需求，制定相应策略属于业务连续性管理生命周期___(18)___阶段的内容。

（18）A．启动　　　　B．需求与策略　　C．实施　　　　D．日常运营

- ___(19)___不属于资源池管理的内容。

（19）A．资源池规划设计　　　　　　B．局部资源池规划设计

　　　C．全局资源池规划设计　　　　D．资源生命周期管理

- 资源池和资源生命周期管理的具体操作内容不包括___（20）___。
  - （20）A．扩容规划　　　　　　　　B．管理需求
  　　　　C．资源池扩容　　　　　　　D．资源池和资源退役管理
- 云服务容量管理强调预测的敏捷性和成本控制，确保资源有效使用，容量管理子活动不包括___（21）___。
  - （21）A．收集业务、服务、技术和增长需求
  　　　　B．收集功能和容量测量数据
  　　　　C．评估资源和服务当前的使用状况并优化
  　　　　D．沟通性能和容量信息
- 分析业务连续性管理需求，制定相应策略属于业务连续性管理生命周期___（22）___阶段的内容。
  - （22）A．启动　　　　B．需求与策略　　　C．实施　　　　D．日常运营

答案及解析

（1）**答案：D** **解析** 云服务规划在云服务运营管理框架中承担着云战略的功能，负责对云服务的战略规划、云技术规划与服务能力改进的管理，包括云架构管理、云服务产品管理、云服务可用性管理、业务连续性管理、资源池管理、云服务容量管理等。

（2）**答案：A** **解析** 云架构管理主要负责信息系统架构、技术规范和技术标准的日常管理工作。

（3）**答案：B** **解析** 云架构管理管理各类变更对技术架构带来的变化，保证架构的可控性。

（4）**答案：D** **解析** 云架构管理需要包括应用架构管理、数据架构管理、基础架构管理、技术规范管理和前沿技术研究管理五项管理活动。

（5）**答案：D** **解析** 云架构管理中应用架构管理，结合业务需求，设计和维护应用架构，主要管理活动包括：业务管理架构和业务需求的研究；应用框架的规划和维护；核心应用架构设计和维护。

（6）**答案：C** **解析** 云架构管理中数据架构管理，结合业务需求，设计和维护符合业务需求的数据架构，主要管理活动包括：业务管理架构和业务需求的研究；数据架构的规划和维护；数据字典的设计和维护。

（7）**答案：C** **解析** 云架构管理中基础架构管理，结合应用和数据架构，设计和维护信息技术基础架构，主要管理活动包括：通信和网络架构规划和维护；计算能力的架构规划和维护；存储能力的架构规划和维护；平台软件的架构规划和维护；数据中心基础环境的架构规划和维护。

（8）**答案：D** **解析** 云架构管理中技术规范管理，结合行业技术现状和前瞻性判断，制定和维护适合的技术规范，主要管理活动包括：通信和网络技术规范制定与维护；服务器和存储系统技术规范制定与维护；平台软件技术规范制定与维护；应用开发和测试技术规范制定与维护；桌面系统技术规范制定与维护；日常操作技术规范制定与维护；数据中心运维规范制定与维护。

（9）**答案：D　解析**　云服务产品管理主要描述两个管理活动：云服务产品规划设计和云服务产品退役管理。

（10）**答案：A　解析**　基础设施即服务（Infrastructure as a Service，IaaS）向用户提供以计算、存储和网络资源为单位的资源服务，如 2 CPU/4GB 内存/500GB NAS 存储。

（11）**答案：B　解析**　平台即服务（Platform as a Service，PaaS）是把软硬件设施进行一定包装后，以平台软件的形式提供给用户的 IT 资源服务。PaaS 服务从简单到复杂可以分成三种服务形态：①单套软件+硬件设施的服务，如单机版的数据库服务；②包含多套软件和硬件设施的服务，如 PaaS 服务给用户提交了一个包含单机版数据库和中间件软件平台的环境；③除了包含多套软硬件设施外，还需要完成这些设施在网络中的位置、相应防火墙策略、负载均衡策略的设置等，总之提供一套直接可以在其上部署应用或服务的环境。

（12）**答案：C　解析**　软件即服务（Software as a Service，SaaS）是向用户提供业务应用的服务，典型的 SaaS 服务如工业云平台、云制造执行系统（Manufacturing Execution System，MES），给中小组织提供销售管理的在线应用服务。

（13）**答案：D　解析**　云服务产品成本通常由云服务运营成本和云服务产品研发成本两部分组成。云服务运营成本主要是指保证云服务产品运行所需的资产成本（如设备折旧）、人工成本、运营费用（如机房电费等）和数据中心行政费用的分摊等；云服务研发成本主要指研发云服务产品的成本投入在云服务产品生命周期内的分摊，包括开发阶段投入的人工成本、资产成本（开发测试设备折旧等）和研发中心的行政费用分摊等。

（14）**答案：A　解析**　交付成功率是用户订购云服务产品后按时交付的能力。

（15）**答案：C　解析**　云服务产品退役管理活动包含的子活动主要有云服务产品退役审批、服务目录更新、资源释放、相关管理活动更新等。

（16）**答案：A　解析**　可用性管理的主要活动包括设计、部署、衡量、管理和提高服务和组件，覆盖所有支持服务、合作伙伴和供应商。这些活动包括被动活动和主动活动。被动活动包括检查、衡量、分析所有可用性事件、故障、问题，验证活动支撑可用性目标，并确保目标偏离时能迅速有效处理；主动活动包括从可用性角度对新服务和变更提出建议、计划、设计原则和评价标准，对正在交付的服务提出成本效益考虑后的提升计划和风险规避策略。

（17）**答案：D　解析**　业务连续性管理指通过对云服务风险的有效管理，保证云服务供方可以持续对外提供较低且符合事先约定的 SLA 的云服务，以支撑组织整体的业务连续性管理目标的达成，主要活动包括：

- 定义并维护一套业务连续性计划，以支撑组织整体的业务连续性计划。
- 开展相应的业务影响分析、风险分析，以制定相应的业务连续性策略。
- 通过运行机制建立、业务连续性建议提供、变更的参与以及管理有效性测量等手段的实施，确保组织业务连续性目标的达成。
- 通过协商与管理，确保业务连续性管理中涉及的外部资源的有效性。

D 选项为可用性管理的活动。

(18)**答案：B 解析** 分析业务连续性管理需求，制定相应策略属于需求与策略阶段的内容。

(19)**答案：B 解析** 资源池管理主要包括资源池规划设计、全局资源池规划设计和资源生命周期管理。

(20)**答案：B 解析** 资源池和资源生命周期管理包括管理云服务资源从预算、采购、部署到退役的全过程，负责策略、规划和过程管控。具体操作内容包括扩容规划、预算和采购；资源池扩容；全局资源调拨管理；资源池和资源退役管理。

(21)**答案：B 解析** 云服务容量管理强调预测的敏捷性和成本控制，确保资源有效使用，容量管理子活动包括：①收集业务、服务、技术和增长需求；②收集性能和容量测量数据；③评估资源和服务当前的使用状况并优化；④评估当前的资源需求，提供配置/成本的备选方案；⑤沟通性能和容量信息。

(22)**答案：B 解析** 从业务连续性管理生命周期看，可将其划分为启动、需求与策略、实施、日常运营等阶段。其中，需求与策略阶段的内容包括分析业务连续性管理的需求，并据此制定相应的连续性策略。

9.3 云服务交付

- 云服务交付在整个运营管理中处于___(1)___。
  (1) A．最末端　　　　　B．中间环节　　　　C．最前端　　　　　D．无明确位置
- 以下___(2)___不属于云服务交付包括的内容。
  (2) A．服务目录管理　　　　　　　　　B．服务硬件管理
  　　C．服务水平管理　　　　　　　　　D．满意度管理
- 服务目录管理不涉及___(3)___。
  (3) A．服务目录定义的完善程度
  　　B．服务目录管理的自动化程度
  　　C．服务目录的物理存储位置
  　　D．服务目录的设计与配套服务管理流程的成熟度
- 服务水平管理的主要目标不包括___(4)___。
  (4) A．维持和改进云服务的质量　　　　B．消除或改进不符合级别要求的云服务
  　　C．降低云服务的成本　　　　　　　D．提高客户满意度
- 服务水平管理的范围主要包括在云服务提供过程中发生的___(5)___之间就服务质量所进行的协调活动。
  (5) A．云服务供方与其他相关主体　　　B．云服务客户与其他相关主体
  　　C．云服务供方与云服务客户　　　　D．云服务供方内部
- 服务报告管理的目标不包括___(6)___。
  (6) A．统一收集服务衡量相关信息　　　B．完成对服务用户的报告

C. 改变服务内容 D. 通过服务衡量发现数据中心短板
- 服务报告撰写不包括以下___(7)___环节。
    (7) A. 指标数据采集 B. 衡量服务质量和服务水平
        C. 服务报告规划 D. 报告分析和改进措施
- 服务计费管理中，记账层的主要作用是___(8)___。
    (8) A. 观测流量和记录资源使用情况
        B. 聚合收集层的信息，建立服务记账数据集合
        C. 访问测量实体提供的数据
        D. 根据计费方案计算费用
- 服务计费管理中，基于服务合约的计费主要考虑的因素不包括___(9)___。
    (9) A. 资源计量结果 B. 服务质量评估结果
        C. 服务硬件的外观 D. 服务内容和收费依据
- 满意度管理不包括___(10)___管理活动。
    (10) A. 客户满意度调查 B. 服务报告与评审
         C. 服务硬件维护 D. 客户投诉管理

答案及解析

(1) **答案：C** 解析 云服务交付是对外的统一服务窗口，在整个运营管理中处于最前端。

(2) **答案：B** 解析 云服务交付包括服务目录管理、服务水平管理、服务报告管理、服务计费管理和满意度管理，不包括服务硬件管理。

(3) **答案：C** 解析 服务目录管理涉及服务目录定义的完善程度、服务目录管理的自动化程度、服务目录设计与配套服务管理流程的成熟度，不涉及物理存储位置。

(4) **答案：C** 解析 服务水平管理的主要目标包括维持和改进云服务的质量、消除或改进不符合级别要求的云服务、提高客户满意度。

(5) **答案：A** 解析 服务水平管理的范围主要包括在云服务提供过程中发生的云服务供方与其他相关主体之间就服务质量所进行的协调活动。

(6) **答案：C** 解析 服务报告管理的目标包括统一收集服务衡量相关信息、完成对服务用户的报告、完成对内运行分析的报告、通过服务衡量发现数据中心短板。

(7) **答案：C** 解析 服务报告撰写包括指标数据采集、计算指标、衡量服务质量和水平、撰写报告、报告分析和改进措施。

(8) **答案：B** 解析 服务计费管理中，记账层的主要作用是聚合收集层的信息，建立服务记账数据集合或记录，传递给计费层进行定价；A选项是计量层的作用；C选项是收集层的作用；D选项是计费层的作用。

(9) **答案：C** 解析 服务计费管理中，基于服务合约的计费在完成资源计量和服务质量评

估后，要根据服务内容和收费依据进行计费计算。

（10）**答案：C** **解析** 满意度管理主要包括客户满意度调查、服务报告与评审、客户投诉管理。

9.4 云运维

- 整个云运维管理领域不包括以下 ___(1)___ 模块。
  (1) A．服务发布管理　　　　　　B．服务销售管理
  　　C．服务开通管理　　　　　　D．服务运行管理
- 服务发布管理中，___(2)___ 环节是发布管理的起点。
  (2) A．发布申请　　B．策划与评审　　C．发布培训　　D．发布测试
- 在非紧急发布情况下，对投运方案进行技术可行性和风险评估是在 ___(3)___ 环节。
  (3) A．发布申请　　　B．策划与评审　　C．发布沟通　　D．发布执行
- 服务开通管理的目标不包括 ___(4)___ 。
  (4) A．向用户提供获取服务渠道　　　B．改变服务目录的内容
  　　C．向用户交付标准服务　　　　　D．管理服务交付过程
- 服务开通管理中，"云"请求的处理流程最后一步是 ___(5)___ 。
  (5) A．从云配置库获取服务模型　　　B．生成部署模型和指令
  　　C．发布到任务调度管理模块执行　D．完成后更新资源信息并通知用户
- 在监控管理中，统一监控管理的功能不包括 ___(6)___ 。
  (6) A．站在信息系统角度收集告警和性能信息
  　　B．发现故障时生成监控信息并告警
  　　C．通过规则统一处理通知
  　　D．统一展现告警信息
- 统一监控管理作为云服务主动式管理的重要手段，以下 ___(7)___ 不是其实现的目标。
  (7) A．侦测告警，分析并确定处理措施　　B．直接修复故障
  　　C．告警分类　　　　　　　　　　　　D．提供服务操作流程入口
- 变更管理的目的不包括 ___(8)___ 。
  (8) A．响应用户业务变更需求　　　　　B．最大限度降低 IT 服务中断影响
  　　C．阻止所有变更　　　　　　　　　D．控制变更风险
- 变更管理的主要活动不包括 ___(9)___ 。
  (9) A．创建变更请求（RFC）　　　　　B．评估变更
  　　C．忽视变更记录　　　　　　　　　D．关闭变更记录
- 故障管理的目标是 ___(10)___ 。
  (10) A．延长故障恢复时间　　　　　　B．增大故障对业务运营的负面影响

87

C．尽可能快地恢复正常服务运营　　D．降低服务质量和可用性水平

- 故障管理是＿＿（11）＿＿中使用频率最高的活动。

  （11）A．云/IT运维管理　　　　　B．硬件运维管理
  　　　C．软件运维管理　　　　　　D．网络运维管理

- 问题管理的主要目标不包括＿＿（12）＿＿。

  （12）A．预防问题产生　　　　　　B．消除重复出现的故障
  　　　C．引发更多故障　　　　　　D．降低故障对业务的影响

- 问题管理针对的要素不包括＿＿（13）＿＿。

  （13）A．人　　　　B．流程　　　　C．天气　　　　D．技术

- 知识管理的目标不包括＿＿（14）＿＿。

  （14）A．确保合适信息在合适时间提供给合适的人
  　　　B．降低服务质量
  　　　C．让服务人员理解服务对客户的价值
  　　　D．确保服务人员获得合适的信息

- 云配置管理不包含＿＿（15）＿＿。

  （15）A．资源调度　　　　　　　　B．资源销毁
  　　　C．资源调拨　　　　　　　　D．跨资源池和租户的配置关系

- 云配置管理的目标不包括＿＿（16）＿＿。

  （16）A．建立和维护完整准确数据集　B．打破数据壁垒实现数据共享
  　　　C．阻止IT与业务关联　　　　　D．支撑云资源管理活动

- 信息技术服务质量不包括＿＿（17）＿＿。

  （17）A．服务要素质量　　　　　　B．服务销售质量
  　　　C．服务生产质量　　　　　　D．服务消费质量

- 服务质量管理的主要活动不包括＿＿（18）＿＿。

  （18）A．服务质量评价指标体系创建　B．服务质量指标采集和计算
  　　　C．忽视服务质量评估　　　　　D．服务绩效奖惩

答案及解析

（1）**答案：B** **解析** 整个云运维管理领域主要包括服务发布管理、服务开通管理、服务运行管理。

（2）**答案：A** **解析** 服务发布管理中，发布申请是发布管理的起点，相关人员提出发布请求，记录请求信息等。

（3）**答案：B** **解析** 对于非紧急发布，发布经理组织相关人员在策划与评审环节评审投运方案，评估技术可行性和风险。

(4) 答案：B　解析　服务开通管理的目标包括向用户提供获取服务渠道、向用户交付标准服务、管理服务交付过程、更新配置信息等。

(5) 答案：D　解析　服务开通管理中，"云"请求处理流程是从云配置库获取服务模型，生成部署模型和指令，发布到任务调度管理模块执行，完成后更新资源信息并通知用户。

(6) 答案：B　解析　统一监控管理包括站在信息系统角度收集信息、通过规则统一处理通知、统一展现告警信息等。发现故障时生成监控信息并进行告警处理是专业资源监控的功能，不是统一监控管理的功能。

(7) 答案：B　解析　统一监控管理实现的目标包括侦测告警并确定处理措施、告警分类、提供服务操作流程入口等。

(8) 答案：C　解析　变更管理的目的是响应用户业务变更需求、最大限度降低IT服务中断影响、控制变更风险等。

(9) 答案：C　解析　变更管理的主要活动包括创建变更请求、记录RFC、检查RFC、评估变更、授权变更、计划更新、协调变更实施、评审和关闭变更记录。

(10) 答案：C　解析　故障管理的目标是尽可能快地恢复到正常服务运营，将故障对业务运营的负面影响降到最低，并确保达到最好的服务质量和高可用性水平。

(11) 答案：A　解析　故障管理是云/IT运维管理中使用频率最高的活动。

(12) 答案：C　解析　问题管理的主要目标是预防问题产生、消除重复出现的故障、降低故障对业务的影响。

(13) 答案：C　解析　问题管理针对所有的IT服务要素，包括人、流程、技术、合作伙伴进行问题识别等。

(14) 答案：B　解析　知识管理的目标包括确保信息传递、提高服务质量、让服务人员理解服务对客户的价值、确保服务人员获得合适的信息等。

(15) 答案：B　解析　云配置管理包含资源调度（跨资源池和租户的配置关系等）和资源调拨。

(16) 答案：C　解析　云配置管理的目标包括建立和维护完整准确数据集、打破数据壁垒实现数据共享、建立IT与业务关联、支撑云资源管理活动等。

(17) 答案：B　解析　信息技术服务质量包括服务要素质量、服务生产质量和服务消费质量。

(18) 答案：C　解析　服务质量管理的主要活动包括服务质量评价指标体系创建、服务质量指标采集和计算、服务质量评估和服务绩效奖惩。

9.5　云资源操作

- 云资源操作的主要作用是＿＿(1)＿＿。

  (1) A．将服务交付和服务支持中的技术要求具化成技术操作
  　　B．仅负责服务销售

C．忽略运维管理要求

D．集中管理服务的各项操作，不进行分散

- 任务调度管理的操作步骤不包括___(2)___。

    (2) A．部署配置指令拆解　　　　　　B．指令执行完成

    　　C．指令随意修改　　　　　　　　D．异常处理

- 从云计算角度，以下___(3)___不属于资源分类。

    (3) A．人力资源　　B．服务器资源　　C．网络资源　　D．存储资源

- 服务器资源管理不包括___(4)___。

    (4) A．虚拟机部署　　　　　　　　　B．物理裸机安装

    　　C．网络设备维护　　　　　　　　D．操作系统和补丁安装及配置

- 动态资源优化在虚拟化环境中需要做的事情不包括___(5)___。

    (5) A．了解和预测应用、服务负载量　B．忽略性能数据监测

    　　C．做出资源再分配决策　　　　　D．实时监测性能数据

- 动态资源优化采用的"两只眼睛、一个大脑、两只手"协同工作方式中，"大脑"的作用是___(6)___。

    (6) A．监测虚拟化平台资源状态　　　B．监测应用、服务负载和资源使用情况

    　　C．进行性能分析预测、资源动态规划　D．进行宏观调整

- 实时迁移主要用于___(7)___。

    (7) A．仅用于系统软件更新　　　　　B．系统硬件维护、资源整合和提升资源利用率

    　　C．改变虚拟机操作系统　　　　　D．阻止用户使用虚拟机

- 实时迁移过程需要___(8)___协助。

    (8) A．服务器硬件　　　　　　　　　B．虚拟机监视器

    　　C．存储设备　　　　　　　　　　D．网络防火墙

- 计划操作的目标不包括___(9)___。

    (9) A．保障设施运行可用性　　　　　B．增加人为操作失误

    　　C．采取主动性管理措施　　　　　D．降低人为操作失误

- 计划操作不包含___(10)___操作任务。

    (10) A．合规巡检　　　　　　　　　　B．随意变更配置

    　　 C．常规作业　　　　　　　　　　D．补丁管理

- 合规巡检是基于___(11)___来检查服务器、网络等关键配置的。

    (11) A．仅基于组织自定义规范

    　　 B．行业规范和组织自定义规范中定义的安全审计规则

    　　 C．个人意愿

    　　 D．设备制造商要求

- 批处理管理是对业务批处理任务的统一管理，不包括___（12）___。
    - （12）A．批处理的操作定义　　　　B．批处理作业的版本控制
    　　　 C．忽略批处理异常　　　　　D．批处理的测试、调度
- 下列选项中，不属于变更操作的管理活动的是___（13）___。
    - （13）A．变更计划　　　　　　　　B．人力资源调度
    　　　 C．变更任务执行　　　　　　D．排程
- 变更操作与计划操作的主要区别是___（14）___。
    - （14）A．变更操作由工单驱动，计划操作由排程驱动
    　　　 B．变更操作由排程驱动，计划操作由工单驱动
    　　　 C．两者驱动方式相同
    　　　 D．两者没有驱动方式的概念
- 变更操作的目标不包括___（15）___。
    - （15）A．控制生产系统风险　　　　B．降低人为操作失误
    　　　 C．随意增加操作风险　　　　D．通过标准化规范管理操作

答案及解析

（1）**答案：A** 解析　云资源操作的主要作用是根据运维管理要求和云计算技术特性，将服务交付和服务支持中的技术要求具化成技术操作，将服务操作要求分散并落实到日常管理中，B选项与销售无关，C选项不能忽略运维要求，D选项是分散不是集中管理。

（2）**答案：C** 解析　任务调度管理的主要操作步骤包括部署配置指令拆解、部署配置指令发布、指令执行状态管理、异常处理、指令执行完成。

（3）**答案：A** 解析　从云计算角度，资源可分为服务器资源、网络资源、存储资源、平台和应用软件资源。

（4）**答案：C** 解析　服务器资源管理包括虚拟机部署、物理裸机安装、操作系统和补丁安装及配置，网络设备维护属于网络资源管理范畴。

（5）**答案：B** 解析　动态资源优化在虚拟化环境中需要了解和预测应用、服务负载量，实时监测性能数据，做出资源再分配决策。

（6）**答案：C** 解析　动态资源优化采用的"两只眼睛、一个大脑、两只手"协同工作方式中，"大脑"的作用是进行性能分析预测、资源动态规划，A选项是一只"眼睛"的作用，B选项是另一只"眼睛"的作用，D选项是一只"手"的作用。

（7）**答案：B** 解析　实时迁移最初用于系统硬件维护，现在也用于资源整合和提升资源利用率。

（8）**答案：B** 解析　实时迁移过程需要虚拟机监视器的协助，通过源主机和目标主机上的虚拟机监视器配合完成。

(9) 答案：B 解析 计划操作的目标是通过采用主动性管理措施保障设施运行的可用性、通过标准化操作降低或消除人为操作失误。

(10) 答案：B 解析 计划操作包含合规巡检、常规作业、补丁管理和批处理管理。

(11) 答案：B 解析 合规巡检是指基于行业规范和组织自定义规范中定义的安全审计规则，对服务器、网络等的关键配置进行检查。

(12) 答案：C 解析 批处理管理是对业务批处理任务的统一管理，包括批处理的操作定义、测试、调度、执行、验证、回退、异常处理，以及批处理作业的版本控制、集中管控等。

(13) 答案：A 解析 变更操作是与计划操作相对应的一种操作管理，指由工单驱动（不像计划操作由排程驱动）操作任务的管理。变更操作的目标主要包括：

● 通过统一操作任务管理，控制生产系统风险。
● 通过标准化日常操作管理规范，降低或消除人为操作失误。

变更操作包括排程、人力资源调度、变更任务执行等管理活动。

(14) 答案：A 解析 变更操作由工单驱动，计划操作由排程驱动，这是它们的主要区别。

(15) 答案：C 解析 变更操作的目标是控制生产系统风险、降低人为操作失误、通过标准化规范管理操作。

9.6 云信息安全

● 云服务安全管理从政策、制度角度不包括___(1)___。
　　(1) A．安全风险管理　　　　　　　B．硬件设备管理
　　　　C．法律及合同遵循　　　　　　D．合规性和审计

● 在云服务的法律及合同遵循方面，以下___(2)___不是需要考虑的因素。
　　(2) A．云服务基础设施遵守各地法律法规
　　　　B．仅考虑自身法律问题，忽略用户和第三方
　　　　C．分析法律问题包括功能、司法和合同方面
　　　　D．云服务的分布式生态环境带来潜在法律风险

● 云平台安全主要关注的方面不包括___(3)___。
　　(3) A．物理安全　　　　　　　　　　B．软件销售安全
　　　　C．云操作系统安全　　　　　　D．应用接口安全

● 在云平台物理安全方面，云服务供方需要重点关注的是___(4)___。
　　(4) A．对物理环境的访问控制　　　B．软件更新速度
　　　　C．云服务的推广　　　　　　　D．物理设备的外观

● 在SaaS情况下，云服务供方关注的重点是___(5)___。
　　(5) A．应用的可移植性
　　　　B．保持或增强旧应用程序的安全功能以完成数据迁移

C. 最大限度降低应用重写数量

D. 应用和数据都能迁移到新提供商并运行

- 在虚拟资源安全管理中，直接影响虚拟机安全的是___(6)___。

　　(6) A. 应用开发引擎安全　　　　　B. Hypervisor 安全

　　　　C. 数据泄露防护　　　　　　　D. 操作系统补丁管理

- 对于虚拟机镜像安全，以下___(7)___措施是不合适的。

　　(7) A. 对虚拟机镜像进行加密　　　B. 结合行政控制手段

　　　　C. 忽略审计跟踪　　　　　　　D. 与数据泄露防护相结合

- 在云服务网络安全的流量管理中，当数据中心之间主干利用率超过一定比例时会出现___(8)___情况。

　　(8) A. 云性能提升　　　　　　　　B. 丢失和延迟增加

　　　　C. 流量管理更简单　　　　　　D. 不需要存储网络协议

- 在云安全域管理中，由于业务资源聚集和网络架构一体化，会导致___(9)___情况出现。

　　(9) A. 安全边界清晰　　　　　　　B. 安全边界消失

　　　　C. 传统网络安全设备完全适用　D. 不需要虚拟交换技术

- 应用安全的合规性会影响的内容不包括___(10)___。

　　(10) A. 数据　　　　　　　　　　　B. 应用程序

　　　　 C. 硬件设备外观　　　　　　　D. 平台和进程

- 在应用安全的脆弱性方面，除了 Web 应用脆弱性，还包括___(11)___。

　　(11) A. 仅硬件设备脆弱性

　　　　 B. 机器与机器之间、面向服务架构（SOA）应用程序的脆弱性

　　　　 C. 仅软件销售渠道的脆弱性

　　　　 D. 仅数据存储位置的脆弱性

- 在云数据安全管理的数据创建环节，多租户环境下的重点是___(12)___。

　　(12) A. 快速创建数据　　　　　　　B. 区分数据所有权

　　　　 C. 随意混合数据　　　　　　　D. 忽略数据标记

- 在数据安全的___(13)___环节需要确保数据删除时彻底去除，无法恢复。

　　(13) A. 数据存储位置　　　　　　　B. 数据删除或持久性

　　　　 C. 不同用户数据的混合保护　　D. 数据备份和恢复重建计划

- 公有云建设在内容安全方面的要求是___(14)___。

　　(14) A. 确保信息内容健康且符合法律法规

　　　　 B. 忽略信息内容合法性

　　　　 C. 仅关注信息内容的商业价值

　　　　 D. 随意存储信息内容

- 人员安全管理主要关注的是___(15)___。
  - (15) A．仅外部人员安全　　　　　　B．内部人员安全和第三方合作管理
  　　　　C．人员的招聘流程　　　　　　D．人员的培训内容
- 身份与访问管理不包括___(16)___。
  - (16) A．身份供应/取消　　　　　　　B．硬件设备维护
  　　　　C．认证、联盟和授权　　　　　D．用户配置文件管理
- 在加密和密钥管理中，需要关注的内容不包括___(17)___。
  - (17) A．密钥的存储、传输和备份　　　B．确保加密算法安全
  　　　　C．忽略数据备份和恢复　　　　D．减少对服务供方的依赖
- 安全事件响应主要关注的内容不包括___(18)___。
  - (18) A．安全事件响应流程和机制　　　B．安全事件响应策略
  　　　　C．硬件设备的更新换代　　　　D．收集证据流程和事后处理方式

答案及解析

（1）**答案：B**　**解析**　云服务安全管理从政策、制度角度包括安全风险管理、法律及合同遵循、合规性和审计、业务连续性和灾难恢复。

（2）**答案：B**　**解析**　在云服务的法律及合同遵循方面，要考虑云服务基础设施遵守各地法规、分析功能、司法和合同等方面的法律问题、云服务的分布式生态环境带来的潜在法律风险，不能只考虑自身，还要考虑用户和第三方的法律问题。

（3）**答案：B**　**解析**　云平台安全主要关注物理安全和云操作系统安全，云操作系统安全又包括补丁管理、内核安全、应用开发引擎安全和应用接口安全。

（4）**答案：A**　**解析**　在云平台物理安全方面，云服务供方需要重点关注对物理环境的访问控制，确保只有授权人员才能访问云基础设施。

（5）**答案：B**　**解析**　在 SaaS 情况下，云服务供方关注的重点是保持或增强旧应用程序的安全功能，以成功地完成数据迁移；A 选项在 SaaS 情况下不是关注的重点；C 选项是 PaaS 情况下关注的重点；D 选项是 IaaS 情况下关注的重点。

（6）**答案：B**　**解析**　Hypervisor 是虚拟机管理的窗口，其安全性高低直接影响虚拟机的安全，A 选项主要涉及多租户隔离问题；C 选项主要是防止数据泄露；D 选项主要是操作系统安全方面。

（7）**答案：C**　**解析**　对于虚拟机镜像安全，需要对虚拟机镜像进行加密，同时与行政控制、数据泄露防护和审计跟踪手段相结合。

（8）**答案：B**　**解析**　在云服务网络安全的流量管理中，当数据中心之间主干利用率超过 50%时，会出现丢失和延迟增加的情况，影响云性能。

（9）**答案：B**　**解析**　在云安全域管理中，由于业务资源聚集、网络架构一体化，会导致安全边界消失。

（10）**答案：C**　解析　应用安全的合规性会影响数据、应用程序、平台和进程。

（11）**答案：B**　解析　在应用安全的脆弱性方面，不仅包括 Web 应用脆弱性，还涉及机器与机器之间、面向服务架构（SOA）应用程序的脆弱性。

（12）**答案：B**　解析　在云数据安全管理的数据创建环节，多租户环境下的重点是对数据进行标记和分类，确保数据拥有者明确。

（13）**答案：B**　解析　在数据安全的数据删除或持久性环节，需要确保数据删除时必须彻底去除，确保销毁，无法恢复，A 选项主要关注存储位置合法性；C 选项主要是分开存放不同用户数据；D 选项主要是备份和恢复计划。

（14）**答案：A**　解析　公有云建设在内容安全方面的要求是确保公有云存储的信息内容是健康的，并且在法律上符合国家法律法规的规定。

（15）**答案：B**　解析　人员安全管理主要关注内部人员安全，避免数据泄露和盗卖，以及对第三方合作进行严格审查和管理，确保服务安全。

（16）**答案：B**　解析　身份与访问管理包括身份供应/取消、认证、联盟和授权、用户配置文件管理。

（17）**答案：C**　解析　在加密和密钥管理中，要关注密钥的存储、传输和备份、确保加密算法安全、执行备份和恢复解决方案、减少对服务供方的依赖。

（18）**答案：C**　解析　安全事件响应主要关注安全事件响应流程和机制、安全事件响应策略、收集证据流程和事后处理方式。

第10章 项目管理

10.1 启动过程组

- 项目具有明确的开始时间和结束时间属于项目的___(1)___特性。
  - (1) A. 独特性　　　　　B. 临时性　　　　　C. 标准化　　　　　D. 渐进明细
- 项目管理不善或缺乏项目管理可能会导致的结果不包括___(2)___。
  - (2) A. 超过时限　　　　　　　　　　　　B. 成本超支
    　　C. 项目范围失控　　　　　　　　　　D. 平衡制约因素对项目的影响
- 项目管理过程可分为以下五个项目管理过程组，___(3)___明确项目范围、优化目标，为实现目标制定行动方案。
  - (3) A. 启动过程组　　B. 规划过程组　　C. 执行过程组　　D. 监控过程组
- ___(4)___不是启动过程组的内容。
  - (4) A. 立项管理　　　　　　　　　　　　B. 制定项目章程
    　　C. 识别干系人　　　　　　　　　　　D. 制订项目管理计划
- ___(5)___不是项目立项管理的内容。
  - (5) A. 项目建议与立项申请　　　　　　　B. 项目可行性研究
    　　C. 项目总结　　　　　　　　　　　　D. 项目评估与决策
- 项目建议书是___(6)___向上级主管部门提交项目申请时所必需的文件。
  - (6) A. 建设单位　　　　　　　　　　　　B. 承建单位
    　　C. 监理单位　　　　　　　　　　　　D. 政府部门
- 项目建议书的内容不包括___(7)___。
  - (7) A. 项目的必要性　　　　　　　　　　B. 项目的市场预测
    　　C. 项目预期经济效益　　　　　　　　D. 项目建设必需的条件

- 可行性研究具有预见性、公正性、可靠性、___(8)___的特点。
  (8) A．科学性　　　　B．独立性　　　　C．公平性　　　　D．可用性
- 信息系统项目进行可行性研究有很多方面的内容，包括技术可行性分析、经济可行性分析、社会效益可行性分析、___(9)___以及其他方面的可行性分析等。
  (9) A．运行环境可行性分析　　　　B．法律可行性
  　　C．政治可行性　　　　　　　　D．成本可行性
- 项目评估不能由___(10)___进行评价、分析和论证。
  (10) A．国家　　　　B．银行　　　　C．建设单位　　　　D．监理单位
- ___(11)___是编写一份正式批准项目并授权项目经理在项目活动中使用组织资源的文件的过程。
  (11) A．立项管理　　　　　　　　B．项目论证
  　　 C．制定项目章程　　　　　　D．识别干系人
- 下列关于项目章程的论述，不正确的是___(12)___。
  (12) A．制定项目章程在项目整个生命周期要反复开展
  　　 B．项目章程在项目执行和项目需求之间建立了联系
  　　 C．通过编制项目章程来确认项目是否符合组织战略和日常运营的需要
  　　 D．项目章程不能当作合同
- 下列关于项目章程的描述，错误的是___(13)___。
  (13) A．项目章程授权项目经理进行项目管理过程中的规划、执行和控制
  　　 B．项目章程一旦被批准，就标志着项目的正式启动
  　　 C．项目章程通常由项目经理发布和启动
  　　 D．应在规划开始之前任命项目经理，项目经理越早确认并任命越好，最好在制定项目章程时就任命
- 下列不属于项目章程的内容的是___(14)___。
  (14) A．项目目的　　　　　　　　　　B．整体项目风险
  　　 C．高层级需求、高层级项目描述　D．商业论证
- 下列关于识别干系人的说法，错误的是___(15)___。
  (15) A．每个项目都有干系人，他们会受到项目积极的或消极的影响
  　　 B．尽早开始识别干系人并引导干系人参与
  　　 C．干系人满意度应作为项目目标加以识别和管理
  　　 D．干系人管理计划记录干系人的身份信息、评估信息和分类
- 分析组织内的岗位、在项目中的角色、与项目的利害关系（兴趣、权利、所有权、知识）、期望、态度（如对项目的支持程度）以及对项目信息的兴趣的工具和方法是___(16)___。
  (16) A．干系人分析　　　　　　　　B．干系人判定
  　　 C．干系人识别　　　　　　　　D．干系人登记册

- 下列不属于项目启动会的内容的是___(17)___。
  - (17) A．项目目标和范围 　　　　　　B．时间表和里程碑
  　　　C．沟通和协作计划 　　　　　　D．可行性分析报告

答案及解析

(1) **答案：B** 解析　项目是为创造独特的产品、服务或成果而进行的临时性工作。所以体现了临时性的特点。

(2) **答案：D** 解析　项目管理不善或缺乏项目管理可能会导致：①超过时限；②成本超支；③质量低劣；④返工；⑤项目范围失控；⑥组织声誉受损；⑦干系人不满意；⑧正在实施的项目无法达成目标。平衡制约因素对项目的影响属于项目管理能帮助个人、群体以及公共和私人组织的内容。

(3) **答案：B** 解析　项目管理过程可分为以下五个项目管理过程组：

1）启动过程组：定义了新项目或现有项目的一个新阶段，授权开始该项目或阶段。
2）规划过程组：明确项目范围、优化目标，为实现目标制定行动方案。
3）执行过程组：完成项目管理计划中确定的工作，以满足项目要求。
4）监控过程组：监控过程组跟踪、审查和调整项目进展与绩效，识别必要的计划变更并启动相应的变更。
5）收尾过程组：正式完成或结束项目、阶段或合同。

(4) **答案：D** 解析　启动过程组包括以下四个过程：立项管理、制定项目章程、识别干系人、项目启动会议。

(5) **答案：C** 解析　项目立项管理是对拟规划和实施的项目技术上的先进性、适用性，经济上的合理性、效益性，实施上的可能性、风险性以及社会价值的有效性、可持续性等方面进行全面科学的综合分析，为项目决策提供客观依据的一种技术经济研究活动。一般包括项目建议与立项申请、项目可行性研究、项目评估与决策。

(6) **答案：A** 解析　立项申请又称为项目建议书，是项目建设单位向上级主管部门提交项目申请时所必需的文件。

(7) **答案：C** 解析　项目建议书包括的核心内容有：①项目的必要性；②项目的市场预测；③项目预期成果（如产品方案或服务）的市场预测；④项目建设必需的条件。

(8) **答案：A** 解析　可行性研究具有预见性、公正性、可靠性、科学性的特点。

(9) **答案：A** 解析　信息系统项目进行可行性研究有很多方面的内容，包括技术可行性分析、经济可行性分析、社会效益可行性分析、运行环境可行性分析以及其他方面的可行性分析等。

(10) **答案：C** 解析　项目评估指在项目可行性研究的基础上，由第三方（国家、银行或有关机构）根据国家颁布的政策、法规、方法、参数和条例等，从国民经济与社会、组织业务等角度

出发，对拟建项目建设的必要性、建设条件、生产条件、市场需求、工程技术、经济效益和社会效益等进行评价、分析和论证，进而判断其是否可行的一个评估过程。项目评估是项目投资前期进行决策管理的重要环节，其目的是审查项目可行性研究的可靠性、真实性和客观性，为银行的贷款决策或行政主管部门的审批决策提供科学依据。

（11）答案：C　解析　制定项目章程是编写一份正式批准项目并授权项目经理在项目活动中使用组织资源的文件的过程。

（12）答案：A　解析　制定项目章程不是在项目全生命周期反复开展，而是仅开展一次或仅在项目的预定义时开展。

（13）答案：C　解析　项目章程授权项目经理进行项目管理过程中的规划、执行和控制，同时还授权项目经理在项目活动中使用组织资源，因此，应在规划开始之前任命项目经理，项目经理越早确认并任命越好，最好在制定项目章程时就任命。项目章程可由发起人编制，也可由项目经理与发起机构合作编制。

（14）答案：D　解析　项目章程记录了关于项目和项目预期交付的产品、服务或成果的高层级信息，具体内容包括：①项目目的；②可测量的项目目标和相关的成功标准；③高层级需求、高层级项目描述、边界定义以及主要可交付成果；④整体项目风险；⑤总体里程碑进度计划；⑥预先批准的财务资源；⑦关键干系人名单；⑧项目审批要求（例如，评价项目成功的标准，由谁对项目成功下结论，由谁签署项目结束）；⑨项目退出标准（例如，在何种条件下才能关闭或取消项目或阶段）；⑩委派的项目经理及其职责和职权；发起人或其他批准项目章程人员的姓名和职权等。D选项商业论证是输入不是内容。

（15）答案：D　解析　干系人登记册记录干系人的身份信息、评估信息和分类。

（16）答案：A　解析　干系人分析产生干系人清单和关于干系人的各种信息。例如，在组织内的岗位、在项目中的角色、与项目的利害关系（兴趣、权利、所有权、知识）、期望、态度（如对项目的支持程度）以及对项目信息的兴趣。

（17）答案：D　解析　项目启动会通常涵盖的内容有：①项目背景；②项目目标和范围；③时间表和里程碑；④角色和职责；⑤沟通和协作计划；⑥项目风险和约束；⑦参与者。

10.2　规划过程组

- 下列不属于规划过程组的是___（1）___。
   （1）A．制订项目管理计划　　　　　　B．估算项目成本
      C．识别项目风险　　　　　　　　　D．识别干系人
- 下列关于制订项目管理计划的说法，错误的是___（2）___。
   （2）A．制订项目管理计划是定义、准备和协调项目计划的所有组成部分，并把它们整合为一份综合项目管理计划的过程

B．项目管理计划必须是详细的，方便后续执行

C．项目管理计划需要通过不断更新来渐进明细，并且这些更新需要得到控制和批准

D．项目团队把项目章程作为初始项目规划的起点

- 通常利用___(3)___来明确项目规划阶段工作的完成。

  (3) A．项目启动会 　　　　　　　　B．每日站会

  　　 C．项目开工会议 　　　　　　　D．计划评审会

- 下列选项说法错误的是___(4)___。

  (4) A．对于小型项目，项目在启动之后就会开工

  　　 B．对于大型项目，开工会议将在项目执行阶段开始时召开

  　　 C．对于多阶段项目，通常在每个阶段开始时都要召开一次开工会议

  　　 D．对于大型项目，开工会议将在项目计划开始时召开

- 下列不属于项目管理计划组件内容的是___(5)___。

  (5) A．开发方法 　　　　　　　　　B．需求管理计划

  　　 C．范围基准 　　　　　　　　　D．资源日历

- ___(6)___是对完成项目工作所需资源成本进行近似估算的过程。

  (6) A．成本预算 　　　　　　　　　B．估算成本

  　　 C．成本规划 　　　　　　　　　D．成本控制

- 下列关于成本估算的工具的说法，正确的是___(7)___。

  (7) A．项目的早期可以使用参数估算方法进行粗略估算

  　　 B．使用类比估算法来提高估算准确度

  　　 C．使用自下而上估算法提高估算精确度

  　　 D．如果考虑项目中的风险和不确定性，也可以使用自上而下估算方法来估算

- 在估算时，可能要用到关于质量成本的各种假设，包括对不同情况进行评估，使用___(8)___工具。

  (8) A．质量分析 　　　　　　　　　B．服务运营

  　　 C．成本估算 　　　　　　　　　D．备选方案分析

- 下列关于风险管理的说法，错误的是___(9)___。

  (9) A．项目风险是一种不确定的事件或条件，一旦发生，会对项目目标产生某种正面或负面的影响

  　　 B．风险源于所有项目中的不确定因素，最大的不确定性存在于项目的晚期

  　　 C．项目风险管理过程是一个持续的、不断迭代的过程

  　　 D．对于已知风险，对其进行规划，寻找应对方案是可行的

- 关于识别风险的主要内容的表述，不正确的是___(10)___。

  (10) A．记录现有的单个项目风险，以及整体项目风险的来源

  　　 B．汇总相关信息，以便项目团队能够恰当地应对已识别的风险

C. 本过程仅开展一次或仅在预定义点开展

D. 识别风险是识别单个项目风险以及整体项目风险的来源，并记录风险特征的过程

- 对项目的优势、劣势、机会和威胁进行逐个检查属于___（11）___工具。

  (11) A. 提示清单　　　　　　　　　　B. SWOT 分析

  　　 C. 头脑风暴　　　　　　　　　　D. 检查

- ___（12）___不属于风险登记册的内容。

  (12) A. 已识别风险的清单　　　　　　B. 风险责任人

  　　 C. 风险影响　　　　　　　　　　D. 干系人承受力

- 以下关于质量管理的说法，错误的是___（13）___。

  (13) A. 质量是反映实体满足主体明确和隐含需求的能力的特性总和

  　　 B. 质量是一组固有特性满足要求的程度

  　　 C. 固有特性是指在某事或某物中本来就有的，尤其是那种永久的可区分的特征

  　　 D. 质量指的是产品的质量，不包括工作的质量

- 下列关于质量和等级的说法，不正确的是___（14）___。

  (14) A. 质量作为实现的性能或成果，是"一系列内在特性满足要求的程度"

  　　 B. 等级是对用途相同但技术特性不同的可交付成果的级别分类

  　　 C. 低等级高质量是可以接受的

  　　 D. 高等级低质量是可以接受的

- 质量管理包括质量方针和质量目标以及质量规划、___（15）___、质量控制和质量改进。

  (15) A. 质量安排　　　　　　　　　　B. 质量检查

  　　 C. 质量审计　　　　　　　　　　D. 质量保证

- 下列关于质量管理的内容，说法错误的是___（16）___。

  (16) A. 质量方针是指"由组织的最高管理者正式发布的该组织总的质量宗旨和方向"

  　　 B. 质量目标是指"在质量方面所追求的目的"

  　　 C. 规划质量管理是识别项目及其可交付成果的质量要求、标准，并书面描述项目将如何证明符合质量要求、标准的过程

  　　 D. 质量保证的主要作用是为在整个项目期间如何管理和核实质量提供指南和方向

- 下列不属于不一致成本的是___（17）___。

  (17) A. 破坏性测验损失　　　　　　　B. 返工

  　　 C. 报废　　　　　　　　　　　　D. 保修工作

- 下列不属于质量管理计划的内容的是___（18）___。

  (18) A. 项目采用的质量标准　　　　　B. 质量测量指标

  　　 C. 项目的质量目标　　　　　　　D. 质量角色与职责

答案及解析

（1）**答案：D** **解析** 规划过程组包括以下四个过程：制订项目管理计划、估算项目成本、识别项目风险、规划质量管理。

（2）**答案：B** **解析** 项目管理计划可以是概括的或详细的，每个组成部分的详细程度取决于具体项目的要求。

（3）**答案：C** **解析** 通常利用项目开工会议来明确项目规划阶段工作的完成。

（4）**答案：D** **解析** 对于大型项目，开工会议将在项目执行阶段开始时召开。

（5）**答案：D** **解析** 项目管理计划组件主要包括：

1）子管理计划：包括范围管理计划、需求管理计划、进度管理计划、成本管理计划、质量管理计划、资源管理计划、沟通管理计划、风险管理计划、采购管理计划、干系人参与计划。

2）基准：包括范围基准、进度基准和成本基准。

3）其他组件：项目管理计划过程中生成的组件会因项目而异，通常包括变更管理计划、配置管理计划、绩效测量基准、项目生命周期、开发方法、管理审查。

（6）**答案：B** **解析** 估算成本是对完成项目工作所需资源成本进行近似估算的过程。

（7）**答案：C** **解析** 成本估算的工具或方法如下：

1）项目的早期可以使用类比估算方法进行粗略估算。

2）使用参数估算法来提高估算准确度。

3）使用自下而上估算法提高估算精确度。

4）如果考虑项目中的风险和不确定性，也可以使用三点估算方法来估算。

（8）**答案：D** **解析** 备选方案分析是指在估算时，可能要用到关于质量成本的各种假设，包括对不同情况进行评估。

（9）**答案：B** **解析** 风险源于所有项目中的不确定因素。项目在不同阶段会有不同的风险。风险会随着项目的进展而变化，不确定性也会随着项目的进展而逐渐减少。最大的不确定性存在于项目的早期。

（10）**答案：C** **解析** 识别风险是识别单个项目风险以及整体项目风险的来源，并记录风险特征的过程。本过程的主要作用是：①记录现有的单个项目风险，以及整体项目风险的来源；②汇总相关信息，以便项目团队能够恰当地应对已识别的风险。识别风险不是仅在预定义点开展，这个过程应在整个项目期间开展。

（11）**答案：B** **解析** SWOT分析可以对项目的优势、劣势、机会和威胁进行逐个检查。

（12）**答案：D** **解析** 风险登记册的内容主要包括已识别风险的清单、风险责任人、风险优先级排序、风险概率、风险影响、风险应对策略、风险状态、风险应对结果。

（13）**答案：D** **解析** 质量通常是指产品的质量，广义上的质量还包括工作质量。产品质量是指产品的使用价值及其属性；工作质量则是产品质量的保证，它反映了与产品质量直接有关的工作对产品质量的保证程度。

(14) **答案：D** 解析 一个高等级（功能繁多）、低质量（有许多缺陷，用户手册杂乱无章）的软件产品，其功能会因质量低劣而无效或低效，不会被使用者接受。不管等级高低，质量高可以接受，低质量无法接受。

(15) **答案：D** 解析 质量管理（Quality Management）是指确定质量方针、目标和职责，并通过质量体系中的质量规划、质量保证、质量控制以及质量改进来使其实现所有管理职能的全部活动。

(16) **答案：D** 解析 规划质量管理是识别项目及其可交付成果的质量要求、标准，并书面描述项目将如何证明符合质量要求、标准的过程。规划质量管理过程的主要作用是为在整个项目期间如何管理和核实质量提供指南和方向。

(17) **答案：A** 解析 质量成本包括一致性成本和不一致成本，具体如下图所示。

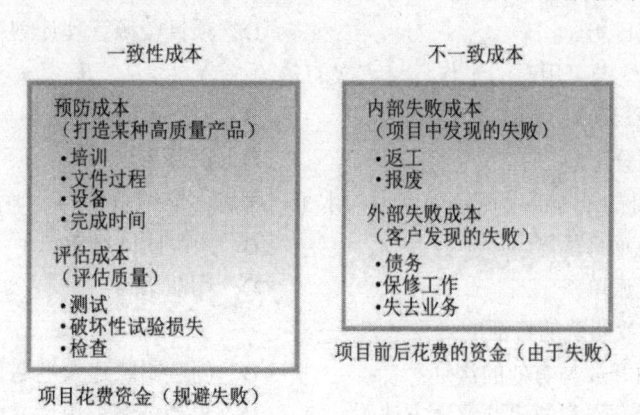

一致性成本
预防成本
（打造某种高质量产品）
- 培训
- 文件过程
- 设备
- 完成时间

评估成本
（评估质量）
- 测试
- 破坏性试验损失
- 检查

项目花费资金（规避失败）

不一致成本
内部失败成本
（项目中发现的失败）
- 返工
- 报废

外部失败成本
（客户发现的失败）
- 债务
- 保修工作
- 失去业务

项目前后花费的资金（由于失败）

(18) **答案：B** 解析 质量管理计划的内容一般包括：①项目采用的质量标准；②项目的质量目标；③质量角色与职责；④需要质量审查的项目可交付成果和过程；⑤为项目规划的质量控制和质量管理活动；⑥项目使用的质量工具；⑦与项目有关的主要程序，如处理不符合要求的情况、纠正措施程序以及持续改进程序等。

10.3 执行过程组

- 下列不属于执行过程组的是___(1)___。
    (1) A．项目资源获取　　　　　　　　B．估算项目成本
        C．项目团队管理　　　　　　　　D．项目风险应对
- 下列关于资源管理的说法，错误的是___(2)___。
    (2) A．项目资源仅包括团队资源不包括实物资源

B. 团队资源指的是人力资源，包括技能和能力要求

C. 获取资源是获取项目所需的团队成员、设施、设备、材料、用品和其他资源的过程

D. 本过程应根据需要在整个项目期间定期开展

- 下列关于资源获取的说法，错误的是＿＿（3）＿＿。

（3）A. 项目所需资源可能来自项目执行组织的内部或外部

B. 项目经理或项目团队应该进行有效谈判，并影响那些能为项目提供所需团队和实物资源的人员

C. 在项目资源获取过程中，可能需要与组织的职能部门经理、组织的其他项目管理团队和外部供应商来谈判资源

D. 在竞标过程中不能承诺分派特定人员进行项目工作

- 下列不属于获取资源过程的成果的是＿＿（4）＿＿。

（4）A. 物质资源分配单　　　　　　B. 项目团队派工单

C. 资源日历　　　　　　　　　D. 项目资源管理计划

- 识别每种具体资源可用时的工作日、班次的是＿＿（5）＿＿。

（5）A. 资源日历　　　　　　　　　B. 工作日历

C. 资源分配单　　　　　　　　D. 资源需求

- ＿＿（6）＿＿的目的是提高团队绩效能力的水平，跟踪团队绩效是为了确保团队的绩效结果。

（6）A. 建设项目团队　　　　　　　B. 跟踪团队绩效

C. 团队派单　　　　　　　　　D. 团队语言

- 下列不属于高效团队的特征的是＿＿（7）＿＿。

（7）A. 使用开放与有效的沟通　　　B. 创造团队建设机遇

C. 鼓励合作型的问题解决方法　D. 提高资源可用性

- 下列不属于团队建设的工具或技术的是＿＿（8）＿＿。

（8）A. 团队语言　　　　　　　　　B. 沟通技术

C. 谈判或采购　　　　　　　　D. 培训和集中办公

- 有关评价团队有效性的指标的说法，错误的是＿＿（9）＿＿。

（9）A. 个人技能的改进，从而使成员更有效地完成工作任务

B. 团队能力的改进，从而使团队成员更好地开展工作

C. 团队成员离职率的提升

D. 团队凝聚力的加强

- 下列关于项目风险应对的说法，不正确的是＿＿（10）＿＿。

（10）A. 实施风险应对是执行商定的风险应对计划的过程

B. 项目风险管理是一个关键过程，它不仅涉及风险的识别和分析，还包括风险应对措施的实际执行

C．管理整体项目风险敞口、最小化整个项目威胁，以及最大化整个项目机会
D．确保按计划执行商定的风险应对措施

- 下列不属于风险应对策略的选择和执行的内容的是___(11)___。

（11）A．选择与风险的重要性相匹配的应对策略，确保策略的经济有效性和可行性
B．通过结构化的决策技术或数学优化模型，选择最适当的应对策略
C．风险责任人负责执行商定的应对策略，确保风险得到主动管理
D．为实施商定的风险应对策略制定具体的应对行动

- ___(12)___不属于知识管理工具和技术。

（12）A．人际交往　　　　　　　　　B．实践社区
C．工作跟随　　　　　　　　　D．图书馆服务

答案及解析

（1）**答案：B** **解析** 执行过程组包括以下四个过程：项目资源获取、项目团队管理、项目风险应对、管理项目知识。

（2）**答案：A** **解析** 项目资源包括实物资源和团队资源。实物资源管理着眼于以有效和高效的方式，分配和使用完成项目所需的实物资源，包括设备、材料、设施和基础设施；团队资源指的是人力资源，团队资源管理相对于实物资源管理，包含了技能和能力要求。

（3）**答案：D** **解析** 在项目资源获取过程中，可能需要与组织的职能部门经理、组织的其他项目管理团队和外部供应商来谈判资源，也可能在正式获取资源前，事先确定项目的实物或团队资源，在如下情况时可采用预分派：①在竞标过程中承诺分派特定人员进行项目工作；②项目取决于特定人员的专有技能；③在完成资源管理计划的前期工作之前，制定项目章程过程或其他过程已经指定了某些团队成员的工作。

（4）**答案：D** **解析** 获取资源的输出或成果包括物质资源分配单、项目团队派工单、资源日历。

（5）**答案：A** **解析** 资源日历识别每种具体资源可用时的工作日、班次、正常营业的上下班时间、周末和公共假期。在规划活动期间，潜在的可用资源信息（如团队资源、设备和材料）用于估算资源可用性。

（6）**答案：A** **解析** 项目团队的管理涉及项目团队的建设和跟踪团队绩效。建设项目团队的目的是提高团队绩效能力的水平；跟踪团队绩效是为了确保团队的绩效结果。

（7）**答案：D** **解析** 高效团队的特征有：①使用开放与有效的沟通；②创造团队建设机遇；③建立团队成员间的信任；④以建设性方式管理冲突；⑤鼓励合作型的问题解决方法；⑥鼓励合作型的决策方法等。

（8）**答案：C** **解析** 谈判或采购属于获取资源的工具或技术。

(9）答案：C　解析　评价团队有效性的指标可包括：①个人技能的改进，从而使成员更有效地完成工作任务；②团队能力的改进，从而使团队成员更好地开展工作；③团队成员离职率的降低；④团队凝聚力的加强，从而使团队成员公开分享信息和经验，并互相帮助来提高项目绩效（速记字：三高一低）。

（10）答案：C　解析　管理整体项目风险敞口、最小化单个项目威胁，以及最大化单个项目机会。

（11）答案：D　解析　D选项属于应对行动和应急计划的内容。

（12）答案：D　解析　知识管理工具和技术包括人际交往、实践社区、会议、工作跟随、讨论论坛、知识分享活动、研讨会、讲故事、创造力管理技术、知识展会与茶座和交互式培训等。D选项图书馆服务属于信息管理工具。

10.4　监控过程组

- 下列不属于监控过程组的是___（1）___。
  （1）A. 控制项目质量　　　　　　　　B. 控制项目范围
  　　　C. 整体变更控制　　　　　　　　D. 项目风险应对

- 下列关于控制项目质量的说法，错误的是___（2）___。
  （2）A. 控制质量是为了评估绩效，确保项目输出完整、正确且满足客户期望，而监督和记录质量管理活动执行结果的过程
  　　　B. 验收项目可交付成果和工作已经达到主要干系人的质量要求
  　　　C. 确定项目输出是否达到预期目的，这些输出需要满足所有适用标准、要求、法规和规范
  　　　D. 本过程应根据需要在整个项目期间定期开展

- 下列说法错误的是___（3）___。
  （3）A. 在敏捷或适应型项目中，控制质量活动可能由所有团队成员在整个项目生命周期中执行
  　　　B. 在瀑布或预测型项目中，控制质量活动由特定团队成员在特定时间点或者项目阶段快结束时执行
  　　　C. 测试是指检验工作产品，以确定是否符合书面标准
  　　　D. 检查的结果通常包括相关的测量数据，可在任何层面上进行

- ___（4）___用于识别质量缺陷和错误可能造成的结果。
  （4）A. 因果图　　　B. 控制图　　　C. 直方图　　　D. 散点图

- ___（5）___用于确定一个过程是否稳定，或者是否具有可预测的绩效。
  （5）A. 因果图　　　B. 控制图　　　C. 直方图　　　D. 散点图

- ___（6）___可在一支轴上展示计划的绩效，在另一支轴上展示实际绩效，用于表示两个变量之间的关系程度。

  （6）A. 因果图　　　　B. 控制图　　　　C. 直方图　　　　D. 散点图

- ___（7）___用于将基准与实际结果进行比较，以确定偏差是否处于临界值区间内或是否有必要采取纠正或预防措施。

  （7）A. 偏差分析　　　B. 趋势分析　　　C. 变更请求　　　D. 纠正措施

- 下列___（8）___不是控制项目质量的成果或输出。

  （8）A. 工作绩效信息　　　　　　　B. 质量控制的测量结果

  　　　C. 核实的可交付成果　　　　　D. 工作绩效数据

- ___（9）___审查项目绩效随时间的变化情况，以判断绩效是正在改善还是正在恶化。

  （9）A. 偏差分析　　　　　　　　　B. 绩效审查

  　　　C. 趋势分析　　　　　　　　　D. 纠正措施

- 变更请求可能包括纠正措施、___（10）___、缺陷补救和项目文件的更新。

  （10）A. 预防措施　　　B. 实践社区　　　C. 计划服务　　　D. 产品纠正

- 下列选项___（11）___是错误的。

  （11）A. 变更请求可能包括纠正措施、预防措施、缺陷补救和项目文件的更新

  　　　B. 变更经理对实施整体变更控制过程承担最终责任

  　　　C. 实施整体变更控制过程贯穿项目始终

  　　　D. 参与项目的任何干系人都可以提出变更请求

- 下列不属于变更控制工具需要支持的配置管理活动的是___（12）___。

  （12）A. 识别配置项　　　　　　　　B. 记录并报告配置项状态

  　　　C. 进行配置项核实与审计　　　D. 可交付成果或基准的变更

- 某信息化项目到2017年12月31日的成本执行（绩效）数据见下表。根据表中内容，以下表述不正确的是___（13）___。

活动编码	活动	PV/元	AC/元	EV/元
1	召开项目会议	2000	2000	2000
2	制订项目计划	900	1000	900
3	客户需求分析	5000	5500	5000
4	系统总体设计	10500	11500	7350
5	系统编码	20500	22500	19000
6	界面设计	5200	5250	4160
合计		44100	47750	38410

项目总预算（BAC）：167500元

(13) A. 非典型偏差时，完工估算（EAC）为176840元
     B. 该项目成本偏差为-9340元
     C. 该项目进度绩效指数为0.80
     D. 此项目目前成本超支，进度落后

● 某工程项目，完工预算为2000万元。到目前为止，由于某些特殊原因，实际支出800万元，成本绩效指数为0.8，假设后续不再发生成本偏差，则完工预算（EAC）为___(14)___万元。
     (14) A. 2500   B. 2160   C. 2000   D. 2800

● 某项目计划工期60天，当项目进行到50天的时候，成本绩效指数为80%，实际成本为180万元，当前计划成本为160万元。该项目的绩效情况为___(15)___。
     (15) A. CPI>1，SPI>1   B. CPI<1，SPI<1
          C. CPI>1，SPI<1   D. CPI<1，SPI>1

● 关于控制成本数据分析技术的描述，错误的是___(16)___。
     (16) A. 当项目完工时，进度偏差（SV）可能为0也可能不为0
          B. 项目的总计划价值又被称为完工预算（BAC）
          C. 为实现挣值（EV）所花费的任何成本都应计入实际成本（AC）
          D. 项目结束时的成本偏差（CV）是完工预算与实际成本之间的差值

● 项目经理A发现在项目进行到第40天时，实际成本是110万元，计划成本是130万元，而实际进度是计划的90%，则___(17)___符合项目经理A的绩效。
     (17) A. 成本超支，进度超前
          B. 成本超支，进度滞后
          C. 成本节约，进度超前
          D. 成本节约，进度滞后

答案及解析

（1）**答案：D**　**解析**　监控过程组包括四个过程：控制项目质量；控制项目范围；控制项目成本；整体变更控制。

（2）**答案：B**　**解析**　B选项应该为核实的可交付成果。

（3）**答案：C**　**解析**　检查是指检验工作产品，以确定是否符合书面标准。

（4）**答案：A**　**解析**　因果图用于识别质量缺陷和错误可能造成的结果。

（5）**答案：B**　**解析**　控制图用于确定一个过程是否稳定，或者是否具有可预测的绩效。规格上限和下限是根据要求制定的，反映了可允许的最大值和最小值，以便帮助确定项目管理过程是否受控。

（6）**答案：D**　**解析**　散点图可在一支轴上展示计划的绩效，在另一支轴上展示实际绩效，用于表示两个变量之间的关系程度。

（7）**答案：A** **解析** 偏差分析用于将基准与实际结果进行比较，以确定偏差是否处于临界值区间内或是否有必要采取纠正或预防措施。

（8）**答案：D** **解析** 控制项目质量的成果或输出包括：①工作绩效信息，包括有关项目需求实现情况的信息、拒绝的原因、要求的返工、纠正措施建议、核实的可交付成果列表、质量测量指标的状态以及过程调整需求；②质量控制的测量结果，是对质量控制活动结果的书面记录，应以质量管理计划所确定的格式加以记录；③核实的可交付成果，目的是确定可交付成果的正确性，为后续验收可交付成果提供基础。

（9）**答案：C** **解析** 趋势分析旨在审查项目绩效随时间的变化情况，以判断绩效是正在改善还是正在恶化。

（10）**答案：A** **解析** 变更请求可能包括纠正措施、预防措施、缺陷补救和项目文件的更新。

（11）**答案：B** **解析** 项目经理对实施整体变更控制过程承担最终责任。

（12）**答案：D** **解析** 配置控制重点关注可交付成果及各过程的技术规范，变更控制则重点关注识别、记录、批准或否决对项目文件、可交付成果或基准的变更。D选项属于配置控制管理关注的内容。

（13）**答案：C** **解析** 进度绩效指数 SPI=EV/PV=38410/44100=0.87。

（14）**答案：B** **解析** 后续不再发生成本偏差，说明是非典型偏差。ETC=BAC–挣值（EV）。ETC=2000–800×0.8=1360（万元），EAC=AC+ETC=1360+800=2160（万元）。

（15）**答案：B** **解析** CPI=0.8=EV/AC=EV/180，EV=180×0.8=144（万元），SPI=EV/PV=144/160<1。

（16）**答案：A** **解析** 进度偏差是测量进度绩效的一种指标，可表明项目进度是滞后还是提前于进度基准。由于当项目完工时，全部的计划值都将实现（即成为挣值），所以进度偏差最终将等于0。

（17）**答案：D** **解析** 根据题意可知：AC=110万元，PV=130万元，EV=130×90%=117（万元），SV=EV–PV= –13，则SV<0，说明进度滞后；CV=EV–AC=7，则CV>0，说明成本节约。

10.5 收尾过程组

- 下列不属于收尾所需执行的活动的是___（1）___。
  - （1）A．为达到阶段或项目的完工或退出标准所必须开展的行动和活动
    - B．为关闭项目合同协议或项目阶段合同协议所必须开展的活动
    - C．测量干系人的满意程度等
    - D．记录并报告配置项状态
- 下列不属于收尾过程组的过程是___（2）___。
  - （2）A．项目验收　　　　　　　　　　B．项目移交
    - C．合同签订　　　　　　　　　　D．项目总结

- 下列关于项目验收的步骤，排序正确的是___（3）___。
  ①确定需要进行范围确认的时间　②识别范围确认需要哪些投入　③确定范围正式被接受的标准和要素　④确定范围确认会议的组织步骤　⑤组织范围确认会议
  （3）A．①②③④⑤　　　　　　　　　　B．①④⑤②③
  　　 C．①②⑤③④　　　　　　　　　　D．①②④⑤③

- 下列说法正确的是___（4）___。
  （4）A．在项目验收前，项目团队需要先进行质量控制工作
  　　 B．质量控制关注可交付成果的验收
  　　 C．范围确认关注可交付成果的正确性及是否满足质量要求
  　　 D．控制质量过程通常先于项目验收过程，但二者不能同时进行

- 下列关于干系人关注点的说法，错误的是___（5）___。
  （5）A．管理层主要关注项目范围
  　　 B．客户主要关注产品范围
  　　 C．项目管理人员主要关注项目的实现
  　　 D．项目团队成员主要关注项目范围中自己参与的元素和负责的元素

- 信息系统项目在验收阶段主要包含四方面的工作内容，分别是验收测试、___（6）___、系统文档验收以及项目终验。
  （6）A．系统试运行　　　　　　　　　　B．系统测试
  　　 C．文档收集　　　　　　　　　　　D．合同整理

- 下列关于项目总结的说法，错误的是___（7）___。
  （7）A．项目总结是在项目完成或接近完成时所进行的一项活动
  　　 B．项目总结只需要项目经理组织和团队成员参加
  　　 C．项目总结需要将收集的信息、回顾的情况等编写成项目总结报告
  　　 D．项目总结会议包括项目目标、技术绩效、成本绩效、进度计划绩效、项目的沟通、识别问题和解决问题、意见和改进建议

答案及解析

（1）**答案：D** 解析　记录并报告配置项状态不属于收尾的内容，属于配置管理活动。

（2）**答案：C** 解析　项目资源收尾过程组包括三个过程：项目验收、项目移交、项目总结。

（3）**答案：A** 解析　项目验收应该贯穿项目的始终。项目验收的一般步骤包括：①确定需要进行范围确认的时间；②识别范围确认需要哪些投入；③确定范围正式被接受的标准和要素；④确定范围确认会议的组织步骤；⑤组织范围确认会议。

（4）**答案：A** 解析　在项目验收前，项目团队需要先进行质量控制工作，项目验收过程与

控制质量过程的不同之处在于，项目验收过程关注可交付成果的验收，而控制质量过程关注可交付成果的正确性及是否满足质量要求。控制质量过程通常先于项目验收过程，但二者也可同时进行。

（5）**答案：C** **解析** 项目管理人员主要关注项目制约因素。

（6）**答案：A** **解析** 信息系统项目在验收阶段主要包含四方面的工作内容，分别是验收测试、系统试运行、系统文档验收以及项目终验。

（7）**答案：B** **解析** 项目总结是在项目完成或接近完成时所进行的一项活动，旨在回顾和总结项目的整体经验、成果和教训。项目总结有助于收集和记录项目的经验教训，并提供对项目成功因素和失败原因的分析和评估。由项目经理组织项目全体成员参与，形成正式的项目总结结论。

第11章 应用系统管理

11.1 基础管理

- 应用系统的生命周期一般包括设计阶段、交付阶段、___(1)___、终止阶段，组织应对应用系统生命周期的各阶段进行管理，这四个阶段并不是完全独立的，它们之间存在相互联系和交叉的部分。

  (1) A．运行阶段　　　　B．规划阶段　　　　C．维护阶段　　　　D．标准化阶段

- ___(2)___不属于运行阶段管理的内容。

  (2) A．系统监控和维护　　　　　　　　B．用户支持和管理
  　　C．业务流程管理和优化　　　　　　D．数据迁移

- 下列说法错误的是___(3)___。

  (3) A．实时监控系统状态，定期维护和更新是系统监控和维护的内容
  　　B．技术支持和操作指南，管理用户权限和行为属于用户支持和管理的内容
  　　C．监控和分析业务流程，根据不同场景定制和优化，提高系统效率和质量属于业务流程管理和优化的内容
  　　D．备份和恢复数据、加密和脱敏、确保数据安全可靠属于安全管理的内容

- 下列不属于运行阶段关键成功因素的是___(4)___。

  (4) A．识别运行维护的相关方　　　　　B．运行维护策划
  　　C．系统切换　　　　　　　　　　　D．应用系统评价

- 下列关于终止阶段管理的内容说法错误的是___(5)___。

  (5) A．制定终止时间表，进行风险评估属于终止计划的内容
  　　B．评估数据价值，制订迁移计划属于数据迁移的内容
  　　C．审查和解除合同，协商解决问题属于合同和协议处理的内容
  　　D．关闭和回收系统资源，处理电子垃圾属于归档管理的内容

- 下列不是终止阶段关键成功因素的是___(6)___。

  (6) A．制订终止计划　　B．通知相关责任人　　C．系统切换　　D．数据管理

答案及解析

（1）答案：A　解析　应用系统的生命周期一般包括设计阶段、交付阶段、运行阶段、终止阶段。

（2）答案：D　解析　运行阶段管理的内容包括：

1）系统监控和维护：实时监控系统状态，定期维护和更新，确保稳定性和安全性。

2）用户支持和管理：提供技术支持和操作指南，管理用户权限和行为，确保系统安全稳定。

3）业务流程管理和优化：监控和分析业务流程，根据不同场景定制和优化，提高系统效率和质量。

4）系统性能优化和扩展：识别并解决系统瓶颈，优化系统架构，升级硬件和软件配置，满足增长需求。

5）数据管理和保护：备份和恢复数据，加密和脱敏，确保数据安全可靠。

6）安全管理：用户身份认证、数据加密、防火墙和入侵检测，制订安全策略和应急响应计划。

（3）答案：D　解析　备份和恢复数据、加密和脱敏、确保数据安全可靠属于数据管理和保护的内容。

（4）答案：C　解析　系统切换属于终止阶段的关键成功因素。

（5）答案：D　解析　资源清理和回收是关闭和回收系统资源，处理电子垃圾，符合环保要求。

（6）答案：D　解析　数据访问是终止阶段的关键成功因素，而非数据管理。

11.2　运行维护

- 应用系统运维管理需要对例行操作、___（1）___、优化改善和调研评估等方面进行全面的管理和控制。

　　（1）A．响应支持　　　　　　　　B．资源优化

　　　　C．生存周期管理标准　　　　D．变更请求

- ___（2）___不属于例行操作的内容。

　　（2）A．监控指标体系设计　　　　B．应用系统运行的监控

　　　　C．客户回访　　　　　　　　D．服务受理

- 不属于响应支持的内容的是___（3）___。

　　（3）A．服务受理　　　　　　　　B．非故障请求处理

　　　　C．故障诊断　　　　　　　　D．功能性改进

- 不属于优化改善的内容的是___（4）___。

　　（4）A．识别优化改善机会　　　　B．性能优化改进

　　　　C．解决方案制定　　　　　　D．预防性改进

- 下列内容中，___(5)___属于调研评估的内容。

    (5) A．应用系统的维护性分析　　　　B．新用户和新功能上线
    　　C．识别优化改善机会　　　　　　D．应用系统运行的监控

- 下列说法错误的是___(6)___。

    (6) A．修复功能缺陷、根据业务变化修改完善或新增应用功能属于功能性改进
    　　B．针对性能问题修改功能，优化应用消息队列等，升级或扩容运行软环境属于性能优化
    　　C．因适应性变化调整应用功能及运行软环境属于适应性改进
    　　D．针对潜在威胁或风险完善功能并改进运行软环境脆弱点属于适应性改进

- 升级编程语言版本、使用分布式缓存、数据库索引优化等属于___(7)___改进措施。

    (7) A．功能性改进　　B．性能优化改进　　C．适应性改进　　D．预防性改进

- 监控指标体系设计的主要目的是___(8)___。

    (8) A．识别监控点　　　　　　　　　B．建立指标
    　　C．实施监控和预防性检查　　　　D．以上选项都对

- 例行操作即对应用系统及其运行环境的预定运行维护，以保障应用系统的正常运行，其中例行操作的活动不包括___(9)___。

    (9) A．监控指标体系设计　　　　　　B．应用系统运行的监控
    　　C．客户回访　　　　　　　　　　D．服务受理

- 在调研评估中，应用系统构成的关联关系分析不包括___(10)___。

    (10) A．研究非核心与核心业务系统的关联
    　　　B．确定关键业务点与核心系统
    　　　C．评估系统的可监控性、易用性、安全性与可维护性
    　　　D．明确运行方式、要素及维护特点

答案及解析

（1）**答案：A**　解析　应用系统运维管理需要对例行操作、响应支持、优化改善和调研评估等方面进行全面的管理和控制。

（2）**答案：D**　解析　服务受理属于响应支持的内容。

（3）**答案：D**　解析　功能性改进属于优化改善的内容。

（4）**答案：C**　解析　解决方案制定属于响应支持的内容。

（5）**答案：A**　解析　调研评估包括应用系统组成要素的构成分解、应用系统构成的关联关系分析、应用系统的维护性分析。

（6）**答案：D**　解析　预防性改进是针对潜在威胁或风险完善功能并改进运行软环境脆弱点。

（7）**答案：B**　解析　升级编程语言版本、使用分布式缓存、数据库索引优化等属于性能方面的内容。

(8) **答案：D 解析** 监控指标体系设计的主要目的是识别监控点、建立指标，并实施监控和预防性检查，以确保系统的稳定运行。

(9) **答案：D 解析** 例行操作即对应用系统及其运行环境的预定运行维护，以保障应用系统的正常运行。例行操作的活动包括：

- 监控指标体系设计：包括识别应用系统运行监控点，建立监控指标，以支撑实施监控和预防性检查。
- 应用系统运行的监控：用于监控应用系统的运行及状态。
- 客户回访：调查客户对运行维护的满意度及改进建议等。
- 问题分析：分析维护事件，识别问题和风险。

(10) **答案：C 解析** 应用系统构成的关联关系分析主要关注非核心与核心业务系统的关联、接口及依存关系，而评估系统的可监控性、易用性、安全性与可维护性属于应用系统的维护性分析的内容。

11.3 应用系统安全

- 应用系统的安全管理不包括___(1)___。
  - (1) A. 账号口令管理　　　　　　　　B. 漏洞管理
  　　　C. 数据安全管理　　　　　　　　D. 网络连接管理
- 账号口令的变更周期建议至少为___(2)___。
  - (2) A. 每月一次　　B. 每季度一次　　C. 每半年一次　　D. 每年一次
- 关于口令保密，以下说法错误的是___(3)___。
  - (3) A. 妥善保管口令　　　　　　　　B. 使用密码管理器
  　　　C. 在公共场合透露口令　　　　　D. 不在网络途径透露
- 身份验证可以采用以下___(4)___方式。
  - (4) A. 用户名和口令　　B. 多因素验证　　C. 指纹识别　　D. 以上选项都对
- 应用系统漏洞管理中，发现评估环节的操作顺序是___(5)___。
  - (5) A. 依评估方案扫描评估系统→生成报告交经理备案
  　　　B. 生成报告交经理备案→依评估方案扫描评估系统
  　　　C. 发现漏洞后直接修复→生成报告交经理备案
  　　　D. 生成报告交经理备案→发现漏洞后直接修复
- 修复部门修复漏洞后应将结果提交给___(6)___。
  - (6) A. 仅业务部门　　　　　　　　　B. 仅安全部门
  　　　C. 业务与安全部门　　　　　　　D. 经理
- 对敏感数据存传时应采用___(7)___。
  - (7) A. 随意存储传输　　B. 数据加密　　C. 明文保存　　D. 不做处理

- 数据安全管理不包括___（8）___。

  （8）A．数据加密　　　　B．备份恢复　　　　C．端口管理　　　　D．访问控制

- 关于日志保护，以下说法错误的是___（9）___。

  （9）A．防止未授权访问　　　　　　　　B．防止修改

  　　　C．防止删除　　　　　　　　　　　D．允许随意访问

- 安全审计不包括___（10）___。

  （10）A．定期审计数据安全　　　　　　B．建立日志系统

  　　　 C．分析操作记录　　　　　　　　D．避免审计日志

- 应用系统账号口令的安全管理不包括___（11）___。

  （11）A．口令强度　　　B．口令保密　　　C．身份验证　　　D．数据加密

- 应用系统漏洞管理不包括___（12）___。

  （12）A．发现评估　　　B．定期扫描　　　C．修复测试　　　D．备份恢复

- 应用系统端口管理不包括___（13）___。

  （13）A．访问权限　　　B．监控审计　　　C．日志存储　　　D．安全策略

答案及解析

（1）**答案：D** 解析　应用系统的安全管理内容主要包括账号口令管理、漏洞管理、数据安全管理、端口管理与日志管理。网络连接管理不属于应用系统安全管理的主要内容。

（2）**答案：B** 解析　应定期更改口令，以降低口令泄露或被破解的风险。建议至少每季度更换一次口令，并避免使用相同的口令或类似的口令。

（3）**答案：C** 解析　口令保密要求不在公共或网络途径透露口令。

（4）**答案：D** 解析　身份验证可以采用用户名和口令、多因素验证、指纹识别等多种方式。

（5）**答案：A** 解析　先依评估方案扫描评估系统，然后生成报告交经理备案。

（6）**答案：C** 解析　修复部门测试漏洞修复情况，无异常后提交结果给业务与安全部门。

（7）**答案：B** 解析　对敏感数据加密存传，依需求选对称或非对称加密及密钥管理方案。

（8）**答案：C** 解析　端口管理是应用系统安全管理的一个独立方面，不属于数据安全管理的内容。

（9）**答案：D** 解析　日志保护需要防止未授权访问、修改和删除，不应允许随意访问。

（10）**答案：D** 解析　安全审计需要定期审计数据安全、建立日志系统、分析操作记录，不应避免审计日志。

（11）**答案：D** 解析　数据加密属于应用系统数据管理的内容。

（12）**答案：D** 解析　备份恢复属于应用系统数据管理的内容。

（13）**答案：C** 解析　日志存储属于应用系统日志管理的内容。

第 12 章 网络系统管理

12.1 网络管理基础

- 网络管理的重要性体现在___(1)___方面。

  (1) A．网络设备复杂化
     B．网络经济效益依赖有效管理
     C．先进可靠的网络管理是网络发展的必然要求
     D．以上选项都对

- 网络管理的目标不包括___(2)___。

  (2) A．有效性　　　　B．可靠性　　　　C．开放性　　　　D．复杂性

- 网络管理对象的硬件资源不包括___(3)___。

  (3) A．网卡　　　　　B．双绞线　　　　C．操作系统　　　D．同轴电缆

- 网络管理对象的软件资源包括___(4)___。

  (4) A．操作系统　　　B．应用软件　　　C．通信软件　　　D．以上选项都对

- 管理信息库是___(5)___。

  (5) A．网络中的物理介质　　　　　　B．网络管理系统的实现
     C．被管对象的集合　　　　　　　D．网络中的软件资源

- 目前应用的网络管理标准不包括___(6)___。

  (6) A．OSI 参考模型
     B．TCP/IP 参考模型
     C．TMN（Telecommunication Management Network）参考模型
     D．HTTP 参考模型

- 网络管理的重要性体现在多个方面，下列说法正确的是___(7)___。

  (7) A．网络经济效益与管理无关，主要取决于网络规模
     B．网络设备简单，传统手工管理仍可满足需求

C. 人们和组织对网络依赖强，网络需有更高可靠性和安全性
D. 网络故障不会给用户和运营者带来明显影响

● 网络管理标准众多，其中___(8)___是从开放式系统互连角度看到的 OSI 环境下可被 OSI 管理标准管理的资源表。

(8) A. 被管对象 　　　　　　　　　B. 管理信息库
　　C. 网络管理系统 　　　　　　　　D. 网络互连设备

答案及解析

(1) 答案：D　解析　网络管理的重要性体现在网络设备复杂化、网络经济效益依赖有效管理，以及先进可靠的网络管理是网络发展的必然要求。

(2) 答案：D　解析　网络管理的目标包括有效性、可靠性、开放性、综合性、安全性和经济性。

(3) 答案：C　解析　操作系统属于软件资源，不属于硬件资源。

(4) 答案：D　解析　网络管理对象的软件资源包括操作系统、应用软件和通信软件。

(5) 答案：C　解析　管理信息库是网络中所有被管对象信息的集合，是网络管理的重要概念之一。

(6) 答案：D　解析　目前应用的网络管理标准包括 OSI 参考模型、TCP/IP 参考模型、TMN 参考模型。

(7) 答案：C　解析　A 选项，网络经济效益依赖有效管理，无有力管理支撑，网络异常会给用户带来麻烦，给运营者造成损失；B 选项，网络设备复杂化，传统手工管理方式不再适用；D 选项，网络故障会给用户和运营者带来诸多不利影响。

(8) 答案：A　解析　被管对象（Managed Object, MO）是从开放式系统互连（International Organization for Standardization, ISO）角度看到的 OSI 环境下可被 OSI 管理标准管理的资源。B 选项是被管对象的集合；C 选项网络管理系统是基于相关概念构建的管理体系；D 选项网络互连设备是网络管理对象中的硬件资源类型之一。

12.2　网络日常管理

● 局域网管理不包括___(1)___。

(1) A. 网络设备管理 　　　　　　　　B. 网络拓扑管理
　　C. 链路备份管理 　　　　　　　　D. 网络安全管理

● 局域网安全管理的手段不包括___(2)___。

(2) A. 访问控制　　B. 链路冗余　　C. 防火墙配置　　D. 病毒防护

- 广域网链路管理的任务不包括___(3)___。
    - (3) A. 带宽管理　　　　　　　　　B. VLAN 划分
        - C. 故障管理　　　　　　　　　D. 链路备份与冗余
- 广域网安全管理中,用于连接不同地理位置分支机构且保障数据传输安全的技术是___(4)___。
    - (4) A. 防火墙配置　　　　　　　　B. 虚拟专用网（VPN）
        - C. 入侵检测系统（IDS）　　　　D. 访问控制
- 互联网管理中,负责 AS 配置、监控等基础管理的是___(5)___。
    - (5) A. 路由管理　　　　　　　　　B. 自治系统管理
        - C. 互联网安全管理　　　　　　D. 域名管理
- 互联网安全管理不包括___(6)___。
    - (6) A. 防御策略配置　　　　　　　B. 路由优化
        - C. 安全漏洞管理　　　　　　　D. 安全事件监控
- 无线网管理中,用于确定 AP 位置、覆盖范围等的是___(7)___。
    - (7) A. AP 配置管理　　　　　　　　B. 网络拓扑规划
        - C. 频谱管理　　　　　　　　　D. 客户端管理
- 无线网安全管理的措施不包括___(8)___。
    - (8) A. 设置强密码　　　　　　　　B. 划分 VLAN
        - C. 更新固件　　　　　　　　　D. 采取安全认证方式
- 下列不属于互联网管理的是___(9)___。
    - (9) A. 自治系统管理　　　　　　　B. 路由管理
        - C. 互联网安全管理　　　　　　D. 客户端管理
- 调整信道属于___(10)___管理的内容。
    - (10) A. AP 配置管理　　　　　　　 B. 客户端管理
        - C. 频谱管理　　　　　　　　　D. 安全管理

答案及解析

（1）**答案：C** 解析 局域网管理包括网络设备管理、网络拓扑管理、网络安全管理，链路备份管理主要是广域网管理中的链路管理内容。

（2）**答案：B** 解析 局域网安全管理包括访问控制、防火墙配置、病毒防护、安全培训等，链路冗余是广域网链路管理的内容。

（3）**答案：B** 解析 广域网链路管理的任务包括带宽管理、故障管理、延迟丢包管理、链路备份与冗余，VLAN 划分属于局域网网络拓扑管理的内容。

（4）**答案：B** 解析 虚拟专用网（VPN）用于在广域网中连接不同地理位置分支机构并保障数据传输安全，防火墙配置、入侵检测系统（IDS）、访问控制虽然也是广域网安全管理手段，但主要功能并非专门用于连接分支机构保障传输安全。

(5) 答案：B 解析 自治系统管理是互联网管理中的基础管理，包括 AS 配置、监控、协商和备份；路由管理主要涉及路由相关操作；互联网安全管理侧重于安全方面；域名管理主要针对域名相关事务。

(6) 答案：B 解析 互联网安全管理包括防御策略配置、安全漏洞管理、安全事件监控和安全培训，路由优化属于路由管理的内容。

(7) 答案：B 解析 网络拓扑规划负责规划无线网拓扑，确定 AP 位置、覆盖范围、信号强度和频率等；AP 配置管理主要设置 AP 参数；频谱管理监控频谱使用；客户端管理管理客户端设备。

(8) 答案：B 解析 无线网安全管理的措施包括设置强密码、更新固件、采取安全认证方式等，划分 VLAN 主要用于局域网管理。

(9) 答案：D 解析 客户端管理属于无线网管理。

(10) 答案：C 解析 频谱管理包括监控频谱使用，解决干扰问题，如调整信道、用消除技术。

12.3 网络资源管理

- 对网络资源规划、配置、监控和优化，确保高效利用与平衡分配属于___(1)___的内容。
  - (1) A．网络资源管理　　　　　　　B．带宽资源管理
  　　　C．地址资源管理　　　　　　　D．虚拟资源管理
- ___(2)___是对网络传输数据能力的管理，通过流量监控与分析、优先级和限制等进行管理。
  - (2) A．网络资源管理　　　　　　　B．带宽资源管理
  　　　C．地址资源管理　　　　　　　D．虚拟资源管理
- ___(3)___是网络设备和主机标识符，其管理包括规划、分配和转换，通过多种方式确保通信顺畅的管理。
  - (3) A．网络资源　　　　　　　　　B．带宽资源
  　　　C．地址资源　　　　　　　　　D．虚拟资源
- ___(4)___是软件模拟资源，网络虚拟资源管理包括分配、监控和调度，还有容错、备份和安全管理，趋势是自动化、智能化的管理。
  - (4) A．网络资源管理　　　　　　　B．带宽资源管理
  　　　C．地址资源管理　　　　　　　D．虚拟资源管理
- 网络资源管理主要涉及的资源不包括___(5)___。
  - (5) A．电力资源　　B．带宽资源　　C．地址资源　　D．虚拟资源
- 带宽资源管理的___(6)___环节是为了根据实际情况调整策略。
  - (6) A．流量监控与分析　　　　　　B．优先级和限制

　　　　C．定期审查与优化　　　　　　　　D．流量整形与调度
● 地址资源管理中，IP 地址分配的方式不包括___(7)___。
　　（7）A．随机分配　　　　　　　　　B．静态分配
　　　　C．动态分配　　　　　　　　　　D．按规划范围分配
● 在地址资源管理中，子网划分的主要作用是___(8)___。
　　（8）A．监控 IP 地址分配　　　　　　B．避免 IP 地址冲突
　　　　C．依需求调整网络结构　　　　　D．记录 IP 地址使用情况
● 以下___(9)___可以用于管理跟踪 IP 地址分配，提供报表和警报。
　　（9）A．子网划分工具　　　　　　　B．IP 地址管理工具
　　　　C．流量监控工具　　　　　　　　D．带宽分配工具
● 虚拟资源分配应遵循的原则不包括___(10)___。
　　（10）A．公平　　　　B．高效　　　　C．随意　　　　D．灵活
● 在虚拟资源管理中，容错主要靠___(11)___机制保障故障时资源切换。
　　（11）A．冗余　　　　B．加密　　　　C．备份　　　　D．访问控制

答案及解析

　　（1）**答案：A**　**解析**　网络资源管理是对网络资源规划、配置、监控和优化，确保高效利用与平衡分配，目标是提高性能、增强体验、降低成本，涉及多种资源管理，主要包括带宽、地址、虚拟资源管理。

　　（2）**答案：B**　**解析**　带宽是网络传输数据能力，其管理可保障流量合理分配与高效利用，包括带宽分配、控制和优化。通过流量监控与分析、优先级和限制、流量整形与调度、定期审查与优化管理带宽。

　　（3）**答案：C**　**解析**　地址资源是网络设备和主机标识符，其管理包括规划、分配和转换，通过多种方式确保通信顺畅。

　　（4）**答案：D**　**解析**　虚拟资源是软件模拟资源，网络虚拟资源管理包括分配、监控和调度，还有容错、备份和安全管理，趋势是自动化、智能化的管理。

　　（5）**答案：A**　**解析**　网络资源包括带宽、地址、虚拟资源管理。

　　（6）**答案：C**　**解析**　定期审查与优化是定期审查并依实际需求优化带宽资源配置，以根据实际情况调整策略。A 选项主要是发现问题；B 选项主要是保障关键应用带宽；D 选项主要是控制流量。

　　（7）**答案：A**　**解析**　IP 地址分配是按规划范围为设备分配唯一 IP 地址（静态或动态），避免冲突。没有随机分配这个策略。

　　（8）**答案：C**　**解析**　子网划分是依需求将 IP 地址范围划分为子网，按需调整优化，也就是依需求调整网络结构。A 选项是 IP 地址管理工具的作用；B 选项是 IP 地址分配过程中要注

意的内容；D 选项也是 IP 地址管理工具的功能。

（9）**答案：B** 解析 IP 地址管理工具用于管理跟踪 IP 地址分配，记录、监控、提供报表和警报；子网划分工具主要用于子网划分；流量监控工具用于带宽管理中的流量监控；带宽分配工具用于带宽分配。

（10）**答案：C** 解析 虚拟资源的分配应遵循公平、高效、灵活原则，不是随意分配。

（11）**答案：A** 解析 虚拟资源的容错靠冗余等机制保障故障时切换资源；加密主要用于安全管理中的数据安全；备份是为了防止数据丢失；访问控制是保障资源安全的措施之一。

12.4 网络应用管理

- 网络应用管理不包括___（1）___。
  - （1）A．网络应用程序的卸载　　　　　B．网络应用程序的配置
  　　　C．网络应用程序的维护　　　　　D．网络应用程序的安全保障
- 以下___（2）___不属于常见的网络应用管理。
  - （2）A．数据库管理系统管理　　　　　B．DHCP 管理
  　　　C．文件服务器管理　　　　　　　D．邮件系统管理
- 在 DHCP 应用管理中，设置租约时间的主要依据是___（3）___。
  - （3）A．服务器的性能　　　　　　　　B．组织和设备情况
  　　　C．网络带宽大小　　　　　　　　D．IP 地址范围大小
- DHCP 服务器配置中，配置网络参数不包括___（4）___。
  - （4）A．子网掩码　　B．打印机型号　　C．网关　　D．DNS 服务器
- 以下___（5）___是 DHCP 应用管理中安全性配置的措施。
  - （5）A．随意开放访问权限　　　　　　B．禁用认证
  　　　C．限制访问　　　　　　　　　　D．不使用安全协议
- DNS 服务器管理中，添加资源记录用于___（6）___。
  - （6）A．安装 DNS 软件　　　　　　　　B．实现域名和 IP 的转换
  　　　C．配置服务器与网络连接　　　　D．设置服务器的资源容量
- 在 DNS 服务器管理中，配置转发器的主要作用是___（7）___。
  - （7）A．转发用户请求到其他 DNS 服务器　B．备份 DNS 服务器数据
  　　　C．限制对 DNS 服务器的访问　　　　D．增加 DNS 服务器的解析速度
- DNS 服务器监控和管理主要检查___（8）___。
  - （8）A．仅检查服务器的硬件状态　　　　B．解析响应时间和准确性
  　　　C．只检查网络连接情况　　　　　　D．服务器的外观磨损情况
- 文件服务器管理中，设置共享目录主要考虑___（9）___。
  - （9）A．仅考虑服务器的存储容量　　　　B．依需求和策略设置访问权限

C．只考虑文件的类型　　　　　　　　D．服务器的地理位置
- 文件服务器管理的容灾和恢复措施不包括___(10)___。
  (10) A．制订计划　　　　　　　　　　B．设备备份策略
  　　 C．忽略冗余技术　　　　　　　　D．测试计划和演练恢复
- 以下___(11)___不是文件服务器安全性配置的措施。
  (11) A．限制访问　　　　　　　　　　B．启用防火墙
  　　 C．随意开放共享目录权限　　　　D．使用加密协议
- 打印系统管理中，配置队列和优先级的目的是___(12)___。
  (12) A．增加打印机的数量　　　　　　B．优先处理高优先级任务
  　　 C．改变打印机的型号　　　　　　D．降低打印质量
- 打印系统管理的监控和管理主要不包括检查___(13)___。
  (13) A．打印机状态　　　　　　　　　B．任务队列情况
  　　 C．用户的私人文件内容　　　　　D．资源使用情况
- 以下___(14)___是打印系统管理中安全性配置的措施。
  (14) A．随意共享打印机权限　　　　　B．不启用防火墙
  　　 C．限制访问　　　　　　　　　　D．不考虑安全策略
- 邮件系统管理中，配置收发规则主要用于___(15)___。
  (15) A．增加邮件服务器的存储容量　　B．过滤垃圾邮件
  　　 C．改变邮件服务器的域名　　　　D．减少服务器的网络连接
- 邮件系统管理的备份策略不考虑___(16)___。
  (16) A．限制访问　　　　　　　　　　B．定期备份
  　　 C．选合适介质　　　　　　　　　D．测试验证可恢复性
- 门户网站管理的内容管理主要通过___(17)___方式简化发布维护。
  (17) A．使用内容管理系统（CMS）　　B．人工逐个文件处理
  　　 C．不更新内容　　　　　　　　　D．随意发布内容
- 以下___(18)___不是门户网站管理中安全性配置的措施。
  (18) A．强密码　　　　　　　　　　　B．备份数据
  　　 C．更新补丁　　　　　　　　　　D．用户体验、导航和布局

答案及解析

(1) **答案：A** **解析** 网络应用管理包括网络应用程序安装、配置、维护、升级和安全保障。

(2) **答案：A** **解析** 常见的网络应用管理有 DHCP、DNS、文件服务器、打印系统、邮件系统、门户网站管理。

(3) 答案：B　解析　设置租约时间是根据组织和设备情况设 IP 地址有效期。

(4) 答案：B　解析　配置网络参数包括配置子网掩码、网关、DNS 服务器等，帮助设备联网通信。

(5) 答案：C　解析　在 DHCP 安全性配置中可以采取限制访问、启用认证、使用安全协议等措施，A、B、D 选项都是错误的安全措施。

(6) 答案：B　解析　在 DNS 服务器管理中，为区域添加常见资源记录（A、AAAA、CNAME、MX 等）是用于实现域名和 IP 的转换。A 选项是配置 DNS 服务器的步骤；C 选项是配置 DNS 服务器的基本要求；D 选项与添加资源记录无关。

(7) 答案：A　解析　若需与其他 DNS 服务器通信，配置转发器可以转发用户请求到其他 DNS 服务器。B 选项配置转发器不是用于备份；C 选项限制访问有其他措施；D 选项配置转发器不是主要用于增加解析速度。

(8) 答案：B　解析　DNS 服务器监控和管理主要是定期监控服务器，检查解析响应时间和准确性，审查更新配置，不是只检查硬件状态、网络连接情况或外观磨损情况。

(9) 答案：B　解析　在文件服务器管理中，设置共享目录要依需求和策略设置访问权限，不是仅考虑存储容量、文件类型或服务器地理位置。

(10) 答案：C　解析　文件服务器管理的容灾和恢复措施包括制订计划、设备备份策略、用冗余等技术，测试计划和演练恢复，不能忽略冗余技术。

(11) 答案：C　解析　文件服务器安全性配置包括限制访问、启用防火墙、使用加密协议等措施，不能随意开放共享目录权限。

(12) 答案：B　解析　在打印系统管理中，为管理任务配置队列和优先级规则是为了优先处理高优先级任务。

(13) 答案：C　解析　打印系统管理的监控和管理主要是定期监控系统，检查打印机状态、任务队列和资源使用情况，审查更新设置，不包括检查用户的私人文件内容。

(14) 答案：C　解析　打印系统管理的安全性配置包括采取限制访问、启用防火墙、使用加密协议等措施。

(15) 答案：B　解析　在邮件系统管理中，配置收发规则是依需求和策略设置规则，过滤垃圾邮件，减少资源消耗。

(16) 答案：A　解析　邮件系统管理的备份策略是定期备份，选合适介质，测试验证可复性。

(17) 答案：A　解析　门户网站管理的内容管理是定期更新管理内容，用内容管理系统（Content Management System，CMS）简化发布维护。

(18) 答案：D　解析　门户网站管理的安全性配置包括采取强密码、备份数据、更新补丁等安全措施。

12.5 网络安全

- ___(1)___ 不属于对称加密算法。

  (1) A．DES　　　　　B．AES　　　　　C．IDEA　　　　　D．RSA

- 以下___(2)___属于哈希函数。

  (2) A．MD5　　　　　B．DES　　　　　C．ECC算法　　　D．AES

- 数字证书是CA颁发的，含公钥和身份信息，用___(3)___签名，接收方用___(3)___验证数字证书的真实性，并使用其中的公钥进行加密操作。

  (3) A．CA私钥、CA公钥　　　　　　B．CA公钥、CA私钥

  　　C．接收方公钥、CA公钥　　　　D．发送方私钥、CA公钥

- ___(4)___是实时监测、分析和预测网络安全威胁的工具，有多项功能提高网络安全防护水平。

  (4) A．网络安全态势感知平台　　　B．网络攻防演练

  　　C．入侵检测系统（IDS）　　　　D．入侵防御系统（IPS）

- ___(5)___用先进技术深入分析数据，识别已知攻击等并提供警报和建议。

  (5) A．实时监测　　　　　　　　　B．威胁分析

  　　C．智能预警　　　　　　　　　D．可视化展示

- ___(6)___用大数据和机器学习分析预测未来高级威胁，提前防范。

  (6) A．高级威胁预测　　　　　　　B．实时监测

  　　C．智能预警　　　　　　　　　D．可视化展示

- 防火墙管理中，配置访问控制列表（ACL）的主要目的是___(7)___。

  (7) A．记录所有网络流量　　　　　B．定义允许或拒绝特定流量

  　　C．检测安全事件　　　　　　　D．升级防火墙软件

- 防火墙定期更新和升级的主要内容不包括___(8)___。

  (8) A．安装安全补丁　　　　　　　B．更新固件

  　　C．更换硬件设备　　　　　　　D．升级防火墙软件

- 入侵检测系统（IDS）的下列功能中，___(9)___主要用于检查系统是否存在安全隐患。

  (9) A．监测分析用户和系统活动　　B．核查系统配置和漏洞

  　　C．评估资源和文件完整性　　　D．识别已知攻击行为

- 网络攻防演练过程中，防御团队的主要任务不包括___(10)___。

  (10) A．检测攻击　　　B．发起攻击　　　C．分析攻击　　　D．应对攻击

- 网络攻防演练结束后，持续改进阶段主要依据___(11)___来修复漏洞和加强策略。

  (11) A．攻击者的攻击技巧　　　　　B．收集的反馈和分析总结的结果

  　　C．演练的时间长度　　　　　　D．参与演练的人数

答案及解析

（1）答案：D　解析　RSA属于非对称加密的措施。

（2）答案：A　解析　哈希函数是将任意长度数据转为固定长度哈希值，单向性，如MD5、SHA-1、SHA-256，用于验证数据完整性和生成数字签名。

（3）答案：A　解析　数字证书是CA颁发的，含公钥和身份信息，用CA私钥签名，接收方用CA公钥验证数字证书的真实性，并使用其中的公钥进行加密操作。

（4）答案：A　解析　网络安全态势感知平台是实时监测、分析和预测网络安全威胁的工具，有多项功能提高网络安全防护水平。

（5）答案：B　解析　威胁分析用先进技术深入分析数据，识别已知攻击等并提供警报和建议。

（6）答案：A　解析　高级威胁预测用大数据和机器学习分析预测未来高级威胁，提前防范。

（7）答案：B　解析　在防火墙管理中，配置访问控制列表（ACL）是防火墙规则基础，主要用于定义允许或拒绝特定IP、端口、协议流量。A选项记录所有网络流量不是ACL的主要目的；C选项检测安全事件主要是通过启用日志记录和监控来实现；D选项升级防火墙软件是另一个独立的管理任务。

（8）答案：C　解析　防火墙定期更新和升级的主要内容包括升级防火墙软件、安装安全补丁和更新固件。

（9）答案：B　解析　核查系统配置和漏洞可以直接检查系统是否存在安全隐患。A选项监测分析用户和系统活动主要是了解正常行为模式；C选项评估资源和文件完整性侧重于数据方面；D选项识别已知攻击行为是在攻击发生时的检测。

（10）答案：B　解析　在网络攻防演练中，防御团队主要负责检测、分析和应对攻击，发起攻击是攻击者的任务。

（11）答案：B　解析　持续改进阶段是根据收集的参与者反馈，以及对演练的分析总结，包括参与者表现、系统弱点和防御策略有效性等来修复漏洞和加强策略。攻击者的攻击技巧只是部分参考；演练的时间长度和参与演练的人数不是主要依据。

第13章 数据中心管理

13.1 基础管理

- 数据中心提供机房基础设施还包括___(1)___。
  - (1) A．物理资源、虚拟资源、平台资源
      B．物理资源、虚拟资源、平台资源、中间件资源、数据库资源
      C．物理资源、虚拟资源、平台资源、应用资源和数据库资源
      D．物理资源、虚拟资源、平台资源、应用资源和数据资源
- 数据中心对外服务模式包括___(2)___。
  - (2) A．IaaS 服务、PaaS 服务、SaaS 服务
      B．托管服务、IaaS 服务、PaaS 服务、SaaS 服务
      C．IaaS 服务、PaaS 服务、SaaS 服务、业务系统服务
      D．托管服务、IaaS 服务、PaaS 服务、SaaS 服务、业务系统服务
- 数据中心管理的内容包括针对机房基础设施、物理资源、虚拟资源、平台资源、应用资源和数据资源等六类对象进行的___(3)___。
  - (3) A．调研评估、资源规划、应急响应支持和增值服务
      B．调研评估、服务规划、应急响应支持和增值服务
      C．调研评估、日常操作、应急响应和优化改善服务
      D．调研评估、例行操作、响应支持和优化改善服务
- 在数据中心管理过程中，通过___(4)___的管理模型，能够快速、有效形成决策，改善运维过程中的反应时间，更成功地完成管理保障任务。
  - (4) A．观察、分析、决定和行动   B．观察、分析、计划和行动
      C．观察、定位、决定和行动   D．观察、定位、计划和行动

● 观察、定位、决定和行动的管理模型中，观察的目标是通过多维监控和信息采集，明确当前的现状，对于供需双方人员、技术、资源、流程的观察属于___(5)___。

(5) A．管理对象观察 B．促成要素观察
　　C．内部环境观察 D．外部环境观察

● 数据中心管理是通过对数据中心服务能力的测量和调整，持续保持服务质量达到组织业务的要求，包括业务关系可视化，分析数据中心服务需求，控制服务期望，确定数据中心服务目标，监控服务质量，服务的评估、改善和终止等活动。定义数据中心服务目录中的服务内容和服务要求属于上述中的___(6)___的过程活动。

(6) A．分析数据中心服务需求 B．确定数据中心服务目标
　　C．监控服务质量 D．服务的评估

● 外包合同（UC）首次形成于目标管理的___(7)___阶段。

(7) A．业务关系可视化 B．分析数据中心服务需求
　　C．控制服务期望 D．确定数据中心服务目标

● 数据中心服务的组成信息是实施有效的配置信息管理所需要的设备或系统的组成要素，包括___(8)___。
①服务合同和招投标文件　②运维记录等运维过程文档　③软件、设计书、操作手册等产品文档　④硬件部署手册和设计图表、操作手册等产品文档

(8) A．① B．①② C．①②③ D．①②③④

答案及解析

(1) **答案：D** 解析　数据中心提供机房基础设施、物理资源、虚拟资源、平台资源、应用资源和数据资源。

(2) **答案：D** 解析　数据中心对外服务模式包括托管服务、IaaS 服务、PaaS 服务、SaaS 服务、业务系统服务。

(3) **答案：D** 解析　数据中心管理的内容包括针对机房基础设施、物理资源、虚拟资源、平台资源、应用资源和数据资源等六类对象进行的调研评估、例行操作、响应支持和优化改善服务。

(4) **答案：C** 解析　在数据中心管理过程中，通过观察、定位、决定和行动的管理模型，能够快速、有效形成决策，改善运维过程中的反应时间，更成功地完成管理保障任务。

(5) **答案：B** 解析　观察的目标是通过多维监控和信息采集，明确当前的现状，包括管理对象观察、促成要素观察、内部环境观察和外部环境观察。管理对象观察包括资产管理、容量管理、故障管理等；促成要素观察包括供需双方人员、技术、资源、流程等；内部环境观察、外部环境观察包括业务/监管目标，以及外联系统的运行情况等。

(6) **答案：A** 解析　数据中心管理是通过对数据中心服务能力的测量和调整，持续保持服务质量达到组织业务的要求，包括业务关系可视化，分析数据中心服务需求，控制服务期望，确定

数据中心服务目标，监控服务质量，服务的评估、改善和终止等活动。定义数据中心服务目录中的服务内容和服务要求属于分析数据中心服务需求。

（7）**答案：D 解析** 数据中心管理者在与组织中的各业务部门协商服务水平时，应分析数据中心现有服务能力水平并识别差距，形成确实可行的数据中心服务目标，主要的活动包括：

- 在服务目录的指导下，形成服务级别协议（SLA），用于在服务过程中评价数据中心服务质量。SLA 的内容包括服务的容量、可用性以及业务维系所需要的服务水平。服务水平应考虑 IT 服务所需成本之间的平衡。
- 识别组织内/外部的其他 IT 服务资源，确定分包或外包需求，形成内部服务级别协议（OLA）或外包合同（UC）。
- 服务目标的内容则包括服务台的支持时间以及 IT 服务紧急停止时向业务部门通报的时间等，供应方应提供多种方案，供需方能够在权衡各项服务的重要性和成本的基础上做出选择。

（8）**答案：D 解析** 数据中心服务的组成信息包括数据中心服务中所有的设备或系统组成要素，通常指硬件和软件、设计书、操作手册等产品文档、SLA 等合同文件，以及运维过程文档等。

13.2 机房基础设施管理

- 机房基础设施管理的管理对象包括___(1)___。
  (1) A. 电气系统、通风空调系统
      B. 电气系统、通风空调系统、消防系统
      C. 电气系统、通风空调系统、消防系统、智能化系统
      D. 电气系统、通风空调系统、消防系统、综合布线系统和智能化系统
- 对数据中心机房的动力环境监控系统开展漏水测试和告警测试，属于___(2)___运维活动。
  (2) A. 优化改善   B. 例行操作中的监控
      C. 例行操作中的预防性检查   D. 例行操作中的常规作业
- 经常性定期关注一下数据中心机房的视频监控系统运行状态、监控死角问题等，极大可能是在开展___(3)___运维活动。
  (3) A. 优化改善   B. 例行操作中的预防性性能检查
      C. 例行操作中的预防性脆弱性检查 D. 例行操作中的常规作业
- 以下___(4)___是数据中心响应支持的事件驱动响应服务的内容。
  (4) A. 对门禁系统增加、删减、变更门禁权限和增加视频摄像机和存储容量
      B. 增减消防系统的设备并更新联动逻辑和防雷接地系统为新安装的设备接地
      C. 数据中心扩容时运维人员主动屏蔽告警
      D. 综合布缆系统更换线缆和模块，排查视频监控的故障原因并更换硬盘

- 以下＿＿(5)＿＿不是数据中心响应支持的服务请求响应服务的内容。

  (5) A．对门禁系统增加、删减、变更门禁权限和增加视频摄像机和存储容量
  　　B．增减消防系统的设备并更新联动逻辑和防雷接地系统为新安装的设备接地
  　　C．数据中心扩容时运维人员主动屏蔽告警
  　　D．直流电源系统的故障排查、整流模块维修更换等

- 在对机房基础设施进行优化改善时，应根据数据中心容量的变化情况以及不同的管理对象和系统运行要求进行改进，＿＿(6)＿＿属于适应性改进。

  (6) A．调整综合布缆系统，以适应应用系统的变化
  　　B．防雷接地系统增加冗余引下线、接地装置，降低接地电阻阻值
  　　C．发电机更换电瓶，添加适应环境温度的防冻液和油料等
  　　D．使用物联网等技术对数据中心的各类设备进行全生命周期的管理

答案及解析

（1）**答案：C** 解析　机房基础设施管理主要针对电气系统、通风空调系统、消防系统和智能化系统进行管理。

（2）**答案：D** 解析　机房基础设施的常规作业包括基础类操作、测试类操作和数据类操作。漏水测试、温/湿度测试、告警测试等都是测试类操作，属于各类机房基础设施例行操作中的常规作业的内容。

（3）**答案：C** 解析　数据中心视频监控系统运行状态、监控死角问题等，是例行操作中的预防性检查，且是脆弱性检查。

（4）**答案：D** 解析　事件驱动响应是对设备的软硬件故障引起的业务中断或运行效率无法满足正常运行要求而进行的响应服务，综合布缆系统更换线缆和以及排查视频监控的故障原因并更换硬盘属于事件驱动服务内容中智能化系统服务中的内容。

（5）**答案：D** 解析　直流电源系统包括故障排查、整流模块维修更换，属于事件驱动响应中的电气系统服务。

（6）**答案：A** 解析　适应性改进是根据数据中心容量的变化情况以及业务系统及其软硬件环境的运行要求，对机房基础设施进行必要的调整。

增强性改进是根据数据中心容量的变化情况以及业务系统及其软硬件环境的运行状况，对机房基础设施进行调整、扩容或升级。

预防性改进是根据业务系统及其软硬件环境的运行趋势，对机房基础设施的脆弱点实施改进作业。

三种改进都属于优化改善运维活动。

13.3 物理资源管理

- 对物理资源进行监控时,监控内容一般不包括___(1)___。
  (1) A. 网络设备软件配置变动审计
      B. 服务器内存工作情况
      C. 服务器的系统微码、操作系统版本一致性检查
      D. 存储设备数据存储介质空间使用情况
- 物理资源预防性检查时,以下不属于性能检查内容的是___(2)___。
  (2) A. 路由器路由协议状态
      B. 网络设备的系统版本是否需要升级
      C. 服务器文件系统空间使用情况
      D. 存储系统日志情况
- 物理资源的响应支持分事件驱动响应和服务请求响应,以下___(3)___不属于事件驱动响应。
  (3) A. 增加、降低网络接入的数量或速度
      B. 存储上的数据修复
      C. 网络备件更换
      D. 服务器更换故障部件
- 以下关于物理资源的优化改善,不属于预防性改进的是___(4)___。
  (4) A. 提高网络设备的软件配置命令可读性
      B. 查看存储控制器电池的使用情况,及时更换新的电池
      C. 增加服务器电源供电模块冗余
      D. 增加服务器网卡、光纤卡以及链路冗余情况

答案及解析

(1) **答案:C** **解析** 服务器的系统微码、操作系统版本一致性检查属于预防性检查中的脆弱性检查内容。

(2) **答案:B** **解析** 网络设备的系统版本是否需要升级属于脆弱性检查。

(3) **答案:A** **解析** 事件驱动响应是针对物理资源的故障引起的业务中断或运行效率无法满足正常运行要求而进行的响应服务,B、C、D 选项都符合,而 A 选项更可能是需方请求和系统运行所需要的。

(4) **答案:A** **解析** 预防性改进是根据业务系统及其软硬件环境的运行趋势,对物理资源的脆弱点实施改进作业。A 选项属于增强性改进。

13.4 虚拟资源管理

- 虚拟资源的性能检查不包括___(1)___。
  (1) A. 虚拟机宿主机服务进程的健康状态
      B. 虚拟网络资源 CPU 使用峰值情况
      C. 虚拟机宿主机及虚拟机 IO 读写情况
      D. 虚拟存储用户请求的错误率
- 以下___(2)___属于虚拟资源的性能检查。
  (2) A. 虚拟网络资源端口运行情况
      B. 虚拟网络资源可用性周期性检查
      C. 虚拟计算资源安全隔离有效性
      D. 虚拟存储数据副本的一致性
- 虚拟存储服务控制器节点数量增加的优化改善,属于___(3)___。
  (3) A. 适应性改进   B. 增强性改进
      C. 预防性改进   D. 性能改进

答案及解析

(1) **答案:A** **解析** 虚拟机宿主机服务进程的健康状态检查属于脆弱性检查。
(2) **答案:A** **解析** 虚拟网络资源端口运行情况属于性能检查,B、C、D 选项均属于脆弱性检查的内容。
(3) **答案:B** **解析** 虚拟存储服务控制器节点数量增加是对资源扩容,属于增强性改进。

13.5 平台资源管理

- 平台资源管理对象不包括___(1)___。
  (1) A. 操作系统   B. 数据库
      C. 中间件   D. 应用系统
- 对平台资源进行预防性检查不包括___(2)___。
  (2) A. 操作系统硬盘使用情况   B. 数据库会话数
      C. 操作系统内存使用情况   D. 中间件服务器业务 CPU 使用峰值情况
- 以下不属于平台资源服务请求响应的是___(3)___。
  (3) A. 中间件新增应用服务   B. 数据库版本升级
      C. 操作系统 IP 地址修改   D. 数据库备份恢复

- ___(4)___ 不属于平台资源的适应性改进。
  (4) A. 数据库对象的调整　　　　　　B. 操作系统交换区容量调整
  　　 C. 中间件参数配置优化　　　　　D. 中间件版本升级、打补丁

答案及解析

（1）答案：D　解析　应用系统属于平台资源之上的业务系统。
（2）答案：C　解析　操作系统内存使用情况属于监控内容，不属于预防性检查。
（3）答案：D　解析　数据库备份恢复大概率是数据或者系统故障，属于事件驱动响应。
（4）答案：D　解析　中间件版本升级、打补丁属于平台资源的增强性改进。

第14章 桌面与外设管理

14.1 概述

- 桌面及外围设备不包括___(1)___。
  (1) A. 移动计算终端　　　　　　　　B. 通信设备
     C. 存储设备　　　　　　　　　　D. 网络安全设备
- 以下不属于桌面及外围设备主要特点的是___(2)___。
  (2) A. 数量多且分布广、移动广　　　B. 功能复杂
     C. 多样化　　　　　　　　　　　D. 智能化
- 以下桌面及外围设备的主要运维管理活动包括___(3)___。
  (3) A. 例行操作、响应支持
     B. 调研评估
     C. 例行操作、响应支持、优化改善
     D. 例行操作、响应支持、调研评估、优化改善

答案及解析

(1) 答案：D　解析　网络安全设备不是用户使用和管理信息系统应用的终端设备。

(2) 答案：D　解析　桌面及外围设备具有数量多、分布广、功能复杂和移动化、多样化的特点。智能化是移动终端设备的特点和发展趋势，如输入/输出设备、小型的存储设备并不普遍具备智能化的特点。

(3) 答案：D　解析　例行操作、响应支持、调研评估和优化改善是保证终端和外设正常运

行的重要手段，有助于及时发现问题并采取相应的解决措施，以保证设备正常使用和数据安全。

14.2 台式计算终端运维管理

- 台式计算终端运维的对象不包括＿＿＿(1)＿＿＿。
  (1) A．通信终端　　　　　　　　　B．自助服务终端
  　　C．行业专用终端　　　　　　　D．固定终端
- 台式计算终端的例行操作不包括＿＿＿(2)＿＿＿。
  (2) A．定期监控　　B．定期检查　　C．日常维护　　D．数据恢复
- 一般情况下，不采用＿＿＿(3)＿＿＿来提高台式计算终端的资源利用率和降低成本。
  (3) A．合理配置硬件，各部件能力上协调一致
  　　B．优化系统结构，采用先进的内存管理新技术
  　　C．优化应用系统设计
  　　D．优化运维流程，开展增强性改进活动
- 一般情况下，不采用＿＿＿(4)＿＿＿来优化改善台式计算终端。
  (4) A．软件版本升级　　　　　　　B．调整设备摆放位置
  　　C．设置节能模式　　　　　　　D．定期检查数据备份情况

答案及解析

(1) **答案：A** 解析　通信设备不属于台式计算终端，而是和台式计算终端平行的分类。

(2) **答案：D** 解析　台式计算终端的例行操作包括定期监控、定期检查和日常维护。数据恢复属于响应支持服务。除了存储设备，其他桌面和外设的例行操作包括监控、定期检查和日常维护。

(3) **答案：D** 解析　优化运维流程，开展增强性改进活动通常会增加成本。要提高台式计算终端的资源利用率和降低成本，需要在硬件配置、系统结构和应用系统设计等方面进行优化。

(4) **答案：D** 解析　定期检查数据备份情况属于例行操作，不属于优化改善台式计算终端的运维活动。

14.3 移动计算终端运维管理

- 相对于台式终端，对移动计算终端监控时更注意其操作行为，需要监控的用户对设备的操作行为不包括＿＿＿(1)＿＿＿。
  (1) A．设备的使用频率　　　　　　B．文件操作情况
  　　C．应用程序安装和使用　　　　D．设备的维修记录

- 针对移动计算终端的资源利用和成本占用情况，优化开展可以从__(2)__几个方面入手。
  - (2) A. 软件优化、硬件优化
    - B. 软件优化、硬件优化、数据优化
    - C. 软件优化、硬件优化、性能优化
    - D. 软件优化、硬件优化、数据优化、方案优化
- 移动计算终端调研评估的内容应该包括调研并评估__(3)__并提出优化和处置方案。
  - (3) A. 使用和管理方面与相关标准和规范的符合程度、资源利用和成本占用情况；防非法操作、防入侵、防病毒等安全情况；性能检测结果和使用、维修、报废等价值；正版软件的使用情况和相关风险
    - B. 正版软件的使用情况和相关风险、与相关标准和规范的符合程度
    - C. 非法操作、防入侵、防病毒等安全情况；性能检测结果和使用、维修、报废等价值
    - D. 防非法操作、防入侵、防病毒等安全情况；正版软件的使用情况和相关风险

答案及解析

(1) **答案：D** 解析 设备的维修记录属于资产信息，不属于用户操作行为。

(2) **答案：D** 解析 针对移动计算终端的资源利用和成本占用情况，可以从软件、硬件、数据和方案等方面进行优化，以提高效率和降低成本。

(3) **答案：A** 解析 调研并评估使用和管理方面与国家、行业、单位相关标准和规范的符合程度；移动计算终端的资源利用和成本占用情况；防非法操作、防入侵、防病毒等安全情况；性能检测结果和使用、维修、报废等价值，正版软件的使用情况和相关风险。

14.4 输入/输出设备运维管理

- 在监控输入/输出设备时，应该先确定监控内容和指标。监控的内容应包括__(1)__。
  - (1) A. 易损件使用情况、耗材使用情况
    - B. 操作行为、告警信息
    - C. 资产信息、能耗情况
    - D. 支撑软件及硬件配置变动、易损件使用情况、耗材使用情况、操作行为、告警信息、资产信息和能耗情况
- 对输入/输出设备开展例行操作、响应支持、调研评估和优化改善几方面运维，需要根据设备的不同类型有所区别对待，以下不属于输入/输出设备的是__(2)__。
  - (2) A. 信息采集设备、指令输入设备   B. 显示设备和打印设备
    - C. 物联网设备   D. 播放设备

- 输入/输出设备的服务请求响应内容不包括___(3)___。
  - (3) A. 解答用户提出的问题并更换备件和耗材
    - B. 修复外围输入/输出设备的驱动程序故障
    - C. 设备的采购、安装调试、领用、借用、归还、报废
    - D. 共享设备上的账号开立、管理和注销
- 输入/输出设备在采购时，要评估综合使用成本，包括___(4)___。
  - (4) A. 主设备采购成本和备件耗材采购成本
    - B. 设备故障率和对应的维修人员的成本、备件采购成本
    - C. 设备的采购、安装调试和维护成本
    - D. 设备购买成本、维修成本、能源消耗成本

答案及解析

（1）答案：D 解析 在监控输入/输出设备时，应全面监控支撑软件及硬件配置变动、易损件使用情况、耗材使用情况、操作行为、告警信息、资产信息和能耗情况。

（2）答案：C 解析 物联网设备通常是包括一定的输入/输出功能能够采集信息并接受指令的终端。输入/输出设备至少包括信息采集、指令输入、打印、显示、播放设备等。

（3）答案：B 解析 修复外围输入/输出设备的驱动程序故障属于事件驱动响应。

（4）答案：D 解析 对输入/输出设备的综合使用成本进行评估应包括设备购买成本、维修成本、能源消耗成本等方面的评估。

14.5 存储设备运维管理

- 针对存储设备的优化，为用户提供基于新技术的更高效的存储方式的建议不包括___(1)___。
  - (1) A. 存储类型选择
    - B. 存储架构优化
    - C. 存储设备软件安装
    - D. 数据备份与恢复
- 对存储设备进行优化改善时，应根据服务级别、使用环境、管理要求的变化情况，优化改善运行维护对象的性能、使用者感受、使用成本等因素。存储设备优化应考虑___(2)___。
  - (2) A. 存储设备类型选择、技术支持与售后服务
    - B. 存储管理工具、数据压缩与加密、数据备份与恢复
    - C. 存储架构优化、节能与绿色存储技术
    - D. 以上都是

答案及解析

（1）**答案：C** 解析 在桌面及外围设备运行维护过程中，对存储设备进行优化改善时，应根据服务级别、使用环境、管理要求的变化情况，优化改善运行维护对象的性能、使用者感受、使用成本等因素。

针对存储设备的优化，为用户提供基于新技术的更高效的存储方式的建议一般包括以下几方面。

- 存储类型选择。根据用户的业务需求和数据特征，推荐合适的存储类型，如机械硬盘、固态硬盘、混合硬盘、云存储等。不同类型的存储设备在性能、容量、成本等方面各有优劣，选择合适的存储类型可以提高存储效率和数据安全性。
- 存储架构优化。根据用户的数据量和访问频率，推荐合适的存储架构，如 RAID、分布式存储、集群存储等。合理的存储架构可以提高数据读写速度、容错能力和可扩展性，降低系统故障率和数据丢失风险。
- 数据备份与恢复。建议用户制定合理的数据备份策略，定期对重要数据进行备份，并选择适合的备份介质和备份方式，如本地备份、异地备份、云备份等。同时，提供数据恢复方案，确保在数据丢失或损坏的情况下能够快速恢复。
- 数据压缩与加密。利用先进的数据压缩技术，对大量的数据进行无损压缩，节省存储空间，提高存储效率。同时，建议用户对敏感数据进行加密存储，确保数据安全和隐私保护。
- 存储管理工具。提供实用的存储管理工具，如存储监控、性能优化、故障诊断等，帮助用户实时了解存储设备的运行状况，及时发现并解决问题，提高存储系统的可靠性和稳定性。
- 节能与绿色存储。推荐用户采用节能型存储设备和绿色存储技术，降低能耗和碳排放，减轻对环境的影响，提高数据中心的可持续发展能力。
- 技术支持与服务。提供全面的技术支持和服务，包括咨询、安装、调试、维护、升级等，确保用户在使用高效存储方式的过程中得到及时、专业的帮助。

（2）**答案：D** 解析 存储设备优化应综合考虑存储设备类型选择、技术支持与售后服务、存储管理工具、数据压缩与加密、数据备份与恢复、存储架构优化、节能与绿色存储技术。

14.6 通信设备运维管理

- 以下 ___（1）___ 不是针对通信设备的软硬件故障引起的业务中断或运行效率无法满足正常运行要求而进行的事件驱动响应服务。

  （1）A. 恢复通信设备的网络连接性能至性能基线水平
  　　B. 检查并隔离导致恶意攻击、病毒等威胁的通信设备
  　　C. 调整通信设备的访问控制策略
  　　D. 修复通信设备参数配置的问题

- 对通信设备进行优化改善时，应考虑的因素包括__(2)__。
  - (2) A. 服务级别（SLA） B. 用户使用环境 C. 管理要求 D. 以上都是
- 对通信设备进行优化改善时，优化的内容应包括__(3)__。
  - (3) A. 运行维护对象的性能 B. 用户的使用感受
    - C. 使用成本 D. 以上都是

答案及解析

（1）答案：C 解析 调整通信设备的访问控制策略很可能是业务需要或者用户提出的需求，其他三项都是为了解决故障。

（2）答案：D 解析 在桌面及外围设备运行维护过程中，对通信设备进行优化改善时，应根据服务级别（SLA）、使用环境、管理要求的变化情况，优化改善运行维护对象的性能、使用者感受、使用成本等。

（3）答案：D 解析 同上。

14.7 桌面与外设安全

- __(1)__是实现台式计算机和移动计算终端的操作系统补丁管理的工作方式。
  - (1) A. 定期更新，通过手动或者自动方式更新补丁
    - B. 定期扫描系统漏洞，根据扫描结果安装对应的补丁程序
    - C. 定期备份数据，一般需要选择合适的备份工具并配置备份策略
    - D. 以上都是
- 对于台式计算机和移动计算终端的权限控制，实现方式包括__(2)__。
  - (2) A. 用户权限设置 B. 访问控制设置 C. 软件权限设置 D. 以上都是
- 保障桌面和外设安全的重要手段包括__(3)__。
  - (3) A. 补丁管理 B. 权限控制和上网审计 C. 防病毒管理 D. 以上都是

答案及解析

（1）答案：D 解析 桌面和外设的补丁管理包括定期更新、定期扫描系统漏洞和定期备份数据等方式。

（2）答案：D 解析 设置用户权限、设置访问控制以及设置软件权限是保障台式计算机和移动计算终端的权限控制方式。

（3）答案：D 解析 桌面与外设安全的重要手段包括补丁管理、权限控制、上网审计、防病毒管理。

第15章 数据管理

15.1 数据管理基础

- DCMM 数据管理能力模型定义了___（1）___个核心能力域，并划分为___（1）___个管理成熟度等级。

    （1）A. 5，5　　　　　　B. 8，4　　　　　　C. 8，5　　　　　　D. 5，3

- DCMM 将组织的管理成熟度划分为 5 个等级，分别是初始级、受管理级、稳健级、量化管理级和优化级。当一个组织意识到数据是资产，并将其当作实现组织绩效目标的重要资产，这个组织的管理成熟度极可能达到___（2）___。

    （2）A. 受管理级　　　B. 稳健级　　　C. 量化管理级　　　D. 优化级

- DGI 数据治理框架从___（3）___个维度提出了关于数据治理活动的___（3）___个关键通用组件，并在这些要素的基础上构建了数据治理框架。

    （3）A. 3，7　　　　　B. 4，7　　　　　C. 4，10　　　　　D. 3，10

- ___（4）___不是 DGI 数据治理框架中的构建了数据治理框架的维度。

    （4）A. 组织结构　　　　　　　　　　B. 管理制度
    　　　C. 治理过程　　　　　　　　　　D. 治理规则

- ___（5）___不是 DGI 数据治理框架中所定义的组织架构维度下的 3 个数据治理的利益干系人方面的关键通用组件之一。

    （5）A. 政府监管部门　　　　　　　　B. 数据利益相关者
    　　　C. 数据治理办公室　　　　　　　D. 数据管理员

- DAMA-DMBOK2 理论框架由___（6）___个数据管理职能领域和___（6）___个基本环境要素共同构成 DAMA 数据管理知识体系。

    （6）A. 11，7　　　　　B. 11，6　　　　　C. 10，7　　　　　D. 10，6

●　___（7）___　不属于 DAMA-DMBOK2 理论框架中的基本环境要素。
（7）A．目标与原则　　　　　　　　B．角色和职责
　　　C．技术和交付成果　　　　　　D．标准规范和成果文档

答案及解析

（1）**答案：C**　**解析**　DCMM 数据管理能力模型定义了数据战略、数据治理、数据架构、数据应用、数据安全、数据质量、数据标准和数据生存周期 8 个核心能力域。DCMM 将组织的管理成熟度划分为 5 个等级，分别是初始级、受管理级、稳健级、量化管理级和优化级。

（2）**答案：B**　**解析**　DCMM 将组织的管理成熟度划分为 5 个等级，分别是初始级、受管理级、稳健级、量化管理级和优化级。

1）初始级：数据需求的管理主要是在项目级体现，没有统一的管理流程，主要是被动式管理。

2）受管理级：组织意识到数据是资产，根据管理策略的要求制定管理流程，指定相关人员进行初步管理。

3）稳健级：数据已被当作实现组织绩效目标的重要资产，在组织层面制定系列的标准化管理流程，促进数据管理的规范化。

4）量化管理级：数据被认为是获取竞争优势的重要资源，数据管理的效率能量化分析和监控。

5）优化级：数据被认为是组织生存和发展的基础，相关管理流程能实时优化，能在行业内进行最佳实践分享。

（3）**答案：D**　**解析**　国际数据治理协会（Data Governance Institute，DGI）数据治理框架从组织结构、治理规则和治理过程 3 个维度提出了关于数据治理活动的 10 个关键通用组件，并在这些要素的基础上构建了数据治理框架。

（4）**答案：B**　**解析**　同上。

（5）**答案：A**　**解析**　DGI 数据治理框架中所定义的组织架构维度下的 3 个数据治理的利益干系人方面的关键通用组件编号为 7~9，分别对应的是 7 数据利益相关者、8 数据治理办公室和 9 数据管理员。

（6）**答案：A**　**解析**　DAMA-DMBOK2 理论框架由 11 个数据管理职能领域和 7 个基本环境要素共同构成"DAMA 数据管理知识体系"，每项数据职能领域都在 7 个基本环境要素约束下开展工作。7 个环境要素指目标与原则、组织与文化、工具、活动、角色和职责、交付成果、技术。11 个数据管理职能领域指数据治理、数据架构、数据建模和设计、数据存储和操作、数据安全、数据集成和互操作、文档和内容管理、参考数据和主数据管理、数据仓库与商务智能、元数据管理、数据质量管理。

（7）**答案：D**　**解析**　DAMA-DMBOK2 理论框架由 11 个数据管理职能领域和 7 个基本环境要素共同构成"DAMA 数据管理知识体系"，每项数据职能领域都在 7 个基本环境要素约束下开展工作。7 个环境要素指目标与原则、组织与文化、工具、活动、角色和职责、交付成果、技术。11

个数据管理职能领域指数据治理、数据架构、数据建模和设计、数据存储和操作、数据安全、数据集成和互操作、文档和内容管理、参考数据和主数据管理、数据仓库与商务智能、元数据管理、数据质量管理。

15.2 数据战略与治理

- 组织的数据治理的能力建设内容，包括___(1)___。
  (1) A．数据战略规划、数据战略设计、数据战略实施、数据战略绩效
       B．数据战略规划、数据战略设计、数据战略实施、数据战略成效
       C．数据战略规划、数据战略实施、数据战略评估
       D．数据战略规划、数据战略实施、数据战略绩效
- 数据战略规划的主要活动过程是___(2)___。
  ①识别利益相关者　②数据战略修订　③数据战略制定　④数据战略需求评估
  ⑤数据战略发布
  (2) A．①③④⑤②　　　　　　　　　B．①④③⑤②
       C．①⑤③④②　　　　　　　　　D．①③⑤④②
- 数据战略实施过程中依据组织数据管理和数据应用的现状，确定与愿景、目标之间的差距；依据数据职能框架制定阶段性数据任务目标，并确定实施步骤。主要工作过程包括___(3)___。
  ①保障计划　②实施路径　③现状评估　④评估差距　⑤任务实施　⑥评估准则　⑦过程监控
  (3) A．⑥③④②①⑤⑦　　　　　　　B．③①②④⑤⑥⑦
       C．③①②④⑤⑦⑥　　　　　　　D．⑥③④⑤②①⑦
- 组织在数据战略评估过程中需要建立对应的业务案例和投资模型，并在整个数据战略实施过程中跟踪进度，同时做好记录供审计和评估使用。其主要活动包括___(4)___。
  ①建立投资模型　②建立业务案例　③建立任务效益评估模型　④阶段评估
  (4) A．③④②①　B．③②①④　C．④②③①　D．④③②①
- 数据战略制定的过程主要包括___(5)___。
  ①愿景陈述　②规划范围　③编制数据管理规划的管理方法　④当前数据管理存在的主要差距　⑤管理层及其责任以及利益相关者名单　⑥所选择的数据管理模型和建设方法　⑦持续优化路线图
  (5) A．⑥④③⑤②①⑦　　　　　　　B．⑥④③⑤②⑦①
       C．⑥③④②⑤①⑦　　　　　　　D．①②⑥④⑤③⑦
- 数据治理就是要对数据的获取、处理、使用进行监管，监管的职能主要通过___(6)___等多方面执行力来保证数据战略制定的过程。
  (6) A．监督、控制、沟通　　　　　　B．发现、监督、控制、沟通、整合
       C．发现、监督、控制　　　　　　D．发现、监督、控制、整合

142

- 组织的数据治理的能力建设内容，包括___（7）___。

  （7）A. 数据治理组织、数据制度建设、数据治理细则

  B. 数据治理组织、数据制度建设、数据治理岗位

  C. 数据治理组织、数据制度建设、数据治理人员

  D. 数据治理组织、数据制度建设、数据治理沟通

- 数据治理组织需要包括___（8）___。

  （8）A. 组织架构、岗位设置

  B. 组织架构、岗位设置、团队建设

  C. 组织架构、岗位设置、团队建设、数据责任

  D. 组织架构、岗位设置、数据责任

- 数据治理沟通主要活动和工作要点包括___（9）___。

  （9）A. 沟通计划、沟通执行、问题协商机制

  B. 沟通路径、沟通计划、沟通执行、问题协商机制

  C. 沟通路径、沟通计划、沟通执行、问题协商机制、建立沟通渠道、制订培训宣贯计划、开展培训

  D. 沟通路径、沟通计划、沟通执行、问题协商机制、建立沟通渠道

答案及解析

（1）**答案：C** 解析 组织的数据战略通常包括数据战略规划、数据战略实施、数据战略评估3个能力项建设。

（2）**答案：B** 解析 数据战略规划是在组织所有利益相关者之间达成共识的结果，并综合反映数据提供方和消费方的需求。其主要活动和工作要点包括：识别利益相关者；数据战略需求评估；数据战略制定；数据战略发布；数据战略修订。

（3）**答案：A** 解析 数据战略实施过程中依据组织数据管理和数据应用的现状，确定与愿景、目标之间的差距；依据数据职能框架制定阶段性数据任务目标，并确定实施步骤。其主要活动和工作要点包括：评估准则；现状评估；评估差距；实施路径；保障计划；任务实施；过程监控。

（4）**答案：B** 解析 组织在数据战略评估过程中需要建立对应的业务案例和投资模型，并在整个数据战略实施过程中跟踪进度，同时做好记录供审计和评估使用。其主要活动包括：建立任务效益评估模型；建立业务案例；建立投资模型；阶段评估。

（5）**答案：D** 解析 数据战略制定的过程主要包括：①愿景陈述，包含数据管理原则、目的和目标；②规划范围，包含重要业务领域、数据范围和数据管理优先权；③所选择的数据管理模型和建设方法；④当前数据管理存在的主要差距；⑤管理层及其责任，以及利益相关者名单；⑥编制数据管理规划的管理方法；⑦持续优化路线图。

（6）**答案：B** 解析 数据治理就是要对数据的获取、处理、使用进行监管，监管的职能主

要通过发现、监督、控制、沟通、整合等 5 个方面执行力来保证。

（7）**答案：D　解析**　组织的数据治理通常包括数据治理组织、数据制度建设、数据治理沟通 3 个能力项建设。

（8）**答案：C　解析**　数据治理组织需要包括组织架构、岗位设置、团队建设、数据责任等。

（9）**答案：C　解析**　数据治理沟通主要活动和工作要点包括：沟通路径；沟通计划；沟通执行；问题协商机制；建立沟通渠道；制订培训宣贯计划；开展培训。

15.3　数据管理组织与职能

- 数据管理模式是按照职能和业务流程进行纵向和横向的划分，即在信息化部门和各业务部门中设置专门的岗位实施数据管理，信息部门的数据管理岗位负责统筹数据管理的政策、制度和流程等，各业务部门设置专门的岗位或角色，实施本部门的数据管理和技术操作执行等。这种模式是 ___（1）___ 。
  （1）A．分散式　　　　B．集中式　　　　C．分布式　　　　D．离散式
- ___（2）___ 数据管理模式适用于中小组织或者刚刚起步建设组织数据管理能力的组织。
  （2）A．分散式　　　　B．集中式　　　　C．分布式　　　　D．离散式
- 组织具备专业的数据管理和数据技术人员，精通组织业务、工艺和技术发展等，为组织发展实施数据赋能，这种数据管理模式是 ___（3）___ 。
  （3）A．分散式　　　　B．集中式　　　　C．分布式　　　　D．离散式
- 技术管理专家在数据管理组织层次结构的层次是 ___（4）___ 。
  （4）A．决策层　　　　B．管理层　　　　C．执行层　　　　D．不固定层次

答案及解析

（1）**答案：C　解析**　分布式数据管理模式按照职能和业务流程进行纵向和横向的划分，即在信息化部门和各业务部门中设置专门的岗位实施数据管理，信息部门的数据管理岗位负责统筹数据管理的政策、制度和流程等，各业务部门设置专门的岗位或角色，实施本部门的数据管理和技术操作执行等。

（2）**答案：D　解析**　离散式数据管理模式适用于中小组织或者刚刚起步建设组织数据管理能力的组织。

（3）**答案：B　解析**　采用集中式实施数据管理需要组织具备专业的数据管理和数据技术人员，精通组织业务、工艺和技术发展等，方能为组织发展实施数据赋能。这种模式一般适用于业务模式相对单一的中大型组织或集团等。

（4）**答案：B　解析**　组织数据管理层级通常包括决策层、管理层和执行层。业务管理专家、技术管理专家、数据管理专家是管理层组成人员。

15.4 数据采集与预处理

- 数据预处理包括数据分析、数据检测和数据修正等步骤，数据预处理一般采用___(1)___方法实现。

  （1）A．数据采集　　　　B．数据清洗　　　　C．数据挖掘　　　　D．数据编目

- 通过在数据库中找到一个与包含缺失值变量最相似的对象，然后采用相似对象的值进行数据填充，这种数据预处理方法是___(2)___。

  （2）A．热卡填补法　　　　　　　　　　B．回归填补法

  　　　C．最近距离决定填补法　　　　　　D．均值填补法

- 对于异常数据或有噪声的数据，如超过明确取值范围的数据、离群点数据，可以采用___(3)___进行处理。

  （3）A．均值填补法　　　　　　　　　　B．分箱法

  　　　C．最近距离决定填补法　　　　　　D．K-最近邻法

答案及解析

（1）**答案：B** 解析　数据预处理一般采用数据清洗的方法实现。数据预处理是一个除去数据集重复记录、发现并纠正数据错误，并转换成符合标准的过程，从而使数据实现准确性、完整性、一致性、唯一性、实时性、有效性等。一般来说，数据预处理主要包括数据分析、数据检测和数据修正3个步骤。

（2）**答案：A** 解析　热卡填补法通过在数据库中找到一个与包含缺失值变量最相似的对象，然后采用相似对象的值进行数据填充。

（3）**答案：B** 解析　对于异常数据或有噪声的数据，如超过明确取值范围的数据、离群点数据，可以采用分箱法和回归法进行处理。

15.5 存储与容灾

- 速度要求不是太高，容量大，成本低的存储需求，一般采用___(1)___解决方案。

  （1）A．磁带　　　　　B．光盘　　　　　C．闪存　　　　　D．云存储

- 可替代磁盘，具有集内存的访问速度和存储持久性于一体的特点，这种存储介质是___(2)___。

  （2）A．磁带　　　　　B．光盘　　　　　C．闪存　　　　　D．云存储

- 数据存储在文件中，文件被组织在文件夹中，文件夹则被组织在目录和子目录的层次结构下，这种存储方式是___(3)___。

  （3）A．文件存储　　　B．块存储　　　　C．对象存储　　　D．云存储

- 针对视频、照片、网页、音频文件，比较适合的存储方式是___(4)___。
  (4) A．文件存储　　　B．块存储　　　C．对象存储　　　D．云存储
- 在需要快速、高效和可靠的数据传输的计算场景时，开发人员一般采用的存储方式是___(5)___。
  (5) A．文件存储　　　B．块存储　　　C．对象存储　　　D．云存储
- 存储管理的主要内容是___(6)___。
  (6) A．资源调度管理、存储资源管理、监控管理
  　　B．资源调度管理、存储资源管理、安全管理
  　　C．资源调度管理、存储资源管理、容量管理、安全管理
  　　D．资源调度管理、存储资源管理和负载均衡管理、安全管理
- 关于数据归档，错误的是___(7)___。
  (7) A．归档的数据文件所在的存储介质较生产环境的查询性能较低、成本低、容量大
  　　B．归档的数据可以恢复到原存储介质
  　　C．数据归档一般只在业务低峰期执行，要避免影响到线上业务
  　　D．数据归档之后，会删除生产数据库的数据，同时释放表空间
- 不依赖应用服务器，而是通过 SERVER 上第三方备份代理直接将数据从应用服务器的存储设备传送到备份设备上的备份结构是___(8)___。
  (8) A．DAS 备份结构　　　　　　　　B．基于 LAN 的备份结构
  　　C．LAN-FREE 备份结构　　　　　D．SERVER-FREE 备份结构
- 关于数据容灾，说法错误的是___(9)___。
  (9) A．由于数据和系统恢复终究是需要时间的，所以 RTO 和 RPO 不可能接近于零
  　　B．数据容灾的关键技术主要包括远程镜像技术和快照技术
  　　C．数据备份是数据容灾的基础
  　　D．快照的作用有两个：能够在线恢复快照产生时间点的数据；为用户提供另外一个数据访问通道，在原数据在线运行时，利用快照数据进行其他系统测试、分析、模型训练等

答案及解析

（1）**答案：A**　**解析**　磁带是存储成本低、容量大的存储介质，但在多磁头同时工作的话，整体速度并不慢。

（2）**答案：C**　**解析**　闪存是一种固态技术，使用闪存芯片来写入和存储数据，具有集内存的访问速度和存储持久性于一体的特点，常作为磁盘的替代品。

（3）**答案：A**　**解析**　文件存储方式就是数据存储在文件中，文件被组织在文件夹中，文件夹则被组织在目录和子目录的层次结构下。

（4）**答案：C**　**解析**　对象存储通常称为基于对象的存储，是一种用于处理大量非结构化数

据的数据存储架构。这些对象存储数据无法轻易组织到具有行和列的传统关系数据库中，或不符合其要求，如电子邮件、视频、照片、网页、音频文件、传感器数据以及其他类型的媒体和 Web 内容（文本或非文本）。

（5）**答案：B** 解析 块存储适合需要快速、高效和可靠的数据传输的计算场景。

（6）**答案：D** 解析 存储管理的主要内容有：资源调度管理、存储资源管理和负载均衡管理、安全管理。

（7）**答案：D** 解析 数据归档之后，会删除生产数据库的数据，将会造成数据空洞，即表空间并未及时释放，当长时间没有新的数据填充，会造成空间浪费的情况。

（8）**答案：D** 解析 DAS 备份结构最简单，将 RAID 或磁带库等备份设备直接连接到备份服务器上，适合数据量不大、操作系统类型单一、服务器数量少时。

基于 LAN 的备份结构是多个服务器或客户端通过局域网共享通过安装在备份服务器上的备份系统的 C/S 架构，适用小型的网络环境，优点是用户可以通过 LAN 共享备份设备，并且结构可以对备份工作进行集中管理；缺点是备份数据流通过 LAN 到达备份服务器，会占用业务数据所用的网络资源。

LAN-FREE 备份结构克服了 LAN 备份结构的缺点，将备份数据流和业务数据流分开，业务数据流主要通过业务网络进行传输，备份数据流通过 SAN 进行传输；主要缺点是由于备份数据备份结构流还是要经过应用服务器，影响到应用服务器提供正常的服务。

SERVER-FREE 备份结构是 LAN-FREE 备份结构的改进。它不依赖应用服务器，而是通过第三方备份代理直接将数据从应用服务器的存储设备传送到备份设备上。第三方备份代理是一种软、硬结合的智能设备，使用网络数据管理协议（Network Data Management Protocol，NDMP）发送命令，从需要备份的应用服务器上获得需要备份数据的信息，然后通过 SAN 直接从应用服务器的存储设备将需要备份的数据读出，然后存储到备份设备上。

（9）**答案：A** 解析 如果多套系统实时互备，在应用上又实现了负载均衡，其 RTO 和 RPO 的目标就是零。

15.6 数据标准与建模

- 数据标准化的具体过程包括＿＿（1）＿＿。
  （1）A. 确定数据需求　　　　　　　　B. 制定数据标准、批准数据标准
  　　C. 实施数据标准　　　　　　　　D. 以上都是
- ＿＿（2）＿＿是数字资源服务的揭示与表现、服务过程、服务系统等方面的相关信息的描述。
  （2）A. 信元数据　　　　　　　　　　B. 专门元数据
  　　C. 管理元数据　　　　　　　　　D. 服务元数据
- 描述单一数字对象的内容、属性及外在特征的是＿＿（3）＿＿。
  （3）A. 信元数据　　B. 专门元数据　　C. 管理元数据　　D. 服务元数据

- ___（4）___是数字对象加工、存档、结构、技术处理、存取、控制、版权管理以及相关系统等方面的信息描述。

  （4）A．信元数据 　　　　　　　　　B．专门元数据

  　　　C．管理元数据 　　　　　　　　D．服务元数据

- 数据模型中___（5）___的基本元素包括实体、属性、域、键、关联。

  （5）A．概念模型　　B．逻辑模型　　C．物理模型　　D．面向对象模型

- 数据模型中___（6）___的基本元素包括关系、关系的属性、视图等。

  （6）A．概念模型　　B．逻辑模型　　C．物理模型　　D．面向对象模型

- 关系数据模型的数据操作主要包括查询、插入、删除和更新数据，这些操作必须满足关系的完整性约束条件，应用领域需要遵照的约束条件称为___（7）___。

  （7）A．实体完整性　　　　　　　　　B．参照完整性

  　　　C．应用完整性　　　　　　　　　D．用户定义的完整性

- 数据模型中___（8）___的基本元素包括关系、关系的属性、视图等。

  （8）A．概念模型　　B．逻辑模型　　C．物理模型　　D．关系模型

答案及解析

（1）答案：D　解析　数据标准化的具体过程包括确定数据需求、制定数据标准、批准数据标准和实施数据标准。

（2）答案：D　解析　服务元数据是数字资源服务的揭示与表现、服务过程、服务系统等方面的相关信息的描述。

（3）答案：B　解析　描述单一数字对象的内容、属性及外在特征的是专门元数据。

（4）答案：C　解析　管理元数据是数字对象加工、存档、结构、技术处理、存取、控制、版权管理以及相关系统等方面的信息描述。

（5）答案：A　解析　概念模型的基本元素包括实体、属性、域、键、关联。

（6）答案：B　解析　逻辑模型的基本元素包括关系、关系的属性、视图等。

（7）答案：D　解析　关系的完整性约束包括三大类型：实体完整性、参照完整性和用户定义的完整性。其中，实体完整性、参照完整性是关系模型必须满足的完整性约束条件，用户定义的完整性是应用领域需要遵照的约束条件，体现了具体领域中的语义约束。

（8）答案：D　解析　关系模型的基本元素包括关系、关系的属性、视图等。

15.7　数据仓库和数据资产

- 关于数据仓库，说法错误的是___（1）___。

  （1）A．数据仓库通常由数据源、数据的存储与管理、OLAP服务器、前端工具等组件构成

B．数据的存储与管理是是数据仓库的真正核心与关键

C．数据仓库是一个面向主题的、集成的、稳定的历史数据集合

D．数据仓库里的数据包含汇总和明细数据，历史数据很稳定，不随时间变化

- 数据仓库通常由数据源、数据的存储与管理、OLAP 服务器、前端工具等组件构成，前端工具主要包括各种查询工具、报表工具、数据分析工具、数据挖掘工具以及各种基于数据仓库或数据集市的应用开发工具，其中_____(2)_____主要针对 OLAP 服务器。

  (2) A．查询工具　　　B．数据分析工具　　　C．报表工具　　　D．数据挖掘工具

- 数据资源目录概念模型由数据资源目录、信息项、数据资源库、标准规范等要素构成。数据资源目录中，_____(3)_____是以信息模型、业务模型等形式对外提供的可视化共享数据目录。

  (3) A．资源目录　　　B．资产目录　　　C．服务目录　　　D．共享目录

答案及解析

(1) **答案：D** 解析　数据仓库是一个面向主题的、集成的、随时间变化的、包含汇总和明细的、稳定的历史数据集合。

(2) **答案：B** 解析　数据分析工具主要针对 OLAP 服务器，报表工具、数据挖掘工具主要针对数据仓库。

(3) **答案：C** 解析　数据资源目录概念模型由数据资源目录、信息项、数据资源库、标准规范等要素构成。数据资源目录分为资源目录、资产目录和服务目录。资源目录是能够准确浏览组织所记录或拥有的线上、线下原始数据资源的目录；资产目录是对数据资源识别出数据资产及其信息要素，按照分类、分级，登记到数据资产目录中；服务目录是以信息模型、业务模型等形式对外提供的可视化共享数据目录。

15.8　数据分析及应用

- 数据集成是将驻留在不同数据源中的数据进行整合，向用户提供统一的数据视图，使用户能以透明的方式访问数据，数据集成的常用方法中，虚拟视图方法指_____(1)_____。

  (1) A．模式集成　　　　　　　　　　B．复制集成
  　　C．混合集成　　　　　　　　　　D．全局模式集成

- 常用的数据访问接口标准中，_____(2)_____以 X/Open 和 ISO/IEC 的调用接口规范为基础，并使用结构化查询语言（SQL）作为其数据库访问语言。

  (2) A．ODBC　　　B．JDBC　　　C．OLEDB　　　D．ADO

- 常用的数据访问接口标准中，_____(3)_____是一个基于组件对象模型（Component Object Model，COM）的数据存储对象，能提供对所有类型数据的操作，甚至能在离线的情况下存取数据。

  (3) A．ODBC　　　B．JDBC　　　C．OLEDB　　　D．ADO

- Web Services 技术是一个面向访问的分布式计算模型，是基于 XML、SOAP、WSDL 和 UDDI 等协议来实现 Web 数据和信息集成的有效机制。这些协议中，关于消息传递的协议是 ___(4)___ 。

　　(4) A．XML　　　　B．SOAP　　　　C．WSDL　　　　D．UDDI

- Web Services 技术是一个面向访问的分布式计算模型，是基于 XML、SOAP、WSDL 和 UDDI 等协议来实现 Web 数据和信息集成的有效机制。这些协议中，起着目录服务器的作用，以便服务提供者注册发布 Web Services，供使用者查找的协议是 ___(5)___ 。

　　(5) A．XML　　　　B．SOAP　　　　C．WSDL　　　　D．UDDI

- 数据网格是一种用于大型数据集的分布式管理与分析的体系结构，数据网格具有透明性，其中用户感觉不到分布在什么地方的是 ___(6)___ 。

　　(6) A．分布透明性　　　　　　　　　B．异构透明性
　　　　C．数据位置透明性　　　　　　　D．数据访问方式透明性

- 数据挖掘的主要任务是为了找出两个或多个变量的取值之间存在某种规律性，并给出规律性的置信度，则这种任务是 ___(7)___ 。

　　(7) A．数据总结　　　　　　　　　　B．关联分析
　　　　C．分类和预测　　　　　　　　　D．聚类分析

- 以下不属于数据服务的是 ___(8)___ 。

　　(8) A．数据目录服务　　　　　　　　B．数据查询与浏览及下载服务
　　　　C．数据分发服务　　　　　　　　D．数据共享服务

答案及解析

　　(1) **答案：A** 解析　数据集成的常用方法有模式集成、复制集成和混合集成等。模式集成也称虚拟视图方法，是人们最早采用的数据集成方法，也是其他数据集成方法的基础。

　　(2) **答案：A** 解析　常用的数据访问接口标准有 ODBC、JDBC、OLEDB 和 ADO 等。ODBC（Open DataBase Connectivity）是当前被业界广泛接受的、用于数据库访问的应用程序编程接口（API），它以 X/Open 和 ISO/IEC 的调用接口规范为基础，并使用结构化查询语言（SQL）作为其数据库访问语言。

　　(3) **答案：C** 解析　OLEDB（Object Linking and Embedding DataBase）是一个基于组件对象模型 COM（Component Object Model）的数据存储对象，能提供对所有类型数据的操作，甚至能在离线的情况下存取数据。

　　(4) **答案：B** 解析　XML 是一种可扩展标记语言。WSDL 是一种基于 XML 格式的关于 Web 服务的描述语言。UDDI 是一种创建注册服务的规范。SOAP 是消息传递的协议，它规定了 Web Services 之间是怎样传递信息的。

　　(5) **答案：D** 解析　UDDI 是一种创建注册服务的规范。简单地说，UDDI 用于集中存放和

查找 WSDL 描述文件，起着目录服务器的作用，以便服务提供者注册发布 Web Services，供使用者查找。

（6）答案：A 解析 数据网格的透明性体现为：
1）分布透明性：用户感觉不到数据是分布在不同的地方。
2）异构透明性：用户感觉不到数据的异构性，感觉不到数据存储方式的不同、数据格式的不同、数据管理系统的不同等。
3）数据位置透明性：用户不用知道数据源的具体位置，也没有必要了解数据源的具体位置。
4）数据访问方式透明性：不同系统的数据访问方式不同，但访问结果相同。

（7）答案：B 解析 数据库中的数据一般都存在着关联关系，即两个或多个变量的取值之间存在某种规律性。关联分析就是找出数据库中隐藏的关联网，描述一组数据项的密切度或关系。

（8）答案：D 解析 数据服务主要包括数据目录服务、数据查询与浏览及下载服务、数据分发服务。

15.9　数据安全

- 敏感数据的分类中，不包括___(1)___。
  （1）A. 商业敏感数据　　　　　　　　B. 个人敏感数据
  　　 C. 社会敏感数据　　　　　　　　D. 国家秘密数据
- 数据脱敏原则主要包括算法不可逆原则、保持数据特征原则、保留引用完整性原则、规避融合风险原则、脱敏过程自动化原则和脱敏结果可重复原则等。其中，如果被脱敏的字段是数据表主键，那么相关的引用记录必须同步更改是___(2)___。
  （2）A. 保持数据特征原则　　　　　　B. 保留引用完整性原则
  　　 C. 规避融合风险原则　　　　　　D. 脱敏结果可重复原则
- 组织的数据安全能力域中的能力项不包括___(3)___。
  （3）A. 数据安全策略　　　　　　　　B. 数据安全控制
  　　 C. 数据安全管理　　　　　　　　D. 数据安全审计
- 根据数据分级基本框架，如果数据泄露会对公共利益造成严重危害，则该数据属于___(4)___。
  （4）A. 一般数据　　B. 敏感数据　　C. 重要数据　　D. 核心数据
- 数据安全审计是一项控制活动，负责定期分析、验证、讨论、改进数据安全管理相关的策略、标准和活动。如果评估现有标准和规程是否适当，是否与业务要求和技术要求相一致，这是___(5)___。
  （5）A. 规范审计　　　　　　　　　　B. 合规审计
  　　 C. 供应商审计　　　　　　　　　D. 过程审计

答案及解析

（1）**答案：C**　**解析**　敏感数据可以分为个人敏感数据、商业敏感数据、国家秘密数据等。

（2）**答案：B**　**解析**　保留引用完整性原则指如果被脱敏的字段是数据表主键，那么相关的引用记录必须同步更改。规避融合风险原则指要对所有可能生成敏感数据的非敏感字段同样进行脱敏处理。例如，如果能够凭借某"住址"的唯一性推导出敏感字段"姓名"，则需要将"住址"一并变换。

（3）**答案：B**　**解析**　组织的数据安全能力域通常包括数据安全策略、数据安全管理、数据安全审计3个能力项。

（4）**答案：D**　**解析**　如下表所示，如果数据泄露会对公共利益造成严重危害，则该数据属于核心数据。

数据分级参考表

级别	影响对象及影响程度			
	国家安全	公共利益	个人合法权益	组织合法权益
核心数据	一般危害、严重危害	严重危害		
重要数据	轻微危害		一般危害、轻微危害	
一般数据	无危害	无危害	无危害、轻微危害、一般危害、严重危害	无危害、轻微危害、一般危害、严重危害

（5）**答案：A**　**解析**　规范审计是评估现有标准和规程是否适当，是否与业务要求和技术要求相一致。

第16章 安全管理

16.1 安全管理体系

- 信息安全三要素（CIA）是三要素指的是___(1)___。
  - （1）A．机密性、完整性、可用性
  - B．机密性、完整性、真实性
  - C．机密性、完整性、可核查性
  - D．机密性、真实性、可用性
- 信息安全管理体系是指对组织内部和外部信息资产进行全面有效管理的体系，旨在保护信息资产的___(2)___，防止信息泄露、破坏和滥用，确保信息资源的安全运行。
  - （2）A．机密性、真实性、可用性
  - B．机密性、完整性、真实性
  - C．机密性、完整性、可核查性
  - D．机密性、完整性、可用性
- 信息安全管理体系不包括___(3)___。
  - （3）A．方针与目标　　　　　　　B．资产管理
  - C．访问控制　　　　　　　　D．供应商与项目管理
- 信息安全管理体系的主要内容不包括___(4)___。
  - （4）A．信息资产管理　　　　　　B．安全战略
  - C．安全控制　　　　　　　　D．安全培训

答案及解析

（1）**答案：A**　解析　信息的安全属性包括机密性、完整性、可用性、真实性和可核查性等。

其中，机密性、完整性和可用性是信息安全最为关注的三个属性，因此这三个特性也经常被称为"信息安全三元组"，这也是信息安全通常所强调的目标。

（2）**答案：D** 解析 信息安全管理体系是指对组织内部和外部信息资产进行全面有效管理的体系，旨在保护信息资产的机密性、完整性和可用性，防止信息泄露、破坏和滥用，确保信息资源的安全运行。机密性、完整性和可用性是信息安全的目标。

（3）**答案：D** 解析 信息安全管理体系主要包括：

1）方针与目标。建立明确的信息安全方针和目标，明确组织对信息安全的重视和承诺，为信息安全管理提供指导和支持。

2）组织与人员职责。明确信息安全管理的组织结构，明确各岗位和人员在信息安全管理中的职责和权限，确保信息安全职责得到有效分配和履行。

3）资产管理。对重要的信息资产进行识别、分类、归档和保护，制定信息资产的访问控制策略，确保信息资产的合规性和完整性。

4）人力资源安全。制定适合的人员招聘、培训、管理和离职制度，确保员工对信息安全的认知和重视，减少员工导致的信息安全风险。

5）物理与环境安全。保护信息资源设备、网络设备和服务器的物理安全，制定安全访问控制制度，防止未经授权的人员进入机房和关键区域。

6）通信与操作管理。制定合理的网络安全策略和防火墙规则，保障网络通信的机密性和完整性；建立安全的操作管理规范，监控和限制用户对系统的操作行为。

7）访问控制。建立用户身份认证、授权和审计机制，确保用户只能访问和操作其所需的信息，并留下操作痕迹以便追踪和审计。

8）密码管理。制定安全的密码策略，包括密码复杂度要求、定期更新和安全存储，避免密码被猜测或泄露。

9）供应商与合同管理。对外部供应商进行风险评估和审查，建立供应商合作协议，明确信息安全要求和保密责任，避免外部供应商给信息安全带来的风险。

10）信息安全事件管理。建立响应机制和演练计划，及时发现和处理信息安全事件，降低事件对组织的影响，并及时采取措施防止类似事件再次发生。

（4）**答案：B** 解析 信息安全管理体系的主要内容涵盖整个信息安全领域的各个方面，包括信息资产管理、风险管理、安全控制、安全策略、事件管理、安全培训与意识提升、安全审计与合规性和持续改进等。

16.2 风险管理

● 信息安全风险管理的原则主要包括___（1）___。

（1）A．等级管理、全面管理、动态调整、科学合理

B．分级管理、综合管理、动态调整、科学合理

C. 分级管理、综合管理、科学调整、适度合理

D. 分级管理、全面管理、动态调整、科学合理

- ___(2)___不属于信息安全风险管理活动的基本步骤。

    (2) A. 风险评估、风险处置、批准留存

    B. 语境建立、监视与评审、沟通与咨询

    C. 批准留存、风险评估、风险处置

    D. 语境建立、风险处置、批准留存

- 信息安全风险管理的第一步是___(3)___。

    (3) A. 沟通与咨询   B. 资产评估

    C. 调研分析   D. 语境建立

- ___(4)___不属于语境建立的过程。

    (4) A. 风险管理准备   B. 风险管理对象调查

    C. 风险评估   D. 风险管理对象分析

- 风险管理对象的___(5)___不属于安全要求分析报告的主要内容。

    (5) A. 安全环境   B. 安全要求

    C. 资产风险等级   D. 风险管理基本准则

- 关于风险可接受准则，以下观点中___(6)___不正确。

    (6) A. 对于风险等级为很高的风险建议进行处置

    B. 拟对风险等级为高的风险采取处置时，对于现有处置措施技术不成熟的，要建议加强监视

    C. 风险等级为中的风险可根据成本效益分析结果确定，对于处置成本无法承受或现有处置措施技术不成熟的，可持续跟踪、逐步解决

    D. 对于风险等级为低或很低的风险直接选择接受

- 风险要素的识别阶段的主要活动不包括___(7)___。

    (7) A. 识别业务重要性并赋值

    B. 识别已发生的安全事件并赋值

    C. 识别需要保护的资产并赋值

    D. 识别面临的威胁并赋值

- 风险分析工作阶段的主要活动不包括___(8)___。

    (8) A. 分析信息安全事件发生的可能性

    B. 综合评估风险状况

    C. 分析信息安全事件造成的损失

    D. 实施风险计算

- 采用风险消减方法来降低风险时，可以从___(9)___方面来考虑采取保护措施。

    (9) A. 威胁源、威胁行为

155

B．威胁源、威胁行为、脆弱性
　　C．威胁源、威胁行为、脆弱性、资产
　　D．威胁源、威胁行为、脆弱性、资产、影响

● 风险处置的过程包括风险处置准备、风险处置实施、风险处置效果评价三个阶段。其中，风险处置效果评价时需要有评价方案，___(10)___不全是评价方案中的内容。

（10）A．评价目标、评价方法　　　　B．评价内容、团队组成
　　　C．评价方法、评价记录　　　　D．总体工作计划

● 沟通与咨询为信息安全风险管理主循环的四个步骤中相关方提供沟通和咨询。下列有关沟通和咨询的观点描述错误的是___(11)___。

（11）A．沟通是为所有参与人员提供交流途径，以保持参与人员之间的协调一致，共同实现信息安全目标
　　　B．咨询是相关方需要时为其提供学习途径，以增强风险意识、知识和技能，配合实现安全目标
　　　C．决策层对执行层、管理层对执行层的方式是指导与检查；用户层反馈是用户层面向决策层、执行层和管理层反馈
　　　D．组织高层支持信息安全风险管理的对外表态，用以得到外界认同和支持，适用于用户层对管理层

答案及解析

（1）**答案：D　解析**　信息安全风险管理的原则主要有分级管理、全面管理、动态调整、科学合理。

（2）**答案：B　解析**　信息安全风险管理活动包括语境建立、风险评估、风险处置、批准留存、监视与评审、沟通与咨询六个方面的内容。其中语境建立、风险评估、风险处置和批准留存是信息安全风险管理的四个基本步骤，监视与评审、沟通与咨询则贯穿于这四个基本步骤。

（3）**答案：D　解析**　语境建立是信息安全风险管理的第一步，确定风险管理的对象和范围，确立实施风险管理的准备，进行相关信息的调查和分析，目的是明确信息安全风险管理的范围和对象，以及对象的特性和安全要求，对信息安全风险管理工作进行规划和准备，保障后续风险管理活动顺利进行。

（4）**答案：C　解析**　语境建立的过程包括风险管理准备、风险管理对象调查与分析、信息安全要求分析三个工作阶段。在信息安全风险管理过程中，语境建立过程是一次信息安全风险管理主循环的起始，为风险评估提供输入，监视与评审、沟通与咨询贯穿其三个阶段。

（5）**答案：C　解析**　信息安全要求分析工作阶段的主要活动包括以下几方面：

1）分析风险管理对象的安全环境。依据国家、地区或行业的相关法律、法规、政策和标准，综合考虑各类要求，对风险管理对象的安全保障环境进行分析，明确环境因素对风险管理对象安全

方面的影响和要求。

2）分析风险管理对象的安全要求。依据风险管理对象的描述报告和分析报告，结合安全环境的分析结果，分析和提出对风险管理对象的安全要求，包括保护范围、保护等级以及与相关法律法规或行业标准的符合性要求等。

3）确定信息安全风险管理的基本准则。选择或设置适合当前风险管理对象的风险管理原则，与风险管理实施框架相一致，并基于风险管理对象的安全环境和安全要求进行针对性设计。具体包括风险评价准则和风险可接受准则。

4）汇总上述分析结果，形成风险管理对象的安全要求分析报告，其中包含风险管理对象的安全环境、安全要求和风险管理基本准则等方面的内容。

（6）答案：D 解析 风险可接受准则可参考以下内容：风险等级为很高或高的风险建议进行处置，对于现有处置措施技术不成熟的，建议加强监视；风险等级为中的风险可根据成本效益分析结果确定，对于处置成本无法承受或现有处置，措施技术不成熟的，可持续跟踪、逐步解决；风险等级为低或很低的风险可选择接受，但需综合考虑组织所处的政策环境、外部相关方要求、组织的安全目标等因素。

（7）答案：B 解析 风险要素识别阶段的主要活动包括：
1）识别业务重要性并赋值。
2）识别需要保护的资产并赋值。
3）识别面临的威胁并赋值。
4）识别存在的脆弱性并赋值。
5）确认已有的安全措施。

（8）答案：B 解析 风险分析工作阶段的主要活动包括以下几方面：
1）分析信息安全事件发生的可能性。依据面临的威胁列表和存在的脆弱性列表，根据威胁属性（威胁发生频率、威胁能力程度等）及脆弱性属性（脆弱性被利用程度等），计算威胁利用脆弱性导致安全事件发生的可能性。
2）分析信息安全事件造成的损失。依据存在的脆弱性列表和需要保护的信息资产列表，根据业务属性（业务重要性程度等）、资产属性（资产重要性程度等）及脆弱性属性（脆弱性影响程度等），计算安全事件一旦发生后造成的损失。
3）实施风险计算。

（9）答案：D 解析 用购买保险、分包给更加专业的合作方、资产转移等属于风险转移；从构成风险的五个方面（威胁源、威胁行为、脆弱性、资产、影响）采取保护措施属于风险消减。

（10）答案：C 解析 评价方案包括评价方法、评价目标、评价内容、团队组成、总体工作计划等。评价记录是评价过程中才产生的。

（11）答案：D 解析 组织高层支持信息安全风险管理的对外表态，用以得到外界认同和支持，适用于决策层对支持层和决策层对用户层等。

16.3 安全策略管理

- 安全策略保护的对象主要包括___(1)___。
  (1) A. 信息资源相关硬件
      B. 信息资源相关硬件、软件
      C. 信息资源相关硬件、软件、数据
      D. 信息资源相关硬件、软件、数据、人员
- 在系统建设一开始就考虑安全策略问题，避免留下基础性隐患，导致为保证系统的安全需要花费成倍的代价，应在制定安全策略时遵循___(2)___。
  (2) A. 适度复杂与经济原则   B. 长远安全预期原则
      C. 起点进入原则   D. 公认原则
- 安全策略制定完成后，要进行充分的专家评估和用户测试，以评审安全策略的完备性和易用性，确定安全策略能否达到组织所需的安全目标，当前处于安全策略制定___(3)___过程。
  (3) A. 得到管理层的明确支持与承诺
      B. 实施安全策略和持续改进
      C. 评估安全策略
      D. 起草安全策略
- 安全策略管理的要点包括___(4)___。
  (4) A. 安全策略统一定义技术、安全策略自动转换、安全策略冲突检测与消解、安全策略状态监控技术
      B. 安全策略统一描述技术、安全策略自动翻译、安全策略冲突检测与消解、安全策略发布与分发技术、安全策略状态监控技术
      C. 安全策略计划技术、安全策略自动转换、安全策略冲突检测与消解、安全策略发布与分发技术、安全策略状态监控技术
      D. 安全策略统一描述技术、安全策略自动翻译、安全策略冲突检测与消解、安全策略配置管理技术、安全策略状态监控技术

答案及解析

(1) 答案：D 解析 安全策略保护的对象主要包括信息资源相关硬件、软件、数据、人员等。

(2) 答案：C 解析 安全策略制定过程中，一般要遵守以下原则：
1) 起点进入原则。在系统建设一开始就考虑安全策略问题，避免留下基础性隐患，导致为保证系统的安全需要花费成倍的代价。

2) 长远安全预期原则。对安全需求要有总体设计和长远打算，包括为安全设置一些可能不会立刻用到的潜在功能。

3) 最小特权原则。不应给用户超出执行任务所需权限以外的权限。

4) 公认原则。参考当前在基本相同的条件下通用的安全措施，据此作出决策。

5) 适度复杂与经济原则。考虑机制的经济合理性，尽量减小安全机制的规模和复杂程度，使之具有可操作性。

(3) 答案：C 解析 安全策略制定过程通常包括理解组织业务特征、得到管理层的明确支持与承诺、组建安全策略制定小组、确定信息安全整体目标、确定安全策略范围、风险评估与选择安全控制、起草安全策略、评估安全策略、实施安全策略和持续改进等。

评估安全策略是指安全策略制定完成后，要进行充分的专家评估和用户测试，以评审安全策略的完备性和易用性，确定安全策略能否达到组织所需的安全目标。

(4) 答案：B 解析 安全策略管理的要点主要包括安全策略统一描述技术、安全策略自动翻译、安全策略冲突检测与消解、安全策略发布与分发技术、安全策略状态监控技术等。

16.4 应急响应管理

- 突发安全事件对计算机系统或网络系统所承载的业务、事发组织利益及社会公共利益有较为严重的影响或破坏，对社会稳定、国家安全产生一定危害，其等级划为___(1)___。

  (1) A. 特别重大事件　　　　　　B. 重大事件
  　　C. 较大事件　　　　　　　　D. 一般事件

- 安全保障整体工作分为四个阶段。现场安全检查活动一般发生在___(2)___。

  (2) A. 备战阶段　　　　　　　　B. 临战阶段
  　　C. 实战阶段　　　　　　　　D. 决战阶段

答案及解析

(1) 答案：B 解析 根据事件本身、影响范围、危害程度、商业价值几个维度进行综合评分，确定应急响应事件的等级，通常分为四级：特别重大事件（红色等级）、重大事件（橙色等级）、较大事件（黄色等级）、一般事件（蓝色等级）。突发安全事件对计算机系统或网络系统所承载的业务、事发组织利益及社会公共利益有较为严重的影响或破坏，对社会稳定、国家安全产生一定危害，其等级划为重大事件。

(2) 答案：B 解析 安全保障整体工作分为四个阶段：备战阶段、临战阶段、实战阶段和决战阶段。现场安全检查和专项安全检查活动一般发生在临战阶段。

16.5 安全等级保护

- 安全等级保护分级的第___(1)___级是监督保护级。
  (1) A. 二 B. 三 C. 四 D. 五
- "一个中心三重防御"不包括___(2)___。
  (2) A. 数据中心 B. 安全管理中心
      C. 安全通信网络 D. 安全计算环境
- 等保包含技术要求与管理要求，下列选项中___(3)___不属于管理要求。
  (3) A. 安全管理制度 B. 安全管理中心
      C. 安全运维管理 D. 安全建设管理
- 定期审核和检查安全策略与安全管理制度属于安全管理规划中___(4)___方面的活动。
  (4) A. 安全运维管理 B. 安全建设管理
      C. 安全管理机构 D. 安全管理人员
- 等保实施过程通常包括三个阶段，其中不包含___(5)___。
  (5) A. 定级 B. 风险评估
      C. 规划与设计 D. 实施及等级评估与改进

答案及解析

(1) **答案：B**　**解析**　信息系统的安全保护等级定义如下：

1）第一级（自主保护级）。等级保护对象受到破坏后，会对公民、法人和其他组织的合法权益造成损害，但不损害国家安全、社会秩序和公共利益。

2）第二级（指导保护级）。等级保护对象受到破坏后，会对公民、法人和其他组织的合法权益产生严重损害，或者对社会秩序和公共利益造成损害，但不损害国家安全。

3）第三级（监督保护级）。等级保护对象受到破坏后，会对公民、法人和其他组织的合法权益产生特别严重损害，或者对社会秩序和公共利益造成严重损害，或者对国家安全造成损害。

4）第四级（强制保护级）。等级保护对象受到破坏后，会对社会秩序和公共利益造成特别严重损害，或者对国家安全造成严重损害。

5）第五级（专控保护级）。等级保护对象受到破坏后，会对国家安全造成特别严重损害。

(2) **答案：A**　**解析**　等保充分体现了"一个中心三重防御"的思想，一个中心指"安全管理中心"，三重防御指"安全计算环境、安全区域边界、安全通信网络。

(3) **答案：B**　**解析**　等保包含技术要求与管理要求，技术要求覆盖安全物理环境、安全通信网络、安全区域边界、安全计算环境和安全管理中心等；管理要求覆盖安全管理制度、安全管理机制、安全管理人员、安全建设管理和安全运维管理等。

（4）**答案：C** **解析** 安全管理规划主要涉及安全管理制度、安全管理机构、安全管理人员、安全建设管理、安全运维管理等方面的内容。其中，安全管理机构主要活动包括：建立相应领导、管理、审计、运维机构和岗位；配备系统管理、审计管理和安全管理员；明确授权和审批事项和制度；加强内外部安全专家沟通协作；定期审核和检查安全策略与安全管理制度等。

（5）**答案：B** **解析** 等保实施过程通常包括定级、规划与设计、实施及等级评估与改进三个阶段。

16.6 信息安全控制措施

- 信息安全控制措施中，云服务使用的信息安全措施属于____(1)____。
  - （1）A. 组织控制　　　　B. 人员控制　　　　C. 物理控制　　　　D. 技术控制
- 人员控制主要包括____(2)____。
  - （2）A. 审查、任用条款和条件、违规处理过程、任用终止或变更、聘用协议
    - B. 审查、任用条款和条件、违规处理过程、任用终止或变更、聘用协议、远程工作
    - C. 审查、任用条款和条件、违规处理过程、任用终止或变更、保密协议、远程工作、报告信息安全事态
    - D. 审查、任用条款和条件、违规处理过程、任用终止或变更、保密协议、远程工作、本地工作、报告信息安全事态

答案及解析

（1）**答案：A** **解析** 组织控制主要包括信息安全策略、信息安全角色和责任、职责分离、威胁情报、云服务使用的信息安全等。

（2）**答案：C** **解析** 人员控制主要包括审查、任用条款和条件、违规处理过程、任用终止或变更、保密协议、远程工作、报告信息安全事态。

第17章 人员管理

17.1 概述

- 人力资源管理工作直接影响整个组织的经营状况，其决定因素中不包括___(1)___。
  - (1) A．人力资源的具体政策　　　　　　　B．体制设计
  　　　C．人力资源规划　　　　　　　　　　D．体制贯彻实施
- 人力资源管理的目标不包括___(2)___。
  - (2) A．建立员工招聘和选择系统，以便雇用到最符合组织需要的员工
  　　　B．最大化每个员工的潜质，既服务于组织的目标，也确保员工的事业发展和个人尊严
  　　　C．保留那些通过自己的工作绩效帮助组织实现目标的员工，同时淘汰那些无法给组织提供帮助的员工
  　　　D．提升员工的工作技能和工作效率
- ___(3)___不是人力资源管理的主要内容。
  - (3) A．奖惩　　　　　B．吸引　　　　　C．录用　　　　　D．发展

答案及解析

(1) **答案：C** **解析** 人力资源管理工作直接影响整个组织的经营状况，具体取决于人力资源的具体政策、体制设计和贯彻实施。

(2) **答案：D** **解析** 人力资源管理的目标包括：
1) 建立员工招聘和选择系统，以便雇用到最符合组织需要的员工。
2) 最大化每个员工的潜质，既服务于组织的目标，也确保员工的事业发展和个人尊严。
3) 保留那些通过自己的工作绩效帮助组织实现目标的员工，同时淘汰那些无法给组织提供帮助的员工。

4）确保组织遵守政府关于人力资源管理方面的法令和政策。
（3）**答案：A 解析** 人力资源管理的主要内容包括：吸引、录用、保持、发展、评价。

17.2 工作分析与岗位设计

- 以下关于工作分析的描述错误的是＿＿（1）＿＿。
  （1）A．对组织分工和分工内容进行清晰的界定
  　　B．让任职者更清楚工作的内容
  　　C．能够使未从事过某项工作的人也能清楚该工作是怎样完成的
  　　D．确定完成工作的方式、所需要完成的任务
- 下列关于工作分析的目的和作用的描述错误的是＿＿（2）＿＿。
  （2）A．把工作内容、工作所需资格条件和薪酬结合起来，满足员工和组织建设发展需要
  　　B．目的是明确所要完成的任务以及完成这些任务所需要的人员能力特征
  　　C．将每项工作所包含的任务、责任和任职资格用正式的文件明确下来
  　　D．确保组织中的每项工作都按照管理人员的意愿进行分配
- 工作分析阶段不包含＿＿（3）＿＿。
  （3）A．明确工作分析范围　　　　　B．识别工作信息来源
  　　C．确定工作分析方法　　　　　D．工作信息收集和分析
- ＿＿（4）＿＿属于工作分析的第一阶段"明确工作分析范围"的工作内容。
  （4）A．定期检查工作分析情况　　　B．向组织报告结果
  　　C．确立工作分析的对象　　　　D．确定所需信息的类型
- ＿＿（5）＿＿不属于工作分析的第二阶段"确定工作分析方法"的工作内容。
  （5）A．定期检查工作分析情况　　　B．确定所需信息的类型
  　　C．识别工作信息的来源　　　　D．明确工作分析的具体步骤
- ＿＿（6）＿＿不属于工作分析的第三阶段"工作信息收集和分析"的工作内容。
  （6）A．确定所需信息的类型　　　　B．收集工作信息
  　　C．分析收集的信息　　　　　　D．定期检查工作分析情况
- 属于工作分析的第三阶段"工作信息收集和分析"工作内容的是＿＿（7）＿＿。
  ①确定所需信息的类型　②向组织报告结果　③定期检查工作分析情况
  ④分析收集的信息　　　⑤收集工作信息
  （7）A．①②③⑤　　　　　　　　　B．①③④⑤
  　　C．②③④⑤　　　　　　　　　D．①②③④
- ＿＿（8）＿＿不属于定性的工作分析方法。
  （8）A．工作实践法　　　　　　　　B．直接观察法
  　　C．职位分析问卷法　　　　　　D．面谈法

- 属于定性的工作分析方法的是___（9）___。
  - （9）A．管理岗位描述问卷法　　　　B．功能性工作分析法
  　　　C．职位分析问卷法　　　　　　D．典型事例法
- 不属于定量的工作分析方法的是___（10）___。
  - （10）A．管理岗位描述问卷法　　　　B．功能性工作分析法
  　　　　C．职位分析问卷法　　　　　　D．问卷法
- ___（11）___不属于工作分析的用途。
  - （11）A．组织与岗位设计　　　　　　B．招聘和选择员工
  　　　　C．发展和评价员工　　　　　　D．核算人力资源成本
- ___（12）___不属于岗位设计的主要内容。
  - （12）A．工作流程设计　　　　　　　B．工作内容设计
  　　　　C．工作职责设计　　　　　　　D．工作关系设计
- 岗位工作内容设计的主要内容不包括___（13）___。
  - （13）A．工作的广度　　　　　　　　B．工作的拓展性
  　　　　C．工作的深度　　　　　　　　D．工作的反馈性
- 以下关于岗位工作内容设计中"工作的广度"的描述正确的是___（14）___。
  - （14）A．对员工工作的技能提出不同程度的要求，从而增强工作的挑战性
  　　　　B．工作多样化，使员工能进行不同的活动
  　　　　C．让员工见到自己的工作成果，感受到自己工作的意义
  　　　　D．设计的工作应具有从易到难的层次
- 岗位工作职责设计的主要内容不包括___（15）___。
  - （15）A．责任　　　B．权利　　　C．反馈　　　D．方法
- 以下关于岗位工作职责设计的相关内容描述正确的是___（16）___。
  - （16）A．工作权利与责任两者之间尽量避免对应关系，否则会影响员工的工作积极性
  　　　　B．工作责任设计是员工在工作中应承担的职责及压力范围的界定，即工作负荷的设定
  　　　　C．相互沟通包括领导对下级的工作方法、组织和个人的工作方法设计等
  　　　　D．工作方法是整个工作流程顺利进行的信息基础

答案及解析

（1）**答案：D** **解析** 工作分析是对组织分工和分工内容进行清晰的界定，让任职者更清楚工作的内容，甚至未从事过某项工作的人也能清楚该工作是怎样完成的。D选项描述的是岗位设计的内容。

（2）**答案：A** **解析** 工作分析的目的是明确所要完成的任务以及完成这些任务所需要的人员能力特征。工作分析将每项工作所包含的任务、责任和任职资格用正式的文件明确下来，确保组

织中的每项工作都按照管理人员的意愿进行分配。A 选项描述的是岗位设计的内容。

(3) 答案：B　解析　工作分析过程包括四个阶段：明确工作分析范围、确定工作分析方法、工作信息收集和分析、评价工作分析方法。

(4) 答案：C　解析　工作分析的第一阶段"明确工作分析范围"的内容包括确立工作分析的目的、确定工作分析的对象。

(5) 答案：A　解析　工作分析的第二阶段"确定工作分析方法"的内容包括确定所需信息的类型、识别工作信息的来源、明确工作分析的具体步骤。

(6) 答案：A　解析　工作分析的第三阶段"工作信息收集和分析"的内容包括收集工作信息、分析收集的信息、向组织报告结果、定期检查工作分析情况。

(7) 答案：C　解析　工作分析的第三阶段"工作信息收集和分析"的工作内容包括收集工作信息、分析收集的信息、向组织报告结果、定期检查工作分析情况。

(8) 答案：C　解析　工作分析方法分为定性和定量两类。定性的工作分析方法主要包括工作实践法、直接观察法、面谈法、问卷法和典型事例法。

(9) 答案：D　解析　工作分析方法分为定性和定量两类。定性的工作分析方法主要包括工作实践法、直接观察法、面谈法、问卷法和典型事例法。

(10) 答案：D　解析　定量的工作分析方法主要包括职位分析问卷法、管理岗位描述问卷法、功能性工作分析法等。

(11) 答案：D　解析　工作分析的用途主要包括招聘和选择员工、发展和评价员工、薪酬政策、组织与岗位设计。

(12) 答案：A　解析　岗位设计的主要内容包括工作内容设计、工作职责设计、工作关系设计。

(13) 答案：B　解析　岗位工作内容设计的主要内容包括：①工作的广度（即工作的多样性）；②工作的深度；③工作的完整性；④工作的自主性；⑤工作的反馈性（包括两方面信息：一是同事及上级对自己工作意见的反馈，如对自己工作能力、工作态度的评价等；二是工作本身的反馈，如工作的质量、数量、效率等）。

(14) 答案：B　解析　工作的广度，即工作的多样性。在设计工作时，应尽量使工作多样化，使员工在完成任务的过程中能进行不同的活动，保持对工作的兴趣。

(15) 答案：C　解析　岗位工作职责设计的主要内容包括工作内容设计、工作职责设计和工作关系设计三方面。其中工作职责设计主要包括工作的责任、权利、方法以及工作中的相互沟通等方面。

(16) 答案：B　解析　岗位工作职责设计的主要内容包括工作内容设计、工作职责设计和工作关系设计三方面。其中工作职责设计主要包括工作的责任、权利、方法以及工作中的相互沟通等方面。工作责任设计是员工在工作中应承担的职责及压力范围的界定，即工作负荷的设定；工作权利与责任需要满足一定程度的对应，否则会影响员工的工作积极性；工作方法包括领导对下级的工作方法、组织和个人的工作方法设计等；相互沟通是整个工作流程顺利进行的信息基础，包括垂直沟通、平行沟通、斜向沟通等形式。

17.3 人力资源战略与计划

- 以下关于人力资源战略的描述不正确的是___(1)___。
  - (1) A. 人力资源战略是预测未来一定时期的组织任务和环境对组织的要求
  - B. 人力资源战略是人力资源管理的方向规划，表明了组织人力资源管理的战略定位
  - C. 实质是决定组织的发展方向，并在此基础上确定组织需要什么样的人力资源
  - D. 人力资源战略管理的目标是有效运用人力资源去实现组织的战略性要求和目标
- 以下关于人力资源战略管理的描述不正确的是___(2)___。
  - (2) A. 人力资源战略管理过程包括两个相辅相成的阶段：战略制定和战略执行
  - B. 人力资源战略管理分为"人力资源战略、人力资源管理系统和人力资源实施"三部分
  - C. 在人力资源战略的制定阶段，要确定组织的文化、绩效、目标等决定组织战略方向
  - D. 在战略的执行阶段，组织要按照所选择的人力资源战略管理开始贯彻实施
- 戴尔和霍德的分类方法将组织的人力资源战略分为三种类型，其中不包括___(3)___。
  - (3) A. 诱因战略　　　　　　　　　B. 投资战略
  - C. 混合战略　　　　　　　　　D. 参与战略
- 巴伦和克雷普斯的分类方法将组织的人力资源战略分为三种类型，其中不包括___(4)___。
  - (4) A. 参与战略　　　　　　　　　B. 高承诺战略
  - C. 混合战略　　　　　　　　　D. 内部劳动力市场战略
- 常用的人力资源需求预测方法中不包括___(5)___。
  - (5) A. 职位置换分析法　　　　　　B. 集体预测方法
  - C. 回归分析方法　　　　　　　D. 转换比率分析法
- 常用的内部人力资源供给预测的方法中不包括___(6)___。
  - (6) A. 人才盘点与技能清单　　　　B. 人力资源接续计划
  - C. 德尔菲预测技术　　　　　　D. 转换矩阵方法
- ___(7)___是常用的内部人力资源供给预测的方法。
  - (7) A. 集体预测方法　　　　　　　B. 德尔菲预测技术
  - C. 马尔可夫方法　　　　　　　D. 回归分析方法
- 人才盘点的主要流程正确的是___(8)___。
  ①拟定人才盘点后的行动计划　②开展人才盘点　③组织与岗位盘点
  - (8) A. ①②③　　B. ③②①　　C. ①③②　　D. ③①②
- 整体性的人力资源计划不包括___(9)___。
  - (9) A. 预算报表　　　　　　　　　B. 人力报表
  - C. 需求报表　　　　　　　　　D. 供给报表

- 下列选项中，___（10）___能使人力资源计划的目标更可能合理。
  - （10）A．人力资源计划者熟悉人事问题的程度以及对其重视程度
      B．人力资源计划者与相关部门进行信息交流的难易程度
      C．人力资源计划者与提供数据以及使用人力资源计划的管理人员之间的工作关系
      D．人力资源计划在管理人员心目中的地位和价值
- 员工招聘的正确步骤是___（11）___。
  ①人员甄选与录用　②招聘评估与反馈　③招聘计划的制订　④招聘信息的发布
  ⑤应聘者申请
  - （11）A．④③⑤①②　　　　　　　　B．③④⑤①②
      C．④⑤③①②　　　　　　　　D．③④①⑤②
- 招聘策略不包括___（12）___。
  - （12）A．招聘预算　　B．招聘方法　　C．招聘来源　　D．负责招聘的人员
- 录用原则不包括___（13）___。
  - （13）A．经济性原则　　　　　　　B．补偿性原则
      C．混合原则　　　　　　　　D．多元最低限制原则
- 按照面试问题的结构化程度可将招聘面试分为三种类型，其中不包括___（14）___。
  - （14）A．非结构化面试　　　　　　B．半结构化面试
      C．结构化面试　　　　　　　D．多结构面试

答案及解析

（1）**答案：A　解析**　人力资源战略是人力资源管理的方向规划，表明了组织人力资源管理的战略定位。人力资源计划则是人力资源战略在较短时期内的体现，是预测未来一定时期的组织任务和环境对组织的要求，以及为了完成这些任务和满足这些要求而设计的提供人力资源的过程。人力资源战略与计划的实质是决定组织的发展方向，并在此基础上确定组织需要什么样的人力资源，以实现组织的最高管理层确定的目标。人力资源战略管理的目标是有效运用人力资源去实现组织的战略性要求和目标。

（2）**答案：B　解析**　人力资源战略管理被分成两部分，一是人力资源战略，二是人力资源管理系统。人力资源战略是指人力资源在组织目标实现的过程中产生何种作用，即根据自身情况选择人力资源实践模式。人力资源管理系统是指人力资源管理的实践，即在人力资源战略模式的指引下，具体如何实现选人、育人、用人和留人，包括招聘、培训开发、薪酬福利、绩效考核等具体的人力资源管理行为。人力资源战略管理过程包括两个相辅相成的阶段：战略制定和战略执行。在人力资源战略的制定阶段，需要确定组织的文化、绩效、目标等决定组织的战略方向，组织的战略方向将直接影响组织在人力资源战略管理上的选择。在战略的执行阶段，组织要按照所选择的人力资源战略管理开始贯彻实施。例如，通过招聘甄选确保组织获得高技能的员工，建立能够促使员工行

为与组织战略目标保持一致的薪酬体系。

（3）**答案：C** 解析 根据戴尔和霍德的分类方法，我们可以将组织的人力资源战略分为三种类型：诱因战略、投资战略和参与战略。

（4）**答案：A** 解析 根据巴伦和克雷普斯的分类方法，我们可以将组织的人力资源战略分为三种类型：内部劳动力市场战略、高承诺战略和混合战略。

（5）**答案：A** 解析 人力资源需求预测一般有以下三种方法：集体预测方法（也称德尔菲预测技术）、回归分析方法和转换比率分析法。

（6）**答案：C** 解析 常用的内部人力资源供给预测的方法有：人才盘点与技能清单、管理人员置换图（也称为职位置换卡）、人力资源接续计划、转换矩阵方法（也称为马尔可夫方法）、人力资源信息系统和外部人力资源供给。

（7）**答案：C** 解析 常用的内部人力资源供给预测的方法有：人才盘点与技能清单、管理人员置换图（也称为职位置换卡）、人力资源接续计划、转换矩阵方法（也称为马尔可夫方法）、人力资源信息系统和外部人力资源供给。

（8）**答案：B** 解析 人才盘点的主要流程包括：

1）组织与岗位盘点。主要是从组织战略角度出发，梳理分析当前的组织架构，包括职位设计、职责划分是否合理，需不需要调整，分析组织内哪些岗位是关键岗位。通常，关键岗位的人才（包括后备人才）是人才盘点的重点。

2）开展人才盘点。主要是对关键岗位的人才进行测评，包括能力和潜力等方面，并与绩效结合进行分析，从而形成本组织的人才地图。需要强调的是，进行人才测评的前提是明确本组织的人才标准，包括设定模型、绩效指标。

3）拟定人才盘点之后的行动计划。人才盘点是一个起点而不是终点，是一项基础性的工作，人才盘点的结果应当转化为具体的可操作的人才发展规划。

（9）**答案：A** 解析 整体性的人力资源计划应该包括三部分：一是供给报表，指明每个重要员工在今后五年内晋升的可能性；二是需求报表，指明各部门由于调遣、离职和新职位的产生等引起的今后五年中需要补充的职位；三是人力报表，是将供给报表和需求报表结合在一起得到的实际人事计划方案。

（10）**答案：C** 解析 人力资源计划者与提供数据以及使用人力资源计划的管理人员之间的工作关系。这三者之间的关系越好，制订的人力资源计划的目标就可能越合理。

（11）**答案：B** 解析 招聘活动一般按照如下步骤进行：①招聘计划的制订；②招聘信息的发布；③应聘者申请；④人员甄选与录用；⑤招聘评估与反馈。

（12）**答案：A** 解析 招聘策略包括负责招聘的人员、招聘来源、招聘方法三方面。

（13）**答案：A** 解析 在招聘录用过程中，组织往往需要将多种测评工具结合在一起使用。在使用多元选择方法时，一般有如下三种原则：

1）补偿性原则。补偿性原则是指工作申请人在招聘测评中成绩高的项目可以补偿成绩低的项目，因此在评价时可以对不同项目设置不同的权重。

2）多元最低限制原则。多元最低限制原则是指申请人在测评的每个方面都必须达到某个最低标准。

3）混合原则。组织在招聘员工时经常遇到这样的问题，即在某几个方面对员工有最低的要求，但是在其他方面对员工没有最低的要求，这时就可以使用混合方法。具体的步骤是，首先对申请人使用多元最低限制原则淘汰一部分，然后依据补偿性原则对申请人进行综合评价。

（14）**答案：D 解析** 按照面试问题的结构化程度，可以将招聘面试分为以下几种类型：

1）非结构化面试。非结构化面试的特点是面试考官完全任意地与申请人讨论各种话题。

2）半结构化面试。半结构化面试其实有两种含义：一种是考官提前准备重要的问题，但是不要求按照固定的次序提问，而且可以讨论那些似乎需要进一步调查的题目；另一种是面试人员依据事先规划的一系列问题对应征者进行提问，一般是根据管理人员、业务人员和技术人员等不同的工作类型设计不同的问题表格，在表格上要留出空白以记录应征者的反应以及面试人员的主要问题。

3）结构化面试。结构化面试就是提前准备好问题和各种可能的答案，要求工作申请人在问卷上选择答案，面试人员可以根据应征者的回答，迅速对应征者做出不理想、一般、良好或优异等各种简洁的结论。因此结构化面试是一种比较规范的面试方式。

17.4 人员培训

- 循环评估模型需要解决的三个层面的问题中不包括___(1)___。
  （1）A．组织分析 B．绩效分析
  　　C．需求分析 D．任务分析
- Baldwin 和 Ford 于 1988 年提出的培训迁移过程模型中，以下___(2)___不属于培训输入的内容。
  （2）A．培训评估（Training Evaluation）
  　　B．受训者特征（Trainee Characteristics）
  　　C．培训设计（Training Design）
  　　D．工作环境（Work Environment）
- 员工的职业规划方案必须能适应三方面的要求，其中不包括___(3)___。
  （3）A．适应组织性质的需要 B．适应在员工招聘方面竞争的需要
  　　C．适应组织效益最大化的目标 D．适应现存的或计划实施的组织结构

答案及解析

（1）**答案：C 解析** 循环评估模型需要解决三个层面的问题，具体如下：

1）组织分析。组织分析是指确定组织范围内的培训需求，以保证培训计划符合组织的整体目标与战略要求。

2）绩效分析。绩效分析是考察员工目前的实际绩效与理想的目标绩效之间是否存在偏差，然后决定是否可以通过培训来矫正偏差。

3）任务分析。任务分析的目的在于分析员工达到理想的工作绩效所必须掌握的技能和能力，从而确定培训的内容。

（2）**答案：A　解析**　Baldwin 和 Ford 于 1988 年提出了一个培训迁移过程模型，这个模型指出培训输入包括受训者特征（Trainee Characteristics）、培训设计（Training Design）和工作环境（Work Environment），会影响学习、保存和迁移，并且受训者特征和工作环境将直接影响迁移效果。

（3）**答案：C　解析**　员工的职业规划方案必须能够适应组织性质的需要，适应组织在员工招聘方面竞争的需要，适应现存的或计划实施的组织结构。

第18章 知识管理

18.1 知识管理基础

- 知识管理过程通常不包括___(1)___。
  - (1) A. 知识获取与采集　　　　　　　　B. 知识组织与存储
  　　　C. 知识渠道与来源分析　　　　　　D. 知识转移与应用
- 以下对于知识管理的特征描述不正确的是___(2)___。
  - (2) A. 知识管理是优化的流程　　　　　B. 知识管理是管理
  　　　C. 知识管理依赖于知识　　　　　　D. 知识管理以显性知识为主要内容
- 知识管理可以达成的目标不包括___(3)___。
  - (3) A. 打造学习型组织　　　　　　　　B. 实现组织的可持续发展
  　　　C. 提高员工素质及工作效率　　　　D. 增强服务对象满意度
- 以下关于知识管理的原则描述不正确的是___(4)___。
  - (4) A. 战略导向原则，即组织要基于对自身发展战略、知识管理现状及需求的分析，将知识管理战略融入组织的业务战略中，以支撑组织战略目标实现
    B. 知识创新原则，即实施时，应抛弃单纯从技术出发的观念，应将知识管理思想、理念和方法与组织现有的文化和行为模式相融合
    C. 技术保障，即组织应采用适宜的技术设施保障知识管理的实施，从业务或文化角度推进知识管理时，促进知识管理的成果固化和持久
    D. 领导作用原则，即领导者的支持和参与，是系统实施知识管理的前提和保障，是取得知识管理成功的关键
- 知识价值链是包含了多个内容的整合模式，其中的内容不包括___(5)___。
  - (5) A. 知识输入端　　　　　　　　　　B. 知识活动面
  　　　C. 知识转化过程　　　　　　　　　D. 价值输出端

- 组织对知识进行分类时应以____（6）____为优先考量的因素。

  （6）A. 最低成本　　　　　　　　　　B. 最多受众

  　　　C. 分类最集中　　　　　　　　　D. 最高实用性

- ____（7）____不属于显性知识的主要特征。

  （7）A. 客观存在性　　　　　　　　　B. 静态存在性

  　　　C. 非陈述性　　　　　　　　　　D. 认知元能性

- ____（8）____不属于隐性知识的主要特征。

  （8）A. 个体性　　　　　　　　　　　B. 实践性

  　　　C. 可共享性　　　　　　　　　　D. 非编码性

- ____（9）____不属于个人知识管理的主要特征。

  （9）A. 个体性　　　　　　　　　　　B. 主体性

  　　　C. 多样性　　　　　　　　　　　D. 循环性

- ____（10）____不属于组织知识管理的主要特征。

  （10）A. 自适应性　　　　　　　　　　B. 组织性

  　　　C. 共享性　　　　　　　　　　　D. 学习性

答案及解析

（1）**答案：C** **解析** 知识管理过程通常包括：知识获取与采集、知识组织与存储、知识交流与共享、知识转移与应用、知识管理审计与评估。

（2）**答案：D** **解析** 知识管理的特征包括：

1）知识管理是优化的流程。知识管理具有可执行性和流程化特征，按照知识的存在过程与业务流程的结合分为若干环节，通过对每个环节的改进和增值，实现组织整体价值创造效率的提高。

2）知识管理是管理。主要强调管理特性，突出知识管理可以帮助组织实现知识显性化和知识共享、知识转移等，是一条提升运行效率的捷径。

3）知识管理依赖于知识。知识的基础管理是整个知识管理的前提，由于知识识别、获取、整理等过程的复杂性，只有加强对知识的基础管理才能确保组织中知识的稳定生成和发展。知识管理应把知识作为组织的战略资源，作为一种管理思想和方法体系，它以人为中心，以数据、信息为基础，以知识的创造、积累、共享及应用为目标。

（3）**答案：A** **解析** 知识管理可以达成的目标包括：

1）实现组织的可持续发展。将组织中的产品和服务研发与销售网络、专利技术、业务流程、专业技能等知识，作为核心资产进行管理、开发和保护。建立相应的管理体系，通过组织文化、知识库、信息通信技术等形式，把知识固化到组织中去，有助于实现组织的可持续发展。

2）提高员工素质及工作效率。通过组织知识的共享与重用，可以提高员工的知识水平和创新能力，提高工作效率、研发水平、操作技能及服务能力等。

3）增强服务对象满意度。通过为用户、社会提供更优质的产品、高效的服务，可以帮助提升组织的服务对象满意度、社会公众满意度。

4）提升组织的运作绩效。通过将组织的知识运用于业务运作的各个环节，从而提高业务管理水平、产品研发能力、生产经营水平、市场开拓能力、产品附加值，提升服务水平，建立竞争优势。

（4）**答案：B** **解析** 实施知识管理一般遵循的原则包括：

1）领导作用。领导者的支持和参与，是系统实施知识管理的前提和保障，是取得知识管理成功的关键。

2）战略导向。组织需要基于对自身发展战略、知识管理现状及其需求的分析，将知识管理战略融入组织的业务战略中，以支撑组织战略目标实现。

3）业务驱动。组织需要在不同的规划期间，以核心业务为向导，针对业务热点或主题来推进知识管理，实现组织结构、业务流程和知识管理流程的有效衔接与互动。

4）文化融合。知识管理涉及人员、文化、制度、行为模式等多方面的问题。实施时，应抛弃单纯从技术出发的观念，应将知识管理思想、理念和方法与组织现有的文化和行为模式相融合。

5）技术保障。组织应采用适宜的技术设施保障知识管理的实施，从业务或文化角度推进知识管理时，促进知识管理的成果固化和持久。

6）知识创新。组织应制定制度鼓励员工创新，将知识管理与创新的绩效挂钩，激发员工的创新自主性。

7）知识保护。在组织创造、积累、分享和使用知识的同时，应注重组织内部知识的安全保密，保护好知识产权，避免因人员的流动、合作伙伴变化、供应商变更等因素导致知识的流失与损失。

8）持续改进。知识管理应定期检查和评审，并持续改进。

（5）**答案：C** **解析** 知识价值链是一个包含知识输入端、知识活动面、价值输出端的整合模式，是指知识以多元管道汇集，并收敛至单一窗口进入组织中，通过各种知识活动运作后，再以发散式的多元价值贡献输出。

（6）**答案：D** **解析** 组织机构在日常运行中会自然产生各种文件，包括技术方案、操作手册、各类技术报告等，以及其他已经成为电子档案的文件。至于要采用何种文件分类方式，应依组织的需要而定。组织对知识进行分类时应以最高实用性为优先考量，管理者需选择最广泛及最可能被组织成员搜寻与获取知识的分类方法。

（7）**答案：C** **解析** 显性知识具有四个主要特征：

1）客观存在性。显性知识一旦表达出来就是脱离个人自身的知识，它通过言传、身教或附于某种介质上的编码等方式表现出来，它不依赖于个人而客观存在。正是由于显性知识的这种特性，才有利于显性知识的保存、记录、交流和传播等。

2）静态存在性。显性知识不随时间或环境的变化而变化，一旦表达出来就不再变化。

3）可共享性。显性知识可以被传播并共享，而隐性知识不具有这个能力，因此要实现知识的传播和共享必须将隐性知识转化为显性知识。

4）认知元能性。显性知识直接来源于实践技能等这类隐性知识，但最终来源于个人的心智模式和元能力。

（8）**答案：C** **解析** 隐性知识具有六个主要特征：非陈述性、个体性、实践性、情境性、交互性、非编码性。

（9）**答案：A** **解析** 个人知识管理具有以下特征：主体性、多样性、循环性、自适应性、社交性。

（10）**答案：A** **解析** 组织知识管理具有以下特征：组织性、共享性、学习性、文化性、持续性。

18.2 获取与收集

● 以下关于知识获取与收集的描述，不正确的是＿＿（1）＿＿。
（1）A．知识获取的本质在于知识量的积累
　　 B．知识获取与收集分为主动式和被动式两类
　　 C．知识获取主要是指从组织外部获取知识的过程
　　 D．知识获取与收集可以提高组织创新绩效

● 以下选项中＿＿（2）＿＿不属于组织获取和收集隐性知识的途径。
（2）A．内部沟通与知识共享　　　　　B．社交化学习与社区建设
　　 C．实践与实验　　　　　　　　　D．后续总结与案例分析

答案及解析

（1）**答案：C** **解析** 知识获取是对组织内部已经存在的知识进行整理积累或从外部获取知识的过程。知识获取的本质在于知识量的积累。知识收集是指通过适当的方法、途径和工具，将知识聚集在一起的过程。

知识获取与收集分为主动式和被动式两类：主动式知识获取与收集是知识处理系统根据领域专家给出的数据与资料，利用工具直接自动获取或产生知识，并装入知识库中，所以也称为知识的直接获取与收集。被动式知识获取与收集是间接通过一个中介人并采用知识编辑器之类的工具，把知识传授给知识处理系统，所以也称为知识的间接获取与收集。

知识获取与收集可以提高组织创新绩效。

（2）**答案：C** **解析** 组织获取和收集隐性知识的途径有：内部沟通与知识共享、社交化学习与社区建设、导师制度与知识传承、后续总结与案例分析、外部资源与合作伙伴、数据分析与学习挖掘。

18.3 层次与模型

- 从主体需求知识的层次角度出发,知识的四个层次不包括___(1)___。
  - (1) A. 生存知识　　　　　　　　　　B. 技能知识
  　　 C. 消遣知识　　　　　　　　　　D. 专业知识
- 知识的四个层次中,以下不属于生存知识的是___(2)___。
  - (2) A. 社会知识　　　　　　　　　　B. 基本生理知识
  　　 C. 基本交流知识　　　　　　　　D. 基本安全知识
- 知识的四个层次中,以下___(3)___不属于技能知识层次的特点。
  - (3) A. 主动性　　　B. 专业性　　　C. 选择性　　　D. 强迫性
- 以下关于知识组织层次模型的相关描述,不正确的是___(4)___。
  - (4) A. 模型的横轴表示知识的四个层次,纵轴表示知识的总量
  　　 B. 不同的知识聚类之间的关联性是体系形成的前提
  　　 C. 处于知识地图中的元知识存在显性知识和隐性知识两种状态
  　　 D. 知识组织层次模型是在"知识层次理论"的基础上形成的
- ___(5)___是构造专家系统(ES)的核心和基础。
  - (5) A. 知识组织层次模型　　　　　　B. 知识层次理论
  　　 C. 知识库　　　　　　　　　　　D. 组织元知识
- 影响知识库构建的因素不包括___(6)___。
  - (6) A. 构建知识库　　　　　　　　　B. 知识组织
  　　 C. 组织元知识　　　　　　　　　D. 知识发现
- ___(7)___的研究是否深入、定义是否准确,是一门学科的理论基础是否坚实的基本保证,也是检验一门学科是否成熟的首要标准。
  - (7) A. 重要概念　　B. 基本概念　　C. 相关概念　　D. 一般概念
- 知识库构建的原则不包括___(8)___。
  - (8) A. 自顶而下原则　　　　　　　　B. 专家参与原则
  　　 C. 高内聚、低耦合原则　　　　　D. 由内而外原则

答案及解析

(1) **答案:D** 解析　从主体需求知识的层次角度出发,将知识分为四个层次:基于生存方面的知识(生存知识)、基于技能方面的知识(技能知识)、基于消遣需求方面的知识(消遣知识)、基于实现自我追求方面的知识(自我实现知识)。

(2) **答案:A** 解析　生存知识主要包括基本生理知识(人的吃穿住行等)、基本交流知识

（听说读写知识和喜怒哀乐等）、基本自然知识（四季更替、风雨雷电等）、基本安全知识（好坏对错等）。

（3）**答案：A** **解析** 技能知识层次的知识具有以下特点：

1）专业性。知识的内容涉及主体现在或将来的发展，如社会知识可以涉及人际交往、沟通技巧、高级的思维方式等，这就需要主体专注学习某一领域的知识。

2）选择性。知识的结构比较复杂，主体仅学习其中部分知识。

3）强迫性。主体的学习欲望不强，只是为了更好地生活而不得不学习一些技能知识。

（4）**答案：A** **解析** 知识组织层次模型的横轴表示知识的总量，含义有两层：其一，整个人类社会知识的总量不断增加；其二，作为主体的个人的知识汲取总量也不断增加。纵轴表示知识的四个层次，由此形成了知识的四层体系。在每层知识体系中，客观分布着众多的元知识，元知识之间的关系由知识链相联系，连接成众多知识聚类。知识聚类可以按照不同的标准分为学科聚类、主题聚类、人物聚类、用途聚类、时空聚类等，不同的知识聚类之间的关联性是体系形成的前提。

处于知识地图中的元知识存在两种状态：显性知识和隐性知识。

知识组织层次模型是在"知识层次理论"基础上形成的。它是将整个人类知识体系进行细分，其主要目的是提高知识组织的活动的可行性与可操作性。其主要目标是在该模型下建立相关领域知识库，继而可以提高知识搜索的效果和质量。

（5）**答案：C** **解析** 知识库是按一定要求存储在计算机中的相互关联的某种事实、知识的集合，是经过分类、组织和有序化的知识集合，是构造专家系统（ES）的核心和基础。

（6）**答案：C** **解析** 影响知识库构建的因素主要包括知识发现、知识组织、构建知识库三方面。其中知识发现是指对客观存在的元知识进行认识，形成对特定主体具有一定意义的状态，这是知识库构建的前提；知识组织是在知识发现的基础上对客观知识的无序化状态所实施的一系列有序化组织活动；构建知识库则是进一步在前两者的基础上运用相关性原理、概念体系等方法和模型，形成特定领域内的概念（知识）体系。

（7）**答案：B** **解析** 抽取概念词汇是指对相关领域的元知识进行概念词抽取。一个具体学科体系是由概念体系支撑起来的，也是由这些概念及其体系解释说明的。具体包括基本概念、重要概念、相关概念和一般概念。基本概念是科学体系大厦根据一定学术规范加以严格界定，并予以准确定义的第一批基石。基本概念的研究是否深入、定义是否准确，是一门学科的理论基础是否坚实的基本保证，也是检验一门学科是否成熟的首要标准。

（8）**答案：D** **解析** 为了保证知识库构建的质量，需要遵循以下原则：

1）自顶而下原则。需要先定义知识库的总框架结构，在此基础上层层分解其总结构，形成二层、三层知识库结构。

2）由外而内原则。确定知识库边界是十分重要的，不仅可以保证知识库的相对独立性，也可以保证知识库建立活动的效率。

3）专家参与原则。要建立不同领域的知识库，必须在相关领域专家的帮助下完成，以保证知识库的质量。

4）高内聚、低耦合原则。一个总的知识库包含若干个子知识库，每个子知识库内部的元知识必须要具有很强的相关性，即高内聚；各个子知识库之间的相关度不宜过高，这样可以保证后期知识库更新和知识检索的效率。

5）定期更新原则。知识发现和知识组织是动态发展的过程，知识库的内容也要依据新的知识结构不断更新。

18.4 交流与共享

- 知识交流的特征不包括＿＿（1）＿＿。
  （1）A. 协同性　　　　　　　　　　B. 创新性
  　　　C. 临时性　　　　　　　　　　D. 相对性
- 知识交流的核心目标是＿＿（2）＿＿。
  （2）A. 知识共享　　　　　　　　　B. 知识传递
  　　　C. 信息流动　　　　　　　　　D. 价值创造
- 知识共享的要素不包括＿＿（3）＿＿。
  （3）A. 共享对象　　　　　　　　　B. 共享工具
  　　　C. 共享主体　　　　　　　　　D. 共享手段

答案及解析

（1）答案：D　解析　知识交流具有如下特征：知识交流具有针对性、知识交流具有（社会）协同性、知识交流具有创新性、知识交流具有临时性、知识交流具有开放性、知识交流具有动态性。

（2）答案：A　解析　知识共享是知识交流的一种重要形式，也是知识交流的核心目标。

（3）答案：B　解析　知识共享的要素包括共享对象、共享主体、共享手段。

1）共享对象即知识的内容。共享是知识增长最迅速、最便捷的方式。在共享过程中，经过员工的共同讨论、分析和修正，原有知识得以扩大和创新，知识的质量和数量不断提高和增加，最终成为组织不断增长的知识财富，并实现其价值。知识在产生之后，若不能加以扩散，知识的应用范围就会受到限制，其作用就会下降，也不利于知识的更新。

2）共享主体即人、团队和组织。主体拥有知识存量的多少固然重要，但更重要的是知识接收者能够知道并能及时利用这些知识。知识管理鼓励各种形式的知识交流与共享，其目标是使关键的知识能在关键的时候被关键的员工掌握和应用，以实现最佳决策和最佳实践。

3）共享手段即知识网络、会议和团队学习等。手段的先进性取决于检索、传播和扩散知识的质量和速度。同时，那些传统的共享手段在许多隐性知识的共享方面更有效果，如面对面的沟通、实践等。

18.5 转移与运用

- 知识转移是由___(1)___两个过程共同组成的统一过程。
  - (1) A. 知识传输和知识运用　　　　B. 知识吸收和知识运用
  　　C. 知识获取和知识传输　　　　D. 知识传输和知识吸收
- 四因素分析法所归纳的知识转移与运用的影响因素不包括___(2)___。
  - (2) A. 知识转移与应用工具　　　　B. 知识自身特性因素
  　　C. 知识发送方因素　　　　　　D. 知识接受方因素
- 组织知识转移与运用双因素模型中,保障因素中不包含___(3)___。
  - (3) A. 知识源　　　　　　　　　　B. 知识经济环境
  　　C. 知识内容　　　　　　　　　D. 知识转移媒介
- ___(4)___不属于知识螺旋模型中知识创新活动的阶段。
  - (4) A. 社会化　　B. 内化　　C. 组织化　　D. 整合
- 交流模型将知识转移与运用分成四个阶段,其中不包含___(5)___。
  - (5) A. 初始阶段　　B. 实施阶段　　C. 评估阶段　　D. 整合阶段

答案及解析

(1) **答案:D** 解析　知识转移是由知识传输和知识吸收两个过程共同组成的统一过程。知识转移是一个复杂的动力系统工程,在其转移过程中会受到知识特性、转移情境、知识源与知识受体双方的认知结构和转移动机等多种因素的影响。只有当转移的知识保留下来,才是有效的知识转移。知识的成功转移必须完成知识传递和知识吸收两个过程,并使知识接收者感到满意。

(2) **答案:A** 解析　四因素分析法将知识转移与运用的影响因素研究归纳为知识自身特性因素、知识发送方因素、知识接受方因素和知识转移与应用过程因素四个方面。

(3) **答案:B** 解析　组织知识转移与运用双因素模型中,保障因素和促进因素共同决定组织知识转移与应用的成效,保障因素是知识转移与应用能够发生的必要条件,缺失其中任何一个因素,知识转移与应用活动就无法开展;促进因素是知识转移与运用的激励和约束因素,这些因素并非必不可少,但是如果具备这些因素,知识转移与运用的发生频率和效果就会大大提高。其中,保障因素包括:知识源、知识接受者、知识转移媒介、知识内容。促进因素包括:知识经济环境、知识产业或高技术产业、知识管理战略、知识文化、知识转移评价与激励制度、知识转移管理团队。

(4) **答案:C** 解析　知识螺旋(SECI)模型是根据知识创新活动的特点提出的,该模型将知识创新活动分为社会化(Socialization,个体到个体、隐性到隐性)、外化(Externalization,个体到团体、隐性到显性)、整合(Combination,团体到组织、显性到显性)、内化(Internalization,组织到个体、显性到隐性)四种模式,这实际上是个体知识向组织知识转移与运用的四个阶段。通过这四个阶段，实现知识在个人之间、个人与组织之间的转移与转化，并最终产生新的知识。

(5) 答案：C　解析　交流模型认为知识转移与运用是在一定的情境中，从知识的源单元到接受单元的信息传播过程，并将知识转移与运用分为四个阶段：

1）第一阶段是初始阶段，主要是识别可以满足对方要求的知识。

2）第二阶段是实施阶段，双方建立起适合知识转移与运用情境的渠道，并且源单元对转移的知识进行调整，以适应接受单元的需要。

3）第三阶段是调整阶段，主要是接受单元对转移的知识进行调整，以适应新的情境。

4）第四阶段是整合阶段，接受单元通过制度化，使转移知识成为自身知识的一部分。

18.6　协同与创新

- 知识协同是以＿＿(1)＿＿为目标，以＿＿(1)＿＿为基础，由多主体（组织、团队和个人）共同参与的互动过程，是各组织优化整合相关资源、促进整体业务绩效提升的管理模式和战略手段。
  (1) A．创新、知识转移　　　　　　　B．知识运用、知识管理
  　　C．知识管理、创新　　　　　　　D．创新、知识管理
- ＿＿(2)＿＿是影响知识协同和创新的关键因素。
  (2) A．社会网络　　B．组织架构　　C．知识架构　　D．知识模型

答案及解析

(1) 答案：D　解析　知识协同是以创新为目标，以知识管理为基础，由多主体（组织、团队和个人）共同参与的互动过程，是各组织优化整合相关资源、促进整体业务绩效提升的管理模式和战略手段。

(2) 答案：A　解析　社会网络是影响知识协同和创新的关键因素。社会网络是基于社会成员的关系而组成的集合，它是研究创新的必要元素。社会网络可以是自发的或者自然而然形成的，其为成员提供了不同途径和方式进行知识的整合与应用，从而推动知识协同与创新。

18.7　个人知识管理

- ＿＿(1)＿＿不属于个人知识管理的作用。
  (1) A．有利于培养良好的学习习惯
  　　B．有利于提高个人工作、学习效率
  　　C．有利于重塑个人思维模式
  　　D．有利于提升个人专业知识和竞争力

- 以下关于个人知识管理流程的描述正确的是___(2)___。
  ①知识共享 ②信息整合 ③信息评估 ④信息获取 ⑤信息需求分析
  (2) A. ⑤④③②① B. ④⑤③②①
  　　C. ④⑤①③② D. ②⑤④③①
- ___(3)___不属于个人知识管理系统的发展阶段。
  (3) A. 个体阶段　　　B. 交互阶段　　　C. 优化阶段　　　D. 集成阶段
- 个人知识管理系统架构中的三维信息网络架构不包括___(4)___。
  (4) A. 人际网络　　　　　　　　　B. 媒体网络
  　　C. Internet 资源网络　　　　　D. 信息网络

答案及解析

（1）**答案：C**　解析　个人知识管理的作用如下：
1）有利于培养良好的学习习惯。
2）有利于提高个人工作、学习效率。
3）有利于提升个人专业知识和竞争力。

（2）**答案：A**　解析　个人知识管理流程包括信息需求分析、信息获取、信息评估、信息整合、知识共享。

（3）**答案：C**　解析　个人知识管理系统的发展阶段包括个体阶段、交互阶段、集成阶段。

（4）**答案：D**　解析　三维信息网络架构主要包括人际网络、媒体网络、Internet 资源网络。

第19章 IT 管理标准化

19.1 标准化知识

- ___(1)___ 是为了在一定范围内获得最佳秩序，经协商一致制定并由公认机构批准共同使用和重复使用的一种规范性文件，是标准化活动的核心产物。
  - (1) A. 标准 B. 标准化
  - C. 标准体系表 D. 标准体系
- ___(2)___ 是一项活动，这种活动的结果是制定条款，制定条款的目的是在一定范围内获得最佳秩序，所制定的条款的特点是共同使用和重复使用，针对的对象是现实问题或潜在问题。
  - (2) A. 标准 B. 标准化
  - C. 标准体系表 D. 标准体系
- ___(3)___ 是确保 IT 管理实现专业化、规模化的前提，也是规范 IT 管理的重要手段。
  - (3) A. 标准 B. 标准化
  - C. 标准体系表 D. 标准体系
- ___(4)___ 是一种由标准组成的系统，为了实现系统的目标而必须具备一整套具有内在联系的、科学的有机整体。
  - (4) A. 标准 B. 标准化
  - C. 标准体系表 D. 标准体系
- ___(5)___ 是指标准系统内各标准内在有机联系的表现方式。
  - (5) A. 标准化 B. 标准体系结构
  - C. 标准体系表 D. 标准体系
- 形成标准体系的主要方式有___(6)___。
  - (6) A. 层次和并列 B. 并列和联合
  - C. 层次和结构 D. 关联和独立

- 标准的种类繁多，根据不同的目的或原则划分不同的类别，主要划分方式有___(7)___。
  - (7) A. 按标准的形成方式、按涉及的对象类型和按标准的编制机构
    - B. 按使用范围、按标准的编制机构和标准的要求程度
    - C. 按适用范围、按涉及的对象类型和按标准的要求程度
    - D. 按标准的编制机构、按标准的要求程度和按标准的形成方式
- 按标准的适用范围进行划分，则不包括___(8)___。
  - (8) A. 服务标准　　B. 团体标准　　C. 地方标准　　D. 国家标准
- 按标准涉及的对象类型进行划分，则以下正确的选项是___(9)___。
  - (9) A. 服务标准　　B. 团体标准　　C. 地方标准　　D. 国家标准
- 按标准的要求程度不同进行划分，不包括___(10)___。
  - (10) A. 规范　　B. 制度　　C. 规程　　D. 指南
- ___(11)___是指为设备、构件或产品的设计、制造、安装、维护或使用而推荐惯例或程序的文件，所针对的标准化对象是设备、构件或产品。
  - (11) A. 规范　　B. 制度　　C. 规程　　D. 指南
- ___(12)___是指给出某主题的一般性、原则性、方向性的信息、指导或建议的文件，其标准化对象较广泛。
  - (12) A. 规范　　B. 制度　　C. 规程　　D. 指南
- 国家标准的制定有一套正常程序，以下程序顺序表述正确的是___(13)___。
  ①出版阶段　②预阶段　③批准阶段　④立项阶段　⑤复审阶段　⑥起草阶段　⑦废止阶段　⑧征求意见阶段　⑨审查阶段
  - (13) A. ④⑥②⑧⑨①⑤⑦　　　　B. ⑧④⑥②⑨①⑤⑦
    - C. ⑥②⑧④⑨①⑤⑦　　　　D. ②④⑥⑧⑨①⑤⑦
- 国家标准制定阶段中"预阶段"的任务是___(14)___。
  - (14) A. 提出新工作项目　　　　B. 提出标准草案征求意见稿
    - C. 提出新工作项目建议　　D. 提出标准草案送审稿
- 国家标准制定阶段中"审查阶段"的任务是___(15)___。
  - (15) A. 提出新工作项目　　　　B. 提出标准草案征求意见稿
    - C. 提出新工作项目建议　　D. 提出标准草案送审稿
- 国家标准制定阶段中"立项阶段"的任务是___(16)___。
  - (16) A. 提出新工作项目　　　　B. 提出标准草案征求意见稿
    - C. 提出新工作项目建议　　D. 提出标准草案送审稿
- 国家标准制定阶段中"出版阶段"的成果是___(17)___。
  - (17) A. PWI　　　　　　　　　B. DS
    - C. FDS　　　　　　　　　D. GB、GB/T、GB/Z

- 国家标准制定阶段中"批准阶段"的任务是___(18)___。

（18）A．提出新工作项目　　　　　　B．提出标准出版物
　　　C．提出标准出版稿　　　　　　D．提出标准草案送审稿

答案及解析

（1）**答案：A** **解析** 本题考查标准、标准化、标准体系、标准体系表相近概念的定义和理解。

标准是为了在一定范围内获得最佳秩序，经协商一致制定并由公认机构批准共同使用和重复使用的一种规范性文件，是标准化活动的核心产物。

标准是研究制定法律、技术法规、政策和规划的依据，是组织从事生产经营活动、消费者选择产品和服务的主要依据。

标准化是指为了在一定范围内获得最佳秩序，对现实问题或潜在问题制定共同使用和重复使用的条款的活动。标准化是一项活动，这种活动的结果是制定条款，制定条款的目的是在一定范围内获得最佳秩序，所制定的条款的特点是共同使用和重复使用，针对的对象是现实问题或潜在问题。

标准体系是一种由标准组成的系统，为了实现系统的目标而必须具备一整套具有内在联系的、科学的有机整体。标准体系内部各标准按照一定的结构进行逻辑组合，而不是杂乱无序地堆积，它是一个概念系统，是由人为组织制定的标准形成的人工系统。

标准体系要用一定的形式表现出来，即标准体系表。

（2）**答案：B** **解析** 标准化是一项活动，这种活动的结果是制定条款，制定条款的目的是在一定范围内获得最佳秩序，所制定的条款的特点是共同使用和重复使用，针对的对象是现实问题或潜在问题。

（3）**答案：B** **解析** 标准化伴随IT服务的发展与成熟，从20世纪80年代发展至今，过程中不断丰富并与其他相关标准相互融合。标准化是确保IT管理实现专业化、规模化的前提，也是规范IT管理的重要手段。

（4）**答案：D** **解析** 标准体系是一种由标准组成的系统，为了实现系统的目标而必须具备一整套具有内在联系的、科学的有机整体。标准体系内部各标准按照一定的结构进行逻辑组合，而不是杂乱无序地堆积，它是一个概念系统，是由人为组织制定的标准形成的人工系统。

（5）**答案：B** **解析** 标准体系结构是指标准系统内各标准内在有机联系的表现方式。

（6）**答案：A** **解析** 形成标准体系的主要方式有层次和并列两种。层次是指一种方向性的等级顺序，彼此存在着制约关系和隶属关系；并列是指同一层次内各类或各标准之间存在的方式和秩序，如ITSS体系主要通过并列方式列出各类和各项标准。

（7）**答案：C** **解析** 标准主要的划分方式包括按照适用范围划分、按照涉及的对象类型划分和按照标准的要求程度划分。

（8）**答案：A** **解析** 依据制定标准的参与者所涉及的范围，也就是标准的适用范围，可将

标准分为国际标准、国家标准、行业标准、团体标准、地方标准、企业标准等。

（9）**答案：A 解析** 标准涉及的对象类型不同，反映到标准的文本上体现为其技术内容及表现形式的不同。主要包括术语标准、符号标准、试验标准、产品标准、过程标准、服务标准、接口标准等。

（10）**答案：B 解析** 按照标准的要求程度不同，可划分为规范、规程、指南等。

（11）**答案：C 解析** 规程是指为设备、构件或产品的设计、制造、安装、维护或使用而推荐惯例或程序的文件。规程所针对的标准化对象是设备、构件或产品。

（12）**答案：D 解析** 指南是指给出某主题的一般性、原则性、方向性的信息、指导或建议的文件。指南的标准化对象较广泛，但具体到每一个特定的指南，其标准化对象则集中到某一主题的特定方面，这些特定方面是有共性的，即一般性、原则性或方向性的内容。

（13）**答案：D 解析** 国家标准的制定有一套正常程序，分为预阶段、立项阶段、起草阶段、征求意见阶段、审查阶段、批准阶段、出版阶段、复审阶段以及废止阶段。

（14）**答案：C 解析** 国家标准制定阶段中"预阶段"的任务是提出新工作项目建议，阶段成果是PWI。

（15）**答案：D 解析** 国家标准制定阶段中"审查阶段"的任务是提出标准草案送审稿，阶段成果是DS。

（16）**答案：A 解析** 国家标准制定阶段中"立项阶段"的任务是提出新工作项目，阶段成果是NP。

（17）**答案：D 解析** 国家标准制定阶段中"出版阶段"的任务是提出标准出版物，阶段成果是GB、GB/T、GB/Z。

（18）**答案：C 解析** 国家标准制定阶段中"批准阶段"的任务是提出标准出版稿，阶段成果是FDS。国家标准各制定阶段的名称、阶段任务和阶段成果见下表。

阶段代码	阶段名称	阶段任务	阶段成果
00	预阶段	提出新工作项目建议	PWI
10	立项阶段	提出新工作项目	NP
20	起草阶段	提出标准草案征求意见稿	WD
30	征求意见阶段	提出标准草案征求意见稿	CD
40	审查阶段	提出标准草案送审稿	DS
50	批准阶段	提出标准出版稿	FDS
60	出版阶段	提出标准出版物	GB、GB/T、GB/Z
90	复审阶段	对实施周期达5年的标准进行复审	继续有效/修改/修订/废止
95	废止阶段		废止

19.2 主要标准

- 系统与软件工程相关标准的主要分类中，不包括___(1)___。
  - (1) A．系统工程标准　　　　　　　　B．基础标准
  　　 C．生存周期管理标准　　　　　　D．质量与测试标准
- ___(2)___作为指导性技术文件描述了软件工程学科的边界范围，按主题提供了访问支持该学科的文献的途径。
  - (2) A．GB/T 25000《系统与软件工程 系统与软件质量要求和评价（SQuaRE）》
  　　 B．GB/Z 31102《软件工程 软件工程知识体系指南》
  　　 C．GB/T 22032《系统与软件工程 系统生存周期过程》
  　　 D．GB/T 11457《信息技术 软件工程术语》
- ___(3)___属于系统与软件工程相关标准中的质量与测试标准。
  - (3) A．GB/T 25000《系统与软件工程 系统与软件质量要求和评价（SQuaRE）》
  　　 B．GB/Z 31102《软件工程 软件工程知识体系指南》
  　　 C．GB/T 22032《系统与软件工程 系统生存周期过程》
  　　 D．GB/T 11457《信息技术 软件工程术语》
- IT服务的要素由___(4)___组成。
  - (4) A．人员、过程、技术、资源　　　　B．人员、过程、管理、资源
  　　 C．人员、活动、管理、资源　　　　D．人员、过程、技术、管理
- IT服务生命周期由___(5)___五个阶段组成。
  - (5) A．需求分析、规划设计、部署实施、运营改进、监督管理
  　　 B．规划设计、部署实施、服务运营、持续改进、监督管理
  　　 C．规划设计、部署实施、运营改进、管理维护、监督管理
  　　 D．立项规划、需求分析、部署实施、服务运营、持续改进
- IT服务生命周期中___(6)___阶段的主要工作是根据IT服务部署情况，依据ITSS，采用过程方法，全面管理基础设施、服务流程、人员和业务连续性。
  - (6) A．部署实施　　　B．服务运营　　　C．持续改进　　　D．监督管理
- IT服务生命周期中___(7)___阶段的主要工作是依据ITSS对IT服务质量进行评价，并对IT服务供方的服务过程、交付结果实施监督和绩效评估。
  - (7) A．部署实施　　　B．服务运营　　　C．持续改进　　　D．监督管理
- ITSS 5.0标准体系框架以___(8)___为底座，以___(8)___为支柱，以___(8)___为引领。
  - (8) A．基础服务标准、通用标准和技术创新服务标准、保障标准和数字化转型服务标准
  　　 B．基础服务标准、通用标准和保障标准、技术创新服务标准和数字化转型服务标准

C．通用标准、基础服务标准和保障标准、技术创新服务标准和数字化转型服务标准

D．保障标准、通用标准和基础服务标准、技术创新服务标准和数字化转型服务标准

- ITSS 5.0 标准体系框架中，___(9)___ 包括咨询设计、开发服务、集成实施、运行维护、云服务、数据中心等标准。

（9）A．基础服务标准　　　　　　　　B．通用标准

　　　C．技术创新服务标准　　　　　　D．保障标准

- ITSS 5.0 标准体系框架中，___(10)___ 指适用于所有信息技术服务的共性标准，主要包括信息技术服务的分类与代码、质量评价指标体系、服务基本要求、从业人员能力评价要求、服务级别协议指南、服务生存周期过程、服务工具及集成框架、服务成本度量指南和服务安全要求等。

（10）A．基础服务标准　　　　　　　 B．通用标准

　　　C．技术创新服务标准　　　　　　D．保障标准

- ITSS 5.0 标准体系框架中，___(11)___ 指支撑信息技术服务与各行业融合的标准，包括面向政务、广电、教育、应急、财会等行业建立具有行业特点的信息技术服务相关的标准。

（11）A．基础服务标准　　　　　　　 B．数字化转型服务标准

　　　C．技术创新服务标准　　　　　　D．业务融合标准

- ITSS 5.0 标准体系框架中，___(12)___ 指面向新技术加持下新业态新模式的标准，包含智能化服务、数据服务、数字内容处理服务和区块链服务等标准。

（12）A．基础服务标准　　　　　　　 B．数字化转型服务标准

　　　C．技术创新服务标准　　　　　　D．业务融合标准

答案及解析

（1）答案：A　解析　系统与软件工程相关标准主要分为基础标准、生存周期管理标准以及质量与测试标准。各标准关注的方向和侧重点不同，需要系统化融合应用。

（2）答案：B　解析　GB/Z 31102《软件工程 软件工程知识体系指南》作为指导性技术文件描述了软件工程学科的边界范围，按主题提供了访问支持该学科的文献的途径。制定软件工程知识体系（SWEBOK）指南有五个目标：①促进业界对软件工程看法趋于一致；②阐明软件工程的地位，并设定软件工程与计算机科学、项目管理、计算机工程和数学等其他学科之间的界线；③描述软件工程学科的内容；④提供使用软件工程知识体系的主题；⑤为课程制定、个人认证及特许资料提供依据。

（3）答案：A　解析　系统与软件工程相关标准主要分为基础标准、生存周期管理标准以及质量与测试标准。质量与测试标准主要包含 GB/T 25000《系统与软件工程 系统与软件质量要求和评价（SQuaRE）》，该标准分为多个部分。

（4）答案：A　解析　IT 服务由人员（People）、过程（Process）、技术（Technology）和资源

(Resource）组成，简称 PPTR。人员指提供 IT 服务所需的人员及其知识、经验和技能要求。过程指提供 IT 服务时，合理利用必要的资源，将输入转化为输出的一组相互关联和结构化的活动。技术指交付满足质量要求的 IT 服务应使用的技术或应具备的技术能力。资源指提供 IT 服务所依存和产生的有形及无形资产。

（5）答案：B 解析 IT 服务生命周期由规划设计（Planning & Design）、部署实施（Implementing）、服务运营（Operation）、持续改进（Improvement）、监督管理（Supervision）五个阶段组成，简称 PIOIS。

（6）答案：B 解析 服务运营阶段是根据 IT 服务部署情况，依据 ITSS，采用过程方法，全面管理基础设施、服务流程、人员和业务连续性，实现业务运营与 IT 服务运营的全面融合。

（7）答案：D 解析 监督管理阶段主要依据 ITSS 对 IT 服务质量进行评价，并对 IT 服务供方的服务过程、交付结果实施监督和绩效评估。

（8）答案：B 解析 ITSS 5.0 标准体系的建设，结合了新形势下信息技术服务融合创新的特点，对其标准化对象的内涵与外延进行重新界定，明确了"支撑国家战略、引领产业高质量发展、促进新技术创新应用、指导信息技术服务业务升级、确保标准化工作有序开展"五大建设目标，并从"行业监管、产业基础发展、技术创新应用、融合业务场景"四重视角提炼标准化需求，最后提出了以基础服务标准为底座，以通用标准和保障标准为支柱，以技术创新服务标准和数字化转型服务标准为引领，共同支撑业务融合的 ITSS 5.0 标准体系框架。

（9）答案：A 解析 ITSS 5.0 标准体系中，基础服务标准指面向信息技术服务基础类服务的标准，包括咨询设计、开发服务、集成实施、运行维护、云服务、数据中心等标准。

（10）答案：B 解析 ITSS 5.0 标准体系中，通用标准指适用于所有信息技术服务的共性标准，主要包括信息技术服务的分类与代码、质量评价指标体系、服务基本要求、从业人员能力评价要求、服务级别协议指南、服务生存周期过程、服务工具及集成框架、服务成本度量指南和服务安全要求等。

（11）答案：D 解析 ITSS 5.0 标准体系中，业务融合标准指支撑信息技术服务与各行业融合的标准，包括面向政务、广电、教育、应急、财会等行业建立具有行业特点的信息技术服务相关的标准。

（12）答案：C 解析 ITSS 5.0 标准体系中各标准及其主要内容如下：

1）通用标准：指适用于所有信息技术服务的共性标准，主要包括信息技术服务的分类与代码、质量评价指标体系、服务基本要求、从业人员能力评价要求、服务级别协议指南、服务生存周期过程、服务工具及集成框架、服务成本度量指南和服务安全要求等。

2）保障标准：指对信息技术服务提出保障要求的标准，主要包括服务管控标准和外包标准。服务管控标准是指通过对信息技术服务的治理、管理和监理活动和要求，以确保信息技术服务管控的权责分明、经济有效和服务可控，服务外包则对组织通过外包形式获取服务所应采取的业务和管理措施提出要求。

3）基础服务标准：指面向信息技术服务基础类服务的标准，包括咨询设计、开发服务、集成实施、运行维护、云服务、数据中心等标准。

4）技术创新服务标准：指面向新技术加持下新业态新模式的标准，包含智能化服务、数据服务、数字内容处理服务和区块链服务等标准。

5）数字化转型服务标准：指支撑和服务组织数字化转型服务开展和创新融合业务发展的标准，包含数字化转型成熟度模型、就绪度评估模型、效果评价模型、数字化监测预警技术要求等标准规范和要求。

6）业务融合标准：指支撑信息技术服务与各行业融合的标准，包括面向政务、广电、教育、应急、财会等行业建立具有行业特点的信息技术服务相关的标准。

第20章 职业素养与法律法规

20.1 职业素养

- ___(1)___ 是所有从业人员在职业活动中应该遵循的行为准则,是社会上占主导地位的道德或阶级道德在职业生活中的具体体现,是人们在履行本职工作中所遵循的行为准则和规范的总和,它涵盖了从业人员与服务对象、职业与职工、职业与职业之间的关系。
  - (1)A. 职业道德 B. 职业规范
  - C. 职业素养 D. 法律法规
- 以下关于职业道德的含义的描述,不正确的是___(2)___。
  - (2)A. 职业道德是一种职业规范,受社会普遍的认可
  - B. 职业道德大多具有实质的约束力和强制力
  - C. 职业道德是长期以来自然形成的
  - D. 职业道德没有确定形式,通常体现为观念、习惯、信念等
- 以下关于职业道德的含义的描述,正确的是___(3)___。
  - (3)A. 职业道德的主要内容是对员工职业规范的要求
  - B. 职业道德大多具有实质的约束力和强制力
  - C. 职业道德是长期以来自然形成的
  - D. 职业道德标准相对固定,不同组织的价值观基本相同
- 行为规范一般从___(4)___两方面来规定。
  - (4)A. 职业道德和职责责任
  - B. 行为规范和职业道德
  - C. 职业责任与对客户和公众的责任
  - D. 行为规范与对客户和公众的责任

- 以下不属于职业责任的主要内容的是___(5)___。

  （5）A．维护和尊重在项目管理活动中获得的或者负有明确义务的敏感信息的保密

  　　　B．在合理和清楚的事实基础上，报告他人在项目管理方面可能违反行为准则的情况，检举和举报违反职业道德的行为

  　　　C．应遵守相关组织如甲方、乙方或业内共识的制度和政策

  　　　D．有责任向客户、用户、供应商说明可能潜在的利益冲突或明显不恰当的重大情况

- 以下不属于对客户和公众的责任的主要内容的是___(6)___。

  （6）A．在职业发展中，应认可和尊重他人开发或拥有的知识产权，以准确、真实和完整的方式在所有与项目有关的各项活动中遵守规则，并推动和支持向其同行宣传IT服务经理职业行为准则

  　　　B．不提供或接受涉及个人利益的不恰当的付款、礼品或其他形式的补助

  　　　C．在发生利益冲突和其他被禁止的职业行为的情况下，应确保利益冲突既不会损害客户或用户的合法利益，也不会影响或妨碍职业判断

  　　　D．应真正具备专业服务的资格、经验和技能，包括在投标书、广告、说明书及相关资料中向项目干系人提供准确而真实的陈述

答案及解析

（1）**答案：A 解析** 职业道德是所有从业人员在职业活动中应该遵循的行为准则，是社会上占主导地位的道德或阶级道德在职业生活中的具体体现，是人们在履行本职工作中所遵循的行为准则和规范的总和，它涵盖了从业人员与服务对象、职业与职工、职业与职业之间的关系。

职业道德既是从业人员在职业活动中的行为规范，又是行业对社会所负的道德责任和义务。

（2）**答案：B 解析** 职业道德的含义包括以下八个方面：
1）职业道德是一种职业规范，受社会普遍的认可。
2）职业道德是长期以来自然形成的。
3）职业道德没有确定形式，通常体现为观念、习惯、信念等。
4）职业道德依靠文化、内心信念和习惯，通过员工的自律实现。
5）职业道德大多没有实质的约束力和强制力。
6）职业道德的主要内容是对员工义务的要求。
7）职业道德标准多元化，不同组织可能具有不同的价值观。
8）职业道德承载着组织文化和凝聚力，影响深远。

（3）**答案：C 解析** 职业道德的含义包括以下八个方面：
1）职业道德是一种职业规范，受社会普遍的认可。
2）职业道德是长期以来自然形成的。
3）职业道德没有确定形式，通常体现为观念、习惯、信念等。

4）职业道德依靠文化、内心信念和习惯，通过员工的自律实现。

5）职业道德大多没有实质的约束力和强制力。

6）职业道德的主要内容是对员工义务的要求。

7）职业道德标准多元化，不同组织可能具有不同的价值观。

8）职业道德承载着组织文化和凝聚力，影响深远。

（4）**答案：C 解析** 行为规范从其职业责任与对客户和公众的责任两方面来规定。

（5）**答案：A 解析** 行为规范从其职业责任与对客户和公众的责任两方面来规定。

职业责任主要包括：

1）应遵守相关组织如甲方、乙方或业内共识的制度和政策。

2）在合理和清楚的事实基础上，报告他人在项目管理方面可能违反行为准则的情况，检举和举报违反职业道德的行为。

3）有责任向客户、用户、供应商说明可能潜在的利益冲突或明显不恰当的重大情况。

4）在职业实践中，应该准确、真实地提供关于资格、经验和服务绩效的信息，并应在提供项目管理服务时，遵守所在地的有关项目管理实践的相关法律、规章和道德标准。

5）在职业发展中，应认可和尊重他人开发或拥有的知识产权，以准确、真实和完整的方式在所有与项目有关的各项活动中遵守规则，并推动和支持向其同行宣传 IT 服务经理职业行为准则。

（6）**答案：A 解析** 行为规范从其职业责任与对客户和公众的责任两方面来规定。

对客户和公众的责任主要包括：

1）应真正具备专业服务的资格、经验和技能，包括在投标书、广告、说明书及相关资料中向项目干系人提供准确而真实的陈述。

2）满足项目管理的目标。

3）维护和尊重在项目管理活动中获得的或者负有明确义务的敏感信息的保密。

4）在发生利益冲突和其他被禁止的职业行为的情况下，应确保利益冲突既不会损害客户或用户的合法利益，也不会影响或妨碍职业判断。

5）不提供或接受涉及个人利益的不恰当的付款、礼品或其他形式的补助。

20.2　法律法规

- 在世界范围内，对世界影响最大的法系是___(1)___。

  (1) A．大陆法系和英美法系　　　　B．大陆法系和中华法系
  　　C．印度法系和英美法系　　　　D．中华法系和英美法系

- 以下关于法律体系及特点的描述，不正确的是___(2)___。

  (2) A．大陆法系又称为欧陆法系、民法系和罗马法系
  　　B．大陆法系是判例之法，具有适应性和开放性的特点

C. 英美法系又称为海洋法系、普通法系和不成文法系

D. 大陆法系和英美法系之间存在交流和融合，两者并不对立

- 中国特色社会主义法律体系，是以___(3)___为主干。

（3）A. 法律 　　　　　　　　　　B. 宪法

C. 行政法规 　　　　　　　　　D. 地方性法规

- ___(4)___是调整国家从社会整体利益出发，对经济活动实行干预、管理或者调控所产生的社会经济关系的法律规范。

（4）A. 社会法 　　　　　　　　　B. 民法商法

C. 经济法 　　　　　　　　　　D. 行政法

- 法的效力通常分为三种，其中不包括___(5)___。

（5）A. 对象效力 　　　　　　　　B. 时间效力

C. 空间效力 　　　　　　　　　D. 追溯效力

- 法律的生效时间主要有三种，不包括___(6)___。

（6）A. 规定法律公布后符合一定条件时生效

B. 民间的协定

C. 由该法律规定具体生效时间

D. 自法律公布之日起生效

- 经商标局核准注册的商标为注册商标，其中不包括___(7)___。

（7）A. 商品商标 　　　　　　　　B. 品牌商标

C. 服务商标 　　　　　　　　　D. 集体商标

- ___(8)___是信息化法律法规领域最重要的法律基础。

（8）A.《中华人民共和国招标投标法》

B.《中华人民共和国民法典》（合同编）

C.《中华人民共和国政府采购法》

D.《中华人民共和国数据安全法》

答案及解析

（1）**答案：A　解析**　在世界范围内，延续时间较长且产生较大影响的法系包括大陆法系、英美法系、印度法系、中华法系等。对世界影响最大的法系是大陆法系和英美法系。

（2）**答案：B　解析**　大陆法系（Civil Law）又称为欧陆法系、罗马法系、民法法系。大陆法系与罗马法系在精神上一脉相承。大陆法系沿袭罗马法系，重视编写法典，具有详尽的成文法，强调法典必须完整，以致每一个法律范畴的每一个细节都在法典里有明文规定。大陆法系崇尚法理上的逻辑推理，并以此为依据实行司法审判，要求法官严格按照法条审判。

欧陆法系在形式上具有体系化、概念化的特点，便于模仿和移植，因此容易成为中国、日本等

后进国家效仿的对象。我国目前的法律体系主要师于德国，属于大陆体系。

英美法系（Common Law）又称普通法系、海洋法系。英美法系因其起源，又称为不成文法系。同大陆法系偏重于法典相比，英美法系在司法审判原则上更遵循先例，即作为判例的先例对其后的案件具有法律约束力，成为日后法官审判的基本原则。个案判例的形式表现出法律规范的判例法（Case Law）是不被实行大陆法系的国家承认的。

英美法系具有适应性和开放性的特点。在审判时，更注重采取当事人进行主义和陪审团制度。下级法庭必须遵从上级法庭以往的判例，同级的法官判例没有必然约束力，但一般会互相参考。在实行英美法系的国家中，法律制度与理论的发展实质上靠的是一个个案例的推动。

大陆法系与英美法系作为当今世界最重要的两大法系，并不是对立的，现在也多有交流和融合。

（3）**答案：A** **解析** 中国特色社会主义法律体系，是以宪法为统帅，以法律为主干，以行政法规、地方性法规为重要组成部分，由宪法相关法、民法商法、行政法、经济法、社会法、刑法、诉讼与非诉讼程序法等多个法律部门组成的有机统一整体。

（4）**答案：C** **解析** 我国民法商法、行政法、经济法和社会法主要的内容和特征概括如下：

1）民法商法是规范社会民事和商事活动的基础性法律。民法是调整平等主体的公民之间、法人之间、公民和法人之间的财产关系和人身关系的法律规范，遵循民事主体地位平等、意思自治、公平、诚实信用等基本原则。商法调整商事主体之间的商事关系，遵循民法的基本原则，同时秉承保障商事交易自由、等价有偿、便捷安全等原则。

2）行政法是关于行政权的授予、行政权的行使以及对行政权的监督的法律规范，调整的是行政机关与行政管理相对人之间因行政管理活动发生的关系，遵循职权法定、程序法定、公正公开、有效监督等原则，既保障行政机关依法行使职权，又注重保障公民、法人和其他组织的权利。

3）经济法是调整国家从社会整体利益出发，对经济活动实行干预、管理或者调控所产生的社会经济关系的法律规范。经济法为国家对市场经济进行适度干预和宏观调控提供法律手段和制度框架，防止市场经济的自发性和盲目性所导致的弊端。

4）社会法是调整劳动关系、社会保障、社会福利和特殊群体权益保障等方面的法律规范，遵循公平和谐和国家适度干预原则，通过国家和社会积极履行责任，对劳动者、失业者、丧失劳动能力的人以及其他需要扶助的特殊人群的权益提供必要的保障，维护社会公平，促进社会和谐。

（5）**答案：D** **解析** 法的效力，即法律的约束力，是指人们应当按照法律规定的那样行为，必须服从。通常，法的效力分为对象效力、空间效力和时间效力。

1）对象效力，即对人的效力，是指法律对谁有效力，适用于哪些人，包括两方面内容：①对中国公民的效力。中国公民在中国领域内一律适用中国法律。在中国境外的中国公民，也应遵守中国法律并受中国法律保护。但是，这里存在着适用中国法律与适用所在国法律的关系问题。对此，应当根据法律区分情况，分别对待。②对外国人和无国籍人的效力。外国人和无国籍人在中国领域内，除法律另有规定者外，适用中国法律，这是国家主权原则的必然要求。

2）空间效力，法律的空间效力指法律在哪些地域有效力，适用于哪些地区，一般来说，一国法律适用于该国主权范围所及的全部领域，包括领土、领水及其底土和领空，以及作为领土延伸的本国驻外使馆、在外船舶及飞机。

3）时间效力，法律的时间效力，指法律何时生效、何时终止效力以及法律对其生效以前的事件和行为有无溯及力。

（6）**答案：B** 解析 法律的生效时间主要有三种：

1）自法律公布之日起生效。

2）由该法律规定具体生效时间。

3）规定法律公布后符合一定条件时生效。

（7）**答案：B** 解析 经商标局核准注册的商标为注册商标，包括商品商标、服务商标和集体商标、证明商标。

（8）**答案：B** 解析 2020年5月，中华人民共和国第十三届全国人民代表大会通过的《中华人民共和国民法典》（合同编）是信息化法律法规领域最重要的法律基础。

第21章 案例分析

21.1 信息系统架构

一、试题部分

阅读下列说明,回答问题1至问题3,将解答填入答题纸(答题纸略)的对应栏内。

【说明】

某组织作为发展最为迅猛的物流组织之一,一直积极探索技术创新赋能商业增长之路,以达到降本增效的目的。目前,该组织日订单处理量已达千万量级,亿级别物流轨道处理量,每天产生的数据已达到TB级别,使用1400+个计算结点来实时处理业务。

以往该组织的核心业务应用运行在IDC机房,随着业务体量的指数级增长,业务形式愈发多元化,原有系统暴露出不少问题,传统IOE架构、各系统架构的不规范、稳定性、研发效率限制了业务高速发展的可能,软件交付周期过长,大促保障对资源的特殊要求难实现,系统稳定性难以保障业务等问题逐渐暴露。

为了解决这些问题,经过分析,该组织信息系统架构总体框架包括战略系统、业务系统、应用系统和信息基础设施。

小张和小王是该组织的信息系统管理工程师,小张认为,为了解决此问题,应该按照统一的技术规范、数据编码和格式标准进行数据清洗整合,数据建模、数据挖掘、构建数据仓库应该采用数据架构;小王认为,应该采用云原生技术和架构,架构全面转型为基于Kubernetes的云原生架构体系,将核心业务搬迁上云。最终,经过专家组讨论,领导决定采用小王的建议。

【问题1】(4分)

该组织的信息系统架构总体框架包括4个部分,请简述这4个部分的作用。

【问题2】(5分)

请简述数据架构的设计原则。

【问题3】(7分)

请简述云原生架构常见的原则。

二、解答要点

【问题 1】(4 分)

信息系统体系架构总体参考框架由 4 个部分组成,即战略系统、业务系统、应用系统和信息基础设施。

(1)战略系统处在第一层,其功能与战略管理层次的功能相似,一方面向业务系统提出创新、重构与再造的要求,另一方面向应用系统提出集成的要求。

(2)业务系统和应用系统同在第二层,属于战术管理层,业务系统在业务处理流程的优化上对组织进行管理控制和业务控制,应用系统则为这种控制提供有效利用信息和数据实现的手段,并提高组织的运行效率。

(3)信息基础设施处在第三层,是组织实现信息化、数字化的基础部分,相当于运行管理层,它为应用系统和战略系统提供计算、传输、数据和支持,同时也为组织的业务系统实现重组提供一个有效的、灵活响应的技术与管理支持平台。

【问题 2】(5 分)

数据架构的设计原则如下:
- 数据分层原则。
- 数据处理效率原则。
- 数据一致性原则。
- 数据架构可扩展性原则。
- 服务于业务原则。

【问题 3】(7 分)

云原生架构常见的原则如下:
- 服务化原则。
- 弹性原则。
- 可观测原则。
- 韧性原则。
- 所有过程自动化原则。
- 零信任原则。
- 架构持续演进原则。

21.2 信息系统治理

一、试题部分

阅读下列说明,回答问题1至问题3,将答案填入答题纸(答题纸略)的对应栏内。

案例分析 第21章

【说明】

某企业具有丰富的行业经验和精湛的技术优势,坚持走产品技术专业化道路,核心业务是制造和营销电力方向的成品,在企业的整个生产流通环节部署了大量的信息系统,故运行维护的工作量很大。该企业设立了专门的 IT 信息中心,进行总体的规划及建设与维护的管理,其他 IT 维护方面进行了外包,在工作过程中该企业发现运维服务商的服务存在诸多问题,如驻场人员不按要求到岗、响应不及时、未及时发现并排除系统隐患且造成重大事故等情况时有发生,给该企业的正常业务造成了较大的影响和无法挽回的损失。

鉴于此,该企业信息中心决定尝试实施 IT 治理,并邀请专业的运维咨询机构协助制定 IT 治理方案。制定了针对不同类型的信息系统考核策略、定义了故障等级、各等级的故障响应时间、建立起了针对不同等级系统的运维指标体系以及运维考核办法,并且将这些要求形成制度予以发布,在与运维服务商签订合同书时作为硬性要求予以明确,将最终运维服务费用与考核结果相挂钩。

【问题1】(3分)

请简述 IT 治理的主要目标包括哪几个方面。

【问题2】(6分)

请简述 IT 治理的核心内容包括几个方面。

【问题3】(5分)

请简述有效的 IT 治理必须关注的关键决策。

二、解答要点

【问题1】(3分)

IT 治理的主要目标包括:与业务目标保持一致、有效利用信息与数据资源、风险管理。

【问题2】(6分)

IT 治理的核心内容包括 6 个方面,即组织职责、战略匹配、资源管理、价值交付、风险管理和绩效管理。

【问题3】(5分)

有效的 IT 治理必须关注 5 项关键决策,包括 IT 原则、IT 架构、IT 基础设施、业务应用需求、IT 投资和优先顺序。

21.3 信息技术服务管理

一、试题部分

阅读下列说明,回答问题1至问题4,将答案填入答题纸(答题纸略)的对应栏内。

【说明】

某公司是一家信息技术公司,主要从事信息系统集成和软件开发业务。为客户提供信息技术咨询、设计与开发、信息系统集成实施、运行维护等多方面的服务。随着人工智能、大数据为代表的新一代信息技术的不断涌现，该公司在信息技术服务管理方面面临技术架构日趋复杂、管理规模日渐增大、业务需求快速迭代等新挑战。随着问题的出现，公司领导层觉得如何提高信息技术服务管理水平，增加信息系统投资回报率，降低信息系统运营风险，保障业务正常、稳定、高效地运行，是公司目前最需要关注的焦点。

该公司从业务战略出发，以需求为中心，对IT服务进行了全面系统的战略规划，采用过程方法来策划和实施服务设计，并基于健全的IT服务项目组织结构和规范化的项目管理，执行战略规划和服务设计所确定的方针、策略和方案，采用过程方法，全面管理基础设施、服务过程、人员和业务连续性，实现业务运营与IT服务运营融合，在整个服务的过程中，严格进行质量管理，确保IT服务满足服务级别协议的要求，最终获得用户的满意。

【问题1】（4分）
请简述IT服务的主要特征包括哪些。

【问题2】（5分）
质量策划属于"指导"与质量有关的活动，请简述质量策划的内容具体包括哪些。

【问题3】（4分）
请简述服务质量管理的过程。

【问题4】（5分）
结合案例，判断下列说法的正误（填写在答题纸的对应栏内，正确的填写"√"，错误的填写"×"）。

（1）质量控制活动侧重于为满足质量要求提供使对方信任的证据，而质量保证活动侧重于如何满足质量要求。（　）

（2）IT服务业具备高集群性、服务过程的独立性、服务的独立性等特征。（　）

（3）服务质量是指服务能够满足规定和潜在需求的特征和特性的总和，是IT服务能够满足服务需方需求的程度。（　）

（4）监督管理贯穿IT服务的全生命周期，且是持续性的，存在明显的起止时间。（　）

（5）质量控制、质量保证和质量改进只有经过质量策划，才可能有明确的对象和目标，才可能有切实的措施和方法。（　）

二、解答要点

【问题1】（4分）
IT服务的特征包括无形性、不可分离性、可变性和不可储存性。

【问题2】（5分）
质量策划的主要内容包括：设定质量目标、确定达到目标的途径、确定相关的职责和权限、确定所需的其他资源、确定实现目标的方法和工具、确定其他的策划需求。

198

【问题 3】（4 分）
服务质量管理的过程包括质量策划、质量控制、质量保证、质量改进。

【问题 4】（5 分）
（1）×。质量保证活动侧重于为满足质量要求提供使对方信任的证据，而质量控制活动侧重于如何满足质量要求。
（2）×。IT 服务业具备高知识和高技术含量、高集群性、服务过程的交互性、服务的非独立性、知识密集性、产业内部呈金字塔分布、法律和契约的强依赖性以及声誉机制等特征。
（3）√。
（4）×。监督管理贯穿 IT 服务的全生命周期，且是持续性的，不存在明显的起止时间。
（5）√。

21.4 软件开发过程管理

一、试题部分

阅读下列说明，回答问题1至问题4，将答案填入答题纸（答题纸略）的对应栏内。

【说明】

某市信息资源管理中心经过公开招标，将该市的政务信息资源整合系统项目委托某软件公司开发，并准备将该系统推广应用到全市 20 个委办局。由于每个委办局框架构成、业务功能、界面要求、资源类别等均有所不同，该软件公司经过讨论，决定对一家信息资源建设比较完备的委办局的需求进行开发和试用，然后再在此基础上进行修改，为其他委办局定制系统。

该项目的负责人是软件公司的刘经理，项目采用瀑布模型开发，项目组成员按分析、设计、编码、测试进行分工，项目过程中因需求获取不完整进行了变更，该项目历经六个月，进入试运行阶段。为了赶工，就对项目开发人员再分工，将试运行的系统版本作为原始版本，在此基础上开始并行为其他委办局定制开发各自的政务信息资源整合系统。

试运行的版本在运行中根据用户的要求，产生了一些功能的变动，开发人员改动了代码，这些改动后的代码有的适合其他委办局，有的不适合。在为其他委办局开发中，也根据各自的不同要求进行了代码的修改。项目进展得很顺利，其间，主要开发人员小王和小李因故提出辞职，刘经理向公司申请补充开发人员接替小王和小李的工作，然而由于之前的变更没有相关文档的记录，开发版本与设计和需求的版本对应不上，两个新的开发人员用了很长的时间才完成编码，结果导致工期的延误，而且在交付时出现文档与代码对应不上的情况。

【问题 1】（5 分）
请指出在该项目的开发过程中，配置管理方面存在的主要问题。

【问题 2】（6 分）
经与客户协商，为确保系统推广应用顺利，刘经理决定加强项目的配置管理，请简要回答刘经理在配置管理方面的主要活动应有哪些。

【问题3】（3分）

为有效开展相应测试工作，该软件公司使用了多种测试技术，见下表。

测试工作	测试方法
不关注系统内部的实现过程，侧重系统的运行结果，对系统进行等价类划分、边界值分析和正交试验法	（1）
按照在线交流子系统的内部逻辑结构和编码结构，设计并执行测试用例，检测程序中的主要执行通路是否都能按设计规格说明书的设定进行	（2）
根据软件需求规格说明设计资源库学习子系统的测试用例，主要检查程序的功能是否能够按照规范说明准确无误地运行	（3）

请根据不同的测试工作写出最适合的测试技术，并将（1）～（3）处适合的测试技术名称填写在答题纸的对应位置。

【问题4】（2分）

在（1）～（2）中填写恰当内容。

____（1）____是指在部署的时候准备新旧两个部署版本，通过域名解析切换的方式将用户使用环境切换到新版本中，当出现问题的时候，可以快速地将用户环境切回旧版本，并对新版本进行修复和调整。

____（2）____是指当有新版本发布的时候，先让少量的用户使用新版本并且观察新版本是否存在问题，如果出现问题，就及时处理并重新发布；如果一切正常，就稳步地将新版本适配给所有的用户。

二、解答要点

【问题1】（5分）

该项目在配置管理方面存在的主要问题如下：

（1）对不同委办局的业务系统没有分别建立基线并进行配置控制。

（2）试运行的系统版本没有及时建立基线并让各业务部门正式确认。

（3）配置权限管理存在问题，开发人员不应在试运行版本上直接改动代码。

（4）人员职责不清晰，没有CMO（配置管理员）的参与并控制配置权限。

（5）版本管理存在问题，没有及时做好版本的更新记录工作。

（6）开发人员没有按照变更流程控制的要求修改系统及代码。

（7）开发人员修改代码后没有及时修改文档，导致两者不一致。

（8）代码被修改后没有及时进行回归测试并请干系人确认。

（9）文档管理存在问题，没有做好文档的交接、更新、变更管理工作。

（10）配置管理过程中没有做好相应的记录。

（11）新人的培训工作没有跟进到位。

【问题2】（6分）

配置管理的主要活动应该有制订配置管理计划、软件配置标识、软件配置控制、软件配置状态记录、软件配置审计、软件发布管理与交付等。

【问题3】（3分）

（1）黑盒测试　　（2）白盒测试　　（3）黑盒测试

【问题4】（2分）

（1）蓝绿部署　　（2）金丝雀部署

21.5　系统集成实施管理

一、试题部分

阅读下列说明，回答问题1至问题3，将答案填入答题纸（答题纸略）的对应栏内。

【说明】

M公司是从事了多年铁路领域系统集成业务的企业，刚刚中标了一个项目，该项目是开发新建铁路的动车控制系统，而公司已有多款较成熟的列车控制系统产品。M公司与客户签订的合同中规定：自签订合同之日起，项目周期为9个月。在需求分析与转化管理中项目经理挖掘、分析并建立客户、产品与产品组件的具体需要。在项目开始后不久，客户方接到上级的通知，要求该铁路动车控制系统开发提前开始，因此，客户要求M公司提前2个月交付项目。

项目经理将此事汇报给公司高层领导，高层领导详细询问了项目情况，项目经理认为，公司的控制系统软件是比较成熟的产品，虽然需要按项目需求进行二次开发，但应该能够提前完成，但列车控制设备需要协调外包生产，比原计划提前2个月没有把握，公司领导认为，从铁路行业的项目特点来考虑，提前开始铁路动车控制系统是必须完成的任务，因此客户的要求不能拒绝。于是他要求项目经理进行讨论，无论如何也要想办法满足客户提出的提前交付的需求。

【问题1】（5分）

干系人的需要与期望以及需求应当被记录，并以纸质文档或电子文档的方式记录和保存。主要关注点包括哪些？

【问题2】（5分）

验证与确认活动主要包括准备评估、执行验证与确认，评估的方式主要包括哪些？

【问题3】（6分）

在实施交付活动中，我们需要重点关注集成产品中的信息安全管理，主要内容包括哪些？

二、解答要点

【问题1】（5分）

主要关注点包括：

- 划分了优先级的客户需求集合。

- 需求到功能、对象、测试、问题或其他实体的可追溯性得到文档化。
- 识别信息缺失和需求冲突。
- 识别隐含需求。
- 识别客户功能需求与质量属性需求。
- 识别需求约束与限制。
- 识别接口需求。

【问题2】(5分)

评估的方式主要包括同行（同级）评审、审查、演示、模拟、测试等。

【问题3】(6分)

在实施交付活动中，我们需要重点关注集成产品中的信息安全管理，主要包括：

- 应采用必要的手段、技术和工具对产品集成过程中的信息安全风险进行识别、评估、处置和改进。
- 应在需求分析与转化中，明确对项目目标、交付物的安全需求和约束，以及安全需求实现的条件，确保项目目标、交付物达到并满足安全需求的安全目标。
- 必要时应委托有资质的第三方测试单位对系统进行安全性测试，明确安全性测试结果，采用必要的技术和工具保障系统交付的信息安全。

21.6 信息系统运维管理

一、试题部分

阅读下列说明，回答问题1至问题3，将答案填入答题纸（答题纸略）的对应栏内。

【说明】

随着金融行业的发展，越来越多的银行纷纷改变传统观念，把服务作为第一重要任务来抓。长期以来，A银行对自助设备及各种系统的维护由于缺乏专业技术人员，管理制度不完善，故障修复不及时，导致自助设备的完好率较低，客户投诉较多。为提升自助设备完好率、系统的可用性，更好地服务客户，最终通过招标形式由B公司为其提供运维服务。

B公司服务经理对本运维服务进行了详细的规划并制定了相应的服务方案，采用智能运维等方式为A银行的自助设备及各种系统提供软件升级维护、硬件故障处理、设备运行环境维护等服务，A银行要求B公司7×8×365小时在省中心机房值守，设备发生故障后2小时内响应，县城以上网点12小时内到达现场，乡镇网点24小时内到达现场，每季度进行一次巡检，每月为客户提供系统运行报表等。

【问题1】(5分)

在（1）～（5）中填写恰当内容（从候选答案中选择一个正确选项，将该选项的编号填入答题纸对应栏内）。

智能运维需具备若干智能特征，___(1)___是指能够灵敏、准确地识别和反映人、活动和对象的状态。___(2)___是指能够直观友好地编排、展现和表达运维场景中的各类信息。___(3)___是指能够挖掘数据、完善模型、总结规律，主动沉淀知识。___(4)___是指能够对人、活动和对象进行分析定位并判断原因。___(5)___是指能够通过信息搜集、加工和综合分析，给出后续依据或解决方案。

A．会描述　　B．决策　　C．自学习　　D．自执行　　E．能感知　　F．会诊断

【问题2】（5分）

服务目录是组织可以对外提供的服务的清单，请简述服务目录中可能包含的一些变量及促进因素。

【问题3】（6分）

服务报告管理贯穿于IT运维服务管理的所有过程，请简述服务报告管理过程的具体指标包括哪些。

二、解答要点

【问题1】（5分）

（1）E　　（2）A　　（3）C　　（4）F　　（5）B

【问题2】（5分）

服务目录中可能包含的一些变量及促进因素如下：

- 对服务进行统一费用结算。
- 确定服务使用费或基于服务能力的收费额。
- 增加一个循环过程中服务消费的数量或单元。
- 确定相似服务提供时的优先次序。
- 获取新的服务或添加附加客户的过程及程序。

【问题3】（6分）

服务报告管理过程的具体指标包括：

- 服务报告过程的完整性。
- 服务报告的及时性。
- 服务报告的准确性。
- 服务报告与客户沟通后的返工率。
- 服务报告按时完成的比例。
- 客户对服务报告的满意度。

21.7　云服务及其运营管理

一、试题部分

阅读下列说明，回答问题1至问题4，将答案填入答题纸（答题纸略）的对应栏内。

【说明】

某大型电商企业，随着业务的快速增长和用户规模的不断扩大，原有的 IT 基础设施和服务管理模式面临巨大挑战。为了提高 IT 资源的利用效率、增强业务的灵活性和可扩展性，企业决定全面引入云服务运营管理模式。针对云服务运营管理模式的内容回答如下问题。

【问题 1】（3 分）

云服务运营管理有哪些内容？

【问题 2】（2 分）

云架构管理包括哪些活动？

【问题 3】（6 分）

（1）下面不属于云应用架构管理的内容的是（　　）。

　　A．业务管理架构和业务需求的研究　　B．应用框架的规划和维护
　　C．业务管理架构和业务需求的研究　　D．核心应用架构设计和维护

（2）云服务产品管理主要描述两个管理活动，分别为_____和云服务产品退役管理。

（3）用户提供以计算、存储和网络资源为单位的资源服务，属_____类型。单套软件+硬件设施的服务属于_____类型；工业云平台、云制造执行系统（Manufacturing Execution System，MES）属于_____类型。

　　A．IaaS　　　　B．PaaS　　　　C．SaaS　　　　D．DaaS
　　A．IaaS　　　　B．PaaS　　　　C．SaaS　　　　D．DaaS
　　A．IaaS　　　　B．PaaS　　　　C．SaaS　　　　D．DaaS

【问题 4】（4 分）

服务计费管理包括哪几层？请写出每层的具体内容。

二、解答要点

【问题 1】（3 分）

云服务运营管理重点聚焦在 7 个领域，即云服务规划、云资源管理、云服务交付、云运维、云资源操作、云信息安全和云审计。

【问题 2】（2 分）

云架构管理活动包括应用架构管理、数据架构管理、基础架构管理、技术规范管理和前沿技术研究管理 5 项。

【问题 3】（6 分）

（1）**答案**：C　**解析**　结合业务需求，设计和维护应用架构，主要管理活动包括：
- 业务管理架构和业务需求的研究。
- 应用框架的规划和维护。
- 核心应用架构设计和维护。

（2）**答案**：云服务产品规划设计。

解析 云服务产品管理主要描述两个管理活动，分别为云服务产品规划设计和云服务产品退役管理。

（3）**答案**：A B C **解析** 通过云服务产品定义管理活动，完成对云服务产品的定义工作。云服务产品可分成三个种类：基础设施即服务（Infrastructure as a Service，IaaS）、平台即服务（Platform as a Service，PaaS）和软件即服务（Software as a Service，SaaS）。

- IaaS 向用户提供以计算、存储和网络资源为单位的资源服务，如 2CPU/4GB 内存/500GB NAS 存储。
- PaaS 是把软硬件设施进行一定包装后，以平台软件的形式提供给用户的 IT 资源服务。PaaS 服务从简单到复杂可以分成三种服务形态：①单套软件+硬件设施的服务，如单机版的数据库服务；②包括多套软件和硬件设施的服务，如 PaaS 服务给用户提交了一个包含单机版数据库和中间件软件平台的环境；③除了包括多套软硬件设施外，还需要完成这些设施在网络中的位置、相应防火墙策略、负载均衡策略的设置等，总之提供一套直接可以在其上部署应用或服务的环境。
- SaaS 向用户提供业务应用的服务，典型的 SaaS 服务如工业云平台、云制造执行系统（Manufacturing Execution System，MES），给中小组织提供销售管理的在线应用服务。

【问题 4】（4 分）
服务计费管理一般包括如下四层内容：
- 计量层：观测流量和记录资源使用情况，通过计量策略跟踪使用情况，指定需要报告的属性。
- 收集层：访问测量实体提供的数据，收集与收费有关的事件，转发给记账层处理。进行数据交换格式和协议的标准化，定义收集策略包括数据搜索位置、类型和频率。
- 记账层：将收集层收集到的信息进行聚合，或者在同一个域内聚合，或者与其他域的信息聚合，建立服务记账数据集合或记录，传递给计费层进行定价。在这一层，需要了解服务的依赖关系和服务定义，所以需要与服务目录/配置管理数据库（CMDB）进行一些集成，还要与应用程序映射和依赖软件进行集成。
- 计费层：根据服务的计费和定价方案，计算记账记录的费用。

21.8 项目管理

一、试题部分

阅读下列说明，回答问题 1 至问题 4，将答案填入答题纸（答题纸略）的对应栏内。
【说明】
下表给出了某信息系统建设项目的所有活动截止到 2025 年 1 月 1 日的成本绩效数据，项目完工预算（BAC）为 30000 元。

活动名称	完成百分比/%	PV/元	AC/元
1	100	1000	1000
2	100	1500	1600
3	100	3500	3000
4	100	800	1000
5	100	2300	2000
6	80	4500	4000
7	100	2200	2000
8	60	2500	1500
9	50	4200	2000
10	50	3000	1600

【问题1】（10分）

请计算项目当前的成本偏差（CV）、进度偏差（SV）、成本绩效指数（CPI）、进度绩效指数（SPI），并指出该项目的成本和进度执行情况（CPI和SPI结果保留两位小数）。

【问题2】（3分）

项目经理对项目偏差产生的原因进行了详细分析，预期未来还会发生类似偏差。如果项目要按期完成，请估算项目的ETC（结果保留一位小数）。

【问题3】（2分）

假如此时项目增加10000元的管理储备，项目完工预算BAC如何变化？

【问题4】（4分）

判断下列选项的正误（填写在答题纸的对应栏内，正确的选项填写"√"，错误的选项填写"×"）。

（1）与项目有关的质量成本（COQ）包含一种或多种成本，其中培训属于不一致成本。
（　　）

（2）管理项目知识是使用现有知识并生成新知识，以实现项目目标并且帮助组织学习的过程。
（　　）

（3）偏差分析旨在审查项目绩效随时间的变化情况，以判断绩效是正在改善还是正在恶化。
（　　）

（4）应该在项目管理计划或组织程序中指定这位责任人，必须由CCB来开展实施整体变更控制过程。
（　　）

二、解答要点

【问题1】（10分）

当前，PV=25500元，AC=19700元，EV=20000元。

成本偏差（CV）=EV–AC=20000–19700=300（元）。（2分，写对公式得1分）
进度偏差（SV）=EV–PV=20000–25500=–5500（元）。（2分，写对公式得1分）
成本绩效指数（CPI）=EV/AC=20000/19700=1.02。（2分，写对公式得1分）
进度绩效指数（SPI）=EV/PV=20000/25500=0.78。（2分，写对公式得1分）
成本和进度执行情况：成本节省（1分），进度落后（1分）。

【问题2】（3分）
典型偏差。
ETC=(BAC–EV)/CPI=(30000–20000)/1.02= 10000/1.02 = 9803.9（元）。（3分，写对公式得2分）

【问题3】（2分）
假如此时项目增加10000元的管理储备，项目完工预算BAC不变，完工预算不包含管理储备。

【问题4】（4分）
（1）×。培训属于一致性成本。
（2）√。
（3）×。趋势分析是这个概念，非偏差分析。
（4）×。必要时才由CCB开展变更控制过程。

21.9 应用系统管理

一、试题部分

阅读下列说明，回答问题1至问题3，将答案填入答题纸（答题纸略）的对应栏内。

【说明】
某大型银行拥有一套复杂的核心业务应用系统，该系统涵盖了客户账户管理、资金交易处理、信贷业务审批、金融数据分析等众多关键业务功能，涉及海量的客户敏感信息和金融交易数据。

随着金融科技的快速发展以及金融市场竞争的日益激烈，该银行不断拓展线上业务渠道，如网上银行、手机银行等，使得应用系统的外部接入点增多，面临的安全威胁也愈发复杂多样。同时，银行内部员工数量众多，不同岗位对应用系统的操作权限和访问需求各异，进一步增加了系统安全管理的难度。公司任命小张为安全管理员，进行安全管理工作。

【问题1】（5分）
应用系统安全管理包括哪些内容？

【问题2】（4分）
（1）下面不属于口令安全管理的内容的是（　　）。
　　A．口令强度　　B．账号管理　　C．安全监控　　D．修复测试
（2）口令变更至少（　　）换一次。
　　A．每个月　　B．每季度　　C．半年　　D．一年

【问题 3】（4 分）

应用系统数据管理的内容包括哪些？列出 4 个即可。

二、解答要点

【问题 1】（5 分）

应用系统的安全管理内容主要包括账号口令管理、漏洞管理、数据安全管理、端口管理与日志管理。

【问题 2】（4 分）

（1）D　　（2）B

【问题 3】（4 分）

应用系统数据管理包括：

- 数据加密：对敏感数据加密存传，依需求选对称或非对称加密及密钥管理方案。
- 备份恢复：定期备份数据并建立恢复机制，选择合适的备份策略并制订恢复流程与测试计划。
- 访问控制：设置机制依 RBAC 或 ABAC 等模式限制数据访问权限。
- 验证校验：用数据校验等方式确保数据完整准确，防止被篡改损坏。
- 安全审计：定期审计数据安全，建立日志等系统记录分析操作，发现风险漏洞。
- 培训教育：对管理员与用户培训数据安全知识，提升意识与能力。
- 应急响应：针对数据安全事件建机制，含流程、计划、管理等，有效应对处理。

（列出 4 个就可以，后面解释部分可以不写）

21.10　网络应用管理

一、试题部分

阅读下列说明，回答问题1至问题3，将答案填入答题纸（答题纸略）的对应栏内。

【说明】

某企业的 IT 部门为了细化工作分工，理顺管理流程，安排工程师小张负责本企业的网络硬件及相关设施管理。小张在明确了工作范围后，对工作内容做了初步规划，列出了以下三项主要工作：

1．对网络带宽进行带宽分配、控制和优化。
2．对网络地址资源进行优化管理。
3．针对网络安全攻击行为进行攻防演练。

请结合自己的工作实际，回答以下问题。

【问题 1】（4 分）

网络带宽资源管理包括哪些内容？

【问题2】（5分）

网络地址资源管理包括哪些内容？

【问题3】（7分）

简要说明网络攻防演练包括哪些内容。

二、解答要点

【问题1】（4分）

带宽是网络中传输数据的能力，决定了网络连接的速度和容量，是衡量网络性能的重要指标之一，合理管理带宽资源可以确保网络流量的平衡分配和高效利用。带宽资源管理主要包括带宽分配、带宽控制和带宽优化。通过流量监控与分析、优先级和限制、流量整形与调度以及定期审查与优化，可以有效地管理和配置网络资源的带宽，提高网络性能并提升用户体验。

- 流量监控与分析：用监控和分析工具定期监控网络流量，识别问题、优化带宽分配和调整策略。
- 优先级和限制：依应用和用户需求设置优先级和限制，保障关键应用带宽，避免拥塞。
- 流量整形与调度：用相关技术控制流量，平衡流量、提升性能和体验。
- 定期审查与优化：定期审查并依实际需求优化带宽资源配置。

（注：后面解释部分可以不写。）

【问题2】（5分）

地址资源是指在网络中用于标识设备和主机的唯一标识符，是指网络中设备的网络地址。常见的地址资源包括 IPv4 地址和 IPv6 地址，正确配置和管理地址资源对于确保网络设备和用户能够正确通信至关重要。地址资源管理主要包括地址规划、地址分配和地址转换等。

- 地址规划：依组织、网络规模和扩展需求规划分配地址范围。
- IP 地址分配：按规划范围为设备分配唯一 IP 地址（静态或动态），避免冲突。
- 子网划分：依需求将 IP 地址范围划分为子网，按需调整优化。
- IP 地址管理工具：用工具管理跟踪 IP 地址分配，记录、监控、提供报表和警报。
- 定期审查与优化：定期审查并按需优化地址资源配置。

（注：后面解释部分可以不写。）

【问题3】（7分）

网络安全攻防演练是提高组织网络安全能力的重要手段，是一种实践性的训练活动，旨在提高组织对网络安全威胁的应对能力。网络攻防演练的主要活动包括：

- 确定目标：明确演练目标和范围，如测试系统安全性、评估团队能力等。
- 设计攻击场景：依目标范围设计，包括钓鱼邮件等现实场景，考虑多种威胁手段。
- 确定参与者：确定攻击者、防御团队、系统管理员等角色和人员。
- 进行演练：攻击者攻击，防御团队检测、分析和应对，包括实时监控等环节。
- 收集反馈：演练后收集参与者反馈，关注遇到的问题和挑战。
- 分析总结：根据反馈分析总结参与者表现、系统弱点和防御策略有效性，制订改进计划。

- 持续改进：根据问题和建议修复漏洞、加强策略，定期新一轮演练。

（注：后面解释部分可以不写。）

21.11 数据中心管理

一、试题部分

阅读下列说明，回答问题1至问题4，将答案填入答题纸（答题纸略）的对应栏内。

【说明】

随着政务信息化和智慧城市等信息化重点项目的持续推进，很多地方政府陆续成立了大数据集团，其职能之一就是要统一管理当地政府单位的信息系统资源。为了保障系统稳定可靠地运行，大数据集团按照一主一备的部署架构要求来选择两个或者两个以上的数据中心，通过与通信运营商等基础设施外包单位签订数据中心机房租赁合同，按照服务事项和约定的 SLA 协议进行服务管理。数据中心的日常管理事务仍由数据中心运营工作人员负责执行，涉及服务管理和资源的监控与规划等，其中常见的基础设施操作功能由数据中心基础设施管理（DCIM）工具来提供，以尽可能减少手工操作风险。

【问题1】（6分）

数据中心向租户提供了多种可以选择的对外服务模式，以满足租户们的不同需求场景，不同的对外服务模式所涉及的数据中心管理对象也不尽相同。请简述数据中心的6类管理对象和5类对外服务模式，分析5类对外服务模式所涉及的管理对象的差异，并根据掌握的理论知识与实践经验，说明本案例中，大数据集团在租用通信运营商的数据中心资源时，通常应该选择数据中心的何种对外服务模式。

【问题2】（3分）

在数据中心管理过程中，通过"观察、定位、决定和行动"的管理模型，能够快速、有效地形成决策，改善运维过程中的反应时间，更好地完成管理保障任务。假如你是大数据集团负责与数据中心日常对接的管理者，请描述你所能感受到的"观察、定位、决定和行动"的管理模型的日常活动及能够享受到的服务内容。

【问题3】（3分）

数据中心资源管理需要从例行操作、响应支持、优化改善和调研评估四方面入手。大数据集团目前因为智慧城市生命线项目而需要租用更多的数据中心的平台资源，请说明数据中心一般需要向智慧城市生命线项目提供哪几类平台资源，并以一种平台资源为例，说明数据中心常见的响应支持的服务分类。

【问题4】（3分）

下表展示了数据中心子系统的部分运维活动，请从下面①~⑧中选择合适的运维活动分类进行填空。

①监控；②预防性检查；③常规作业；④事件驱动响应；⑤服务请求响应；⑥预防性改进；⑦增强性改进；⑧适应性改进。

系统	对象	运维活动	分类
电气系统	UPS	巡查电池后备时间，通风情况，运行噪声	（1）
网络设备	路由器	管理权限用户的行为审计	（2）
虚拟化平台	虚拟存储资源	虚拟存储资源映射配置并进行容量配置	（3）
平台资源	操作系统	检查操作系统内存使用峰值情况	（4）
平台资源	数据库	重启数据库服务	（5）
平台资源	中间件	中间件软件版本升级	（6）

二、解答要点

【问题1】（6分）

（1）数据中心管理的对象包括机房基础设施、物理资源、虚拟资源池、平台资源、应用资源和数据等共6类对象。（2分）

（2）数据中心对外服务模式有托管服务、IaaS服务、PaaS服务、SaaS服务、业务系统服务等共5类服务模式。（2分）

（3）对外服务模式对应的资源管理对象的对应关系如下：（2分）

- 托管服务管理对象：机房基础设施以及物理资源中的网络及网络设备。
- IaaS服务管理对象：机房基础设施、物理资源、虚拟资源池和平台资源。
- PaaS服务管理对象：机房基础设施、物理资源、虚拟资源池、平台资源以及应用资源中的应用组件。
- SaaS服务及业务系统服务向用户提供端到端的全面服务，其管理对象涵盖机房基础设施以及物理资源、虚拟资源池、平台资源、应用资源及其产生的数据。

大数据集团在租用通信运营商的数据中心资源时，通常都会选择IaaS服务，基于数据中心的IaaS服务的资源，大数据集团向政府及其下属单位提供应用系统服务。

【问题2】（3分）

数据中心管理时，普遍采用了"观察、定位、决定和行动"的管理模型。

观察的目标是通过多维监控和信息采集，明确当前的现状。大数据集团通过服务接触能感受到管理对象观察、促成要素观察和内外部环境观察的内容。其中，管理对象观察包括资产管理、容量管理、故障管理等；促成要素观察包括供需双方人员、技术、资源、流程等；内外部环境观察包括业务/监管目标，以及内外联系统的运行情况等。

定位的目标是准确了解管理对象发生了什么问题及如何解决，数据中心事前要有预案，有事前防御措施，明确大数据集团的业务系统运维服务的管理要求，包括目标管理、服务管控、故障处理、数据中心安全和数据安全等方面的具体管理要求。定位要求一般先由大数据集团提出，数据中心对大数据提出的定位要求加以梳理细化并提出事前预案。

决定的目标是制定相应的行动措施，数据中心针对大数据集团提出的要求，结合自身现有的资源条件，并考虑运维外包项目实施的效率和风险管理能力，选择最适合的解决方案并与客户充分沟通讨论。

行动的目标是执行决定，根据决定选择最佳实施方案，保障应用系统的健康运行，在出现故障时采取必要的纠正措施，在事后总结分析故障的原因，形成完整的预案。

【问题 3】（3 分）

根据题意，数据中心的平台资源应包括操作系统、数据库、中间件等。以数据库为例，常见例行操作、响应支持、优化改善和调研评估四方面管理工作如下：（仅需要针对响应支持作答）

例行操作：最常见的是对数据库例行监控，涉及数据库连接是否正常、数据库表空间使用情况、数据库日志是否有异常、数据库备份的任务是否正常完成等监控内容。

响应支持：响应支持的服务分为事件驱动响应和服务请求响应。事件驱动响应是对设备的软硬件故障、误操作等引起的业务中断或运行效率无法满足正常运行要求而进行的响应服务。比如数据库出现故障，就需要用数据库的备份来恢复数据库。如果是数据库监听端口冲突，则要么改掉有冲突的服务端口，要么更换数据库的监听端口以避免冲突。服务请求响应是根据应用系统运行需要或需方的请求而进行的响应服务。包括但不限于对数据库版本进行升级，以避免系统漏洞；启用数据库新版本的新功能；开展数据清理和数据治理工作，以满足业务应用系统的数据需求。

优化改善：包括适应性改进、增强性改进和预防性改进三种情形。数据库适应性改进包括数据库索引调整、数据库执行 SQL 计划调整、数据库参数调整、临时表空间和用户表空间调整、数据库备份策略调整。数据库增强性改进包括数据库版本升级、数据库安全备份架构构建以提高可用性、数据库调优等。数据库预防性改进包括增加数据库表空间、对数据库存在的无效对象进行处理、数据库用户的权限合理分配或收回等。

调研评估：通过对数据库的运行现状进行分析，根据新的需求提出服务方案。

【问题 4】（3 分）

（1）①监控。

（2）⑤服务请求响应。

（3）③常规作业。

（4）②预防性检查。

（5）④事件驱动响应。

（6）⑤服务请求响应。

21.12　桌面与外设管理

一、试题部分

阅读下列说明，回答问题 1 至问题 3，将答案填入答题纸（答题纸略）的对应栏内。

【说明】

N 公司是一家互联网技术服务有限公司，为业务应用开发出来的子系统分为市民端、监管端和业务端。市民端一般在微信公众号和小程序、支付宝公众号和小程序、原生 App 几种，监管端只有 Web 应用，业务端有 Web 应用和原生 App 及线下门店现场管理用的胖客户端。由于线上应用和线下门店众多,还有总部和区域办公室,围绕台式计算终端、移动计算终端、输入输出设备、存储设备和通信设备等桌面与外设的运维压力大。

【问题1】(4分)

结合案例,描述一下终端设备的主要特点,并从运维角度来分析,运维专业人员作为终端设备的"特殊用户",对终端设备采购有何要求。

【问题2】(8分)

结合案例,从例行操作、响应支持、调研评估和优化改善4个方面分析终端运维管理的具体内容。

【问题3】(3分)

由于手机、PAD等移动终端的使用普及,终端和外设安全越来越被领导层所关注,请简述终端与外设安全要关注哪些方面的运维工作。

二、解答要点

【问题1】(4分)

互联网应用的终端用户,通常不仅包括本公司管理工作人员,也包括社会公众。互联网应用推广力度越大,安装这些软件的终端总量就越多,使用人群分布也就越广,因此这类终端首先要适应各种网络接入条件下的工作场景。其次是功能复杂,虽然从终端所支持的业务应用本身来说,同一个互联网应用在不同终端上的功能总体上是类似的,但是在软硬件配置上有很强的复杂性,需要适应市场上主流的品牌型号终端及其OS版本。适配的OS通常包括安卓、iOS、鸿蒙的主流版本等,在UI方面需要适配主流的PAD和智能手机屏幕尺寸;在客户端监控功能方面要考虑如何准确地收集客户端环境参数和工作状态参数。第三个特点是移动化,移动办公的本公司人员和互联网用户的设备终端,均需要确保在移动状态下使用。第四个特点是需求多样化,监管人员、门店业务人员和门店管理人员、区域管理人员、总部人员和互联网用户,他们对终端的需求是多样化的,使用终端的时间分布和频次都不一样,所关注的重点也不完全一样。

如果从运维人员角度来说,当然希望采购的终端能相对减轻平时运维工作的压力,提高终端系统工作的可靠性,通常对面向互联网用户的终端和面向公司内部用户使用的终端的采购关注点会有所不同。对于面向互联网用户的终端,要确保其是市场主流终端产品,在使用时应保持系统的流畅和稳定,使得互联网用户尽量免于现场维护,用户能够通过自我诊断来判断终端问题,或者是依靠线上服务解决用户终端上的使用问题,因此采购的终端要有利于远程服务来开展响应支持服务;而对于面向公司内部用户使用的终端,期望能够有相对统一的终端品牌及规格型号,终端的操作系统种类及屏幕规格大小相对稳定,这样出现问题时容易聚焦,排除终端配置环境因素的干扰,有利于开展例行监控、预防性检查等常规作业,万一用户端出现应用系统问题,也容易通过软件升级来解决,这样有利于降低调研评估的工作难度,有利于优化改善服务。

【问题2】(8分)

终端运维管理涉及例行操作、响应支持、调研评估和优化改善等4个方面内容,结合本案例分析如下:

（1）例行操作一般包括定时监控、定期检查和日常维护。定时监控如门店里的客户自助终端设备的系统安全性，是否存在病毒、木马、恶意软件等，监控客户对设备的自主操作行为；定期检查屏幕、键盘、电池等部件的完好程度，同时检查操作系统和应用软件的运行状态以及资源占用情况；日常维护活动可以是数据备份、软件版本更新、屏幕保养清洁、用户使用培训等活动。

（2）响应支持分为事件驱动响应和服务请求响应两类。终端的屏幕损坏、电池充电故障等硬件故障或者软件故障会导致设备无法正常操作甚至无法正常运行，发生故障时需要及时响应并恢复系统；其次是客户需求或者系统需求引起的响应支持，如新门店开业时，就需要提前为门店采购并部署无线 AP、PAD 终端及其他移动计算终端应用，并在开业后现场引导客户安装 App 应用并注册账号，这类就属于服务请求响应。

（3）调研评估是指针对门店使用的终端设备开展资源监控，定期检查监控数据的结果和响应支持的事件统计情况，综合判断何种品牌型号的终端不仅具有运维成本上的优势，又有更高的用户满意度；根据调研评估结果开展软件优化、硬件优化、数据优化和方案优化。

（4）优化改善主要面向运行维护对象的性能、使用者感受、使用成本等，如软件版本升级、系统版本升级、系统参数/配置调整、安全策略调整、给自主终端安装外观保护装置。

【问题 3】（3 分）

终端与外设安全一般关注行为审计、防病毒管理、补丁管理、权限控制等方面。

21.13　数据管理

一、试题部分

阅读下列说明，回答问题 1 至问题 3，将答案填入答题纸（答题纸略）的对应栏内。

【说明】

在新冠疫情防控工作中，健康码的应用发挥了重大作用，健康码是以个人真实身份信息和实时健康数据等为基础，个人通过自行申报，经大数据分析自动生成，是在新冠肺炎疫情防控期间出行、返岗、复工时显示个人健康状况的二维码电子凭证。某沿海城市的政府领导层调研了健康码在全国的普遍应用情况，敏锐地捕捉到了数据经济在未来城市发展中的重要作用，组织精兵强将编制并发布政府数字经济高质量发展的实施意见，先后成立了大数据管理局、大数据集团和大数据交易所，以此活跃本地数据流通市场，形成新型数据资产，构建数据资产交易机制，并出台了数字经济人才引进管理办法。

【问题 1】（6 分）选择填空，请从下面①～⑫中选择内容填入适合的位置。

①集中式；②分布式；③离散式；④块存储；⑤对象存储；⑥文件存储；⑦数据服务商合作特定采集；⑧API 接口；⑨网络爬虫；⑩一般数据；⑪重要数据；⑫核心数据。

1. 大数据集团成立了数据管理领导小组，设立了专门的组织级的数据管理专业部门——数据开发与应用部。数据开发与应用部向上对数据管理领导小组负责，内设了多支专业化数据团队，并配备了相关岗位人员，从而驱动组织数据管理能力的持续建设。综上所述，该大数据集团的数据管理组织模式是___(1)___。

2. 集团企业信息化部门和各事业部中都设置专门的数据管理岗位，信息化部门的数据管理岗位人员负责统筹数据管理的政策、制度和流程等；各事业部通过数据管理人员来实施本部门的数据管理和技术操作执行等。综上所述，该集团的数据管理组织模式是___(2)___。

3. 张工正在研究物联网平台的数据存储方式，经过仔细研究和分析，张工对于数据库的存储准备采用___(3)___方式；对于前端物联网设备采集的可事后回放查看的现场视频和图片的存储，张工准备采用___(4)___方式。

4. 大数据交易官方网站上会及时公布本地的数据资产交易信息。R公司对大数据交易所官网上公布的数据资产交易信息很感兴趣，但不希望被数据资产交易所及数据资产提供方知道自己有这方面的需求，R公司就想设计一种数据采集程序，可根据一定的规则从大数据交易官方网站来提取所需要的信息。R公司这种从互联网上获取大量数据信息的采集方式称为___(5)___。

5. 根据数据分级基本框架，如果因为数据遭到破坏（包括攻击、泄露、篡改、非法使用等）后对受侵害的组织合法权益有严重伤害，那么这种数据的分级应该为___(6)___。

【问题2】(3分)
请描述一下数据备份、数据容灾和数据归档之间的联系和区别。

【问题3】(6分)
数据模型有三类，请根据数据建模的过程来描述一下三种数据模型的特点和用途。

二、解答要点

【问题1】(6分)
(1) ①集中式。
(2) ②分布式。
(3) ④块存储。
(4) ⑤对象存储。
(5) ⑨网络爬虫。
(6) ⑩一般数据。

【问题2】(3分)
数据备份是为了防止由于各类操作失误、系统故障等意外原因导致的数据丢失，而将整个应用系统的数据或一部分关键数据复制到其他存储介质上的过程。这样做的目的是确保数据不可用时，还可以利用备份的数据进行恢复，以尽量减少损失。

数据容灾是要避免传统冷备份的先天不足，在灾难发生时能够全面、及时地恢复整个系统及数据。数据容灾的关键技术主要包括远程镜像技术和快照技术。

数据归档是因为存在数据量海量增长和存储空间容量有限的矛盾，为保证数据库性能的稳定，将不活跃的"冷"数据从可立即访问的存储介质迁移到查询性能较低、低成本、大容量的存储介质中，这一过程是可逆的，即归档的数据可以恢复到原存储介质中。

数据备份是数据容灾的基础，先有数据备份才可能进行数据恢复，如果需要恢复的是不常用的"冷"数据，就要先将这些数据的数据归档，否则会影响业务系统的性能。

【问题3】（6分）

数据模型划分为三类：概念模型、逻辑模型和物理模型。

概念模型也称信息模型，它是按用户的观点来对数据和信息建模，即把现实世界中的客观对象抽象为某一种信息结构，这种信息结构不依赖于具体的计算机系统，也不对应某个具体的数据库管理系统。

逻辑模型是在概念模型的基础上确定模型的数据结构，目前主要的数据结构有层次模型、网状模型、关系模型、面向对象模型和对象关系模型。其中，关系模型已成为目前最重要的一种逻辑数据模型。

物理模型是在逻辑数据模型的基础上，考虑各种具体的技术实现因素，进行数据库体系结构设计，真正实现数据在数据库中的存放。物理模型的内容包括确定所有的表和列，定义外键用于确定表之间的关系，基于性能的需求可能进行反规范化处理等内容。

可见，三类模型在数据建模的不同阶段有各自对应的成果。数据建模过程通常包括数据需求分析、概念模型设计、逻辑模型设计和物理模型设计等过程。

经过需求分析阶段的充分调查可以得到用户数据应用需求，但是这些应用需求抽象为信息世界的结构。概念模型设计就是将需求分析得到的结果抽象为概念模型的过程，以确定实体和数据及其关联。

为了能够在具体的数据库管理系统中实现用户的需求，必须在概念模型的基础上设计出逻辑模型，对于关系型数据库，就是将概念模型中实体、属性和关联转换为关系模型结构中的关系模式。

为了将具体的数据库管理系统转换为真正的数据库结构，需要针对具体的数据库管理系统设计物理模型，使数据模型走向数据存储应用环节。物理模型考虑的主要问题包括命名、确定字段类型和编写必要的存储过程与触发器等。

21.14 信息安全管理

一、试题部分

阅读下列说明，回答问题1至问题3，将答案填入答题纸（答题纸略）的对应栏内。

【说明】

安工是某市行政审批局的计算机专业的专技岗位人员，两个月前，行政审批局撤销并新组建了数据局。新上任的数据局分管领导全副局长安排给安工一个任务：协助分管领导建立本局的信息安全管理体系，要求安工做好相关准备工作。

【问题1】（5分）

安工准备了一个PPT，拟向全副局长说明组织级的信息安全管理体系的通用内容要素内容，请说明安工准备的PPT中需要有哪些向领导解释说明的重点内容。

【问题2】（5分）

安工向全副局长汇报PPT内容时，指出信息安全管理体系建设首先是要拉队伍、搭平台。拉队伍就是进行信息安全组织体系建设，搭平台就是要用信息化平台来辅助管理信息安全体系活动的各项内容。

（1）请简述信息安全组织体系的内容，并说明信息化平台中主要有哪些内容。

（2）除了拉队伍、搭平台，如果你是安工的同事，请就信息安全管理体系建设再给安工一些补充建议。

【问题3】（5分）

全副局长听了安工的信息安全组织体系建设方案和利用信息化平台管理信息安全管理事务的建议后指示安工，信息安全风险管理工作是下一阶段的重要工作，要提高全局人员的信息安全风险意识和技能，让安工梳理出数据局信息安全风险管理的基本原则和信息安全风险管理全过过程活动。全副局长对安工做了工作指导，表示对于数据局而言，随着全市信息化工作的推进，信息安全风险管理工作更要加强，信息安全工作的目标不是确保所有的安全事件不发生，而是要将安全事件后果控制在一个可以接受的风险水平，因为首要考虑的不是没有安全事件发生，而是先要有应急响应预案和体系，针对不同等级的安全事件有不同的响应和处置流程，并定期演练，有备无患。

（1）请简述信息安全风险管理的基本原则和信息安全风险管理活动的内容。

（2）全副局长的看法对吗？你对应急响应事件的等级划分有何补充？

二、解答要点

【问题1】（5分）

信息安全管理体系的组成包括：①方针与目标；②组织与人员职责；③资产管理；④人力资源安全；⑤物理与环境安全；⑥通信与操作管理；⑦访问控制；⑧密码管理；⑨供应商与合同管理；⑩信息安全事件管理等。安工应在PPT中分别介绍以上内容。

【问题2】（5分）

（1）信息安全组织体系建设包括：①高层管理支持；②安全管理委员会；③安全管理部门；④安全工作团队；⑤安全责任人；⑥安全培训和意识提升；⑦安全合作与沟通；⑧安全评估和持续改进。其中：高层管理支持是信息安全工作成功的基础；安全管理委员会是信息安全决策和协调的核心机构；安全管理部门是信息安全管理的执行和监督机构；安全工作团队是信息安全实施的执行和支撑力量；安全责任人是信息安全管理的推动者和实施者。

信息安全管理需要综合考虑过程、技术、方法、人员、工具、环境等各方面的要素，其主要内容涵盖整个信息安全领域的各个方面，管理的主要内容包括：①信息资产管理；②风险管理；③安全控制；④安全策略；⑤事件管理；⑥安全培训与意识提升；⑦安全审计；⑧合规性和持续改进。

（2）安工只提到两个方面的内容，对信息安全管理理解比较片面。安工在梳理本单位面临的信息安全管理工作任务时，其实最重要是要意识到信息安全管理工作一定要有最高领导的大力支持，全副局长只是分管领导，眼前最重要的工作是尽快获得比全副局长更高职位的最高领导的支持。有了最高领导的重视和支持，与信息安全管理相关的过程、技术、方法、人员、工具、环境都可以获得。

【问题3】（5分）

（1）信息安全风险管理的原则主要有分级管理、全面管理、动态调整和科学合理等。

分级管理指组织根据风险发生的可能性，风险发生后对国家安全、社会秩序、公共利益以及公民、法人和其他组织的合法权益等产生的影响程度，依据风险评价准则对风险进行合理分级管理。

全面管理分为两方面内容：一是对网络和系统安全风险、数据安全风险、个人信息安全风险、供应链安全风险、新技术新应用安全风险等进行全面识别、控制和监视；二是对信息安全风险管理涉及的过程、技术、方法、人员和工具等进行全面管理。

动态调整指动态调整风险管理的对象、准则、风险处置措施等内容，持续优化和提升风险管理能力，调整前应持续监视风险要素变化和风险管理过程，适应相关法律法规、政策、主管部门、自身业务相关要求和技术运行环境的变化。

科学合理指基于组织面临的信息安全形势和环境，综合考虑信息安全投入和收益、风险可接受程度，平衡安全与发展之间的关系。

信息安全风险管理活动包括语境建立、风险评估、风险处置、批准留存、监视与评审、沟通与咨询6个方面的内容。其中，语境建立、风险评估、风险处置和批准留存是信息安全风险管理的4个基本步骤，监视与评审、沟通与咨询则贯穿于这4个基本步骤中。

（2）全副局长的看法是对的。对于应急响应事件的分级，可根据事件本身、影响范围、危害程度、商业价值几个维度进行综合评分来确定应急响应事件的等级。应急响应事件通常分为四级：特别重大事件（红色等级）、重大事件（橙色等级）、较大事件（黄色等级）、一般事件（蓝色等级）。安全事件的损失大小主要考虑恢复系统正常运行和消除安全事件负面影响所需付出的代价，可划分为特别严重的系统损失、严重的系统损失、较大的系统损失和较小的系统损失。